Sabrina Gundert

Auf dem Herzensweg

Lebensgeschichten spiritueller Frauen

Irdana – Verlag für spirituelle Literatur von Frauen

Copyright der Originalausgabe © 2013 Irdana – Verlag für spirituelle Literatur von Frauen

www.irdana-verlag.de

ISBN 978-3-9813609-6-7

Umschlaggestaltung: pixelpfad.de (Hamburg)
Coverfoto: © LIA Büro für grafische Gestaltung – Julia Maria Fellner, Steiermark
Lektorat: Susanne Broos
Gestaltung und Satz: pixelpfad.de (Hamburg)

Herstellung/Druck: FontFront.com /Finidr

»Für alle Menschen, die sich aufmachen, ihrem Herzensweg zu folgen. Mögen Freude, Mut und Durchhaltevermögen sie stets begleiten. Und mögen sie immer wieder Weggefährtinnen und Weggefährten an ihrer Seite haben, die neue Kraft geben, sie unterstützen und ein Stück des Weges mit ihnen gemeinsam gehen.«

Inhalt

Einleitung

Wer sich auf eine unbekannte Reise begibt, ist froh, wenn er einen guten Freund oder eine gute Freundin an der Seite hat. Einen Freund, der diese Reise schon mal gemacht hat, der den Weg kennt mit all seinen Tücken: Alle Stolperstellen und Hindernisse, jedes Tal und jeden schier unbezwingbaren Berg. Einer, der mit den ortstypischen Gegebenheiten vertraut ist und der einen beruhigen kann, dass das scheinbar so Unbekannte »ganz normal und alltäglich ist«, hier, in diesem Land.

Brechen wir mit solch einem Freund zusammen zu einer Reise auf, dann erscheint uns vieles, vor dem wir uns vorher fürchteten, nur noch halb so bedrohlich. Denn dieser Freund kann einordnen, was uns Angst macht. Er kann uns aufgrund seiner eigenen Erfahrung Mut machen, den Weg weiterzugehen, auch wenn die nächste Etappe kaum bezwingbar wirkt, wir jede Freude an dieser Wanderung verloren zu haben scheinen und am liebsten einfach nur noch umkehren möchten. Und er lässt uns dabei spüren: Wir sind nicht alleine.

Genau solch ein Freund möchte dieses Buch sein. Es vereint die Lebensgeschichten unterschiedlichster Frauen – aus dem Buddhismus, dem Christentum, der Kunst, dem Schamanischen, dem Sufitum, der Kräuterheilkunde oder auch dem Schreiben. So verschieden ihre Wege und Tätigkeitsfelder auch sein mögen, eines ist den Frauen doch gemein: Sie sind dem Ruf ihres Herzens gefolgt und haben sich aufgemacht, ihren ganz eigenen, unverwechselbaren Weg zu gehen. Manche von ihnen sind bereits vor mehreren Jahrzehnten zu ihrer Reise aufgebrochen, andere erst vor wenigen Jahren.

Ehrlich gesagt, als ich mit den Arbeiten und Recherchen zu *Auf dem Herzensweg* begonnen habe, hätte ich nie gedacht, dass dieses Thema so viele Menschen bewegt. Das Reisetagebuch, das im Internet die Entstehung dieses Buches nachgezeichnet hat – und nicht zuletzt die Gespräche mit den zehn Frauen – haben mir gezeigt, dass die Sehnsucht danach, den eigenen Weg zu gehen und sich mit anderen Menschen darüber auszutauschen, viel größer ist, als ich bis dahin angenommen hatte. Immer wieder bekam ich Post von Frauen, die von dem Projekt erfahren hatten und mir ihre ganz eigene Geschichte erzählten.

Dadurch dass in diesem Buch ausschließlich Frauen porträtiert werden, bekommen ihr Wirken und ihre Wege einen Raum. Die Bandbreite der Wege zeigt, auf welch vielfältige Weise Spiritualität im eigenen Leben sichtbar werden kann. Viele Jahrhunderte waren Frauen von der spirituellen Spielbühne verschwunden. Jahrtausendealtes Wissen ging in unserer Kultur oftmals verloren und wird erst seit einigen Jahren wiederbelebt. Im allgemeinen Frauenbild ist die Frau, die unabhängig von Mann und Kindern ihren eigenen Weg geht, immer noch ungewöhnlich. Auch die Wertschätzung Frauen und ihrer häuslichen Arbeit gegenüber liegt hierzulande weit unter der, die Frauen in der Gesellschaft einst entgegengebracht wurde und die sie in manchen Kulturen heute immer noch haben. In anderen Regionen, zum Beispiel im mittelasiatischen Hochgebirge Altai, ist das Hüten des Hauses durch die Frauen eine verantwortungsvolle Aufgabe, die Kochstelle gilt noch als der heiligste Ort im Haus und bei Krankheiten wird ganz selbstverständlich eine Heilerin gerufen, deren jahrhundertealtes Wissen den Arzt ersetzt.

Jede, die ihren eigenen Weg geht, erlebt all die Schwierigkeiten, Ängste und Turbulenzen, die in dem Moment aufkommen, in dem wir unser klares *Ja* zu diesem Weg geben. Denn dieses *Ja* weckt all die Ängste und Unsicherheiten in unserem Inneren, die wir bislang gut versteckt gehalten haben. Und auch im Außen weht häufig plötzlich ein heftiger Wind, versuchen doch nicht selten Freunde und Freundinnen, Kollegen, Bekannte und Familienmitglieder uns mit allen Mitteln davon abzuhalten, wirklich das zu tun, wonach unser Herz sich sehnt. Meist tun sie dies nicht, um uns zu schaden oder den Spaß zu verderben, sondern aus Angst. Angst, die daraus gespeist wird, dass sie sich selbst vielleicht nie getraut haben, dem zu folgen, was wirklich Ihres ist. Vielleicht sagen sie zwar, sie hätten Angst um uns oder sie seien wütend, weil sie andere Pläne für uns in diesem Leben vorgesehen hatten, doch letztendlich können wir all diese Argumente zurückführen auf eine Angst, die bei ihnen selbst liegt.

Dass es Mut und ziemlich viel Durchhaltevermögen braucht, die ersten Schritte auf dem eigenen Weg zu machen, habe auch ich im vergangenen Jahr gemerkt. Als ich mich wider aller bisherigen Pläne – Studium, Doktorat, Festanstellung – dazu ent schlossen habe, mich selbstständig zu machen und dem zu folgen, für das ich schon mein Leben lang brenne: dem Schreiben. *Wie kannst du nur? Das hätten wir nie von dir erwartet!* riefen die einen; *Das wird bestimmt schiefgehen!* die anderen. Mit solch vielversprechenden Prophezeiungen machte ich mich auf den Weg. Doch ja, es gab auch Unterstützung, hier und da ein gutes Wort von Menschen, die einen ähnlichen Weg gegangen waren. Aber ich hätte mir viel mehr davon gewünscht.

Damals kam der Wunsch in mir auf, ein Buch zu schreiben, das eine bunte Mischung verschiedener Herzenswege zeigt. Ein Buch, das eine Reisende, ein Reisender, die oder der sich gerade auf den Weg gemacht hat oder an einem Hindernis festzustecken scheint, wie eine Landkarte zur Hand nehmen kann. Ein Buch, das Mut macht weiterzugehen und zeigt, dass man nicht alleine ist auf diesem Weg. Ein Buch, in dem man nachlesen kann, wie andere Menschen die Hürden auf dem Weg gemeistert haben und was dabei hilfreich und bestärkend für sie war.

Natürlich geht es nicht darum, den Wegen der hier porträtierten Frauen eins zu eins nachzueifern – das wäre auch gar nicht möglich, denn jedes Leben hält ganz eigene Windungen, Höhen und Tiefen bereit. Vielmehr sind die Porträts mutige Zeugnisse davon, wie solch ein Herzensweg aussehen kann. Und wir sehen: Selten waren die Wege dieser zehn Frauen geradlinig. So gut wie nie wussten sie zu Beginn, wie ihr endgültiger Weg aussehen oder welchen Beruf sie ergreifen würden. Manchmal mussten sie sogar über zwei Jahrzehnte geduldig ausharren, bis sich das Ihre in seinem ganz eigenen Ausdruck wirklich zeigte.

Ich hätte mir gewünscht, zu Beginn meines Weges solch ein Buch zur Hand zu haben. Wie oft hätte ich wohl beim Lesen aufatmend gemerkt: *Es geht nicht nur mir so! Diese Angst, diese Sorgen hatten schon so viele vor mir – und haben sich trotzdem nicht davon abhalten lassen weiterzugehen. Alles ist vollkommen in Ordnung.* Nun ist das Buch da und ich wünsche mir, dass es vielen Reisenden immer wieder neuen Mut schenken möge.

Das Buch ist jedoch nicht nur für all diejenigen gedacht, die schon unterwegs sind auf ihrem Weg. Vielmehr soll es auch eine Inspiration für alle sein, die gerne ihrem Herzensweg folgen möchten, aber noch gar nicht wissen, wie dieser aussehen könnte und mit welchem Schritt sie beginnen sollen. Herzenswege sind Wege, die nie zu Ende gehen. Es gibt auf ihnen kein festes Ziel, das wir unbedingt erreichen wollen und danach lassen wir uns entspannt auf unser Sofa sinken, gewiss, dass wir nun nie wieder davon aufstehen werden. Vielmehr sind es eher Wege, die sich immer wieder wandeln, uns neu herausfordern und auf denen wir uns fortlaufend verändern.

Gerade diese stete Unbeständigkeit ist für viele von uns neu, waren wir es doch oft zuvor gewohnt, uns all die Jahre im immer gleichen, gewohnten Fahrwasser zu bewegen. Erfahren wir diesen Wandel nicht mehr als etwas Bedrohliches, sondern als etwas ganz Natürliches, das in jedem Moment eine Chance auf weitere persönliche Entwicklung bietet, so werden wir mit der Zeit immer entspannter. Nach und nach fällt es uns leichter, auch in stürmischen Zeiten innere Ruhe zu bewahren und dem Treiben da draußen gelassen zuzusehen. Bis es soweit ist, bieten die Geschichten der zehn Frauen immer wieder gute Ankerpunkte für Ruheinseln und Hinweise für Neuausrichtungen.

Sehr bewegt hat mich auch die Erfahrung, dass meine – manchmal vor den Begegnungen gehegte – Befürchtung auf Frauen zu treffen, die sich, da sie reich oder in spirituellen Kreisen sehr bekannt sind, auf eine höhere Stufe stellen, nie eingetroffen ist. Egal wohin ich kam, jedes Mal war es eine Begegnung auf Augenhöhe, von Frau zu Frau, von Herz zu Herz. Es wurde geredet, gelacht, zusammen nachgedacht, sinniert, gegessen und getrunken. Meist dauerten unsere Gespräche viele Stunden und zumeist hatten wir zuvor bereits schon länger miteinander telefoniert. Auch das Gefühl, einander gerade erst begegnet zu sein, verlor sich stets nach wenigen Minuten. Es waren solch intensive, aufrichtige und authentische Gespräche, wie wir sie im normalen Alltag häufig nur selten erleben.

Manche der Frauen hatte ich vor den Gesprächen schon einmal persönlich kennengelernt, von anderen ein Buch gelesen oder mich auf ihrer Internetseite umgeschaut, doch ganz gleich, wie die Ausgangslage war, stets war da dieses Gefühl *Über diese Frau möchte ich gerne mehr erfahren. Diese spannende Lebensgeschichte möchte ich ganz hören.*

Natürlich können die zehn Lebensgeschichten nur einen kleinen Einblick geben in die unglaubliche Vielfalt möglicher Wege. Gleichzeitig sind sie bewusst breit gefächert – vom Christentum, über den Buddhismus, das Sufitum, den Schamanismus und den Sannyasins bis hin zum kreativen Schreiben, der

Kunst, Naturheilkunde, dem Kochen und der Kalligrafie als Formen der Meditation. Wichtig scheint mir dabei etwas, das Annette Kaiser in unserem Gespräch gesagt hat. Nämlich dass jeder spirituelle Weg letztendlich zur Essenz führt, wenn wir ihn aufrichtig gehen und es ernst meinen. Und dass unsere Sehnsucht letztendlich die Sehnsucht nach uns selbst ist und durch nichts im Außen gestillt werden kann.

Es lohnt sich also, dem eigenen Herzensweg zu folgen und dem Leben damit unsere ganz eigene Handschrift zu verpassen. Auch das zeigen die Lebensgeschichten der hier porträtierten Frauen. Wir bekommen auf unserem Weg vielleicht nicht das große Geld, vielleicht will auch nicht jeder unser Freund, unsere Freundin sein. Vielleicht wirken wir auf manche unbequem, weil wir auch mal Umwege und Stolpersteine in Kauf nehmen. Doch letzten Endes entschädigt uns ein Gefühl der inneren Ruhe, des Erfülltseins, des Vertrauens und der Gewissheit am richtigen Platz zu sein in diesem Leben und das zu tun, was uns am meisten entspricht, für alles andere.

Ich wünsche allen Leserinnen und Lesern dieses Buches eine wundervolle Reise mit vielen Freudeblumen am Wegesrand und unterstützenden Weggefährtinnen und Weggefährten an ihrer Seite!

Sabrina Gundert im Februar 2013

»Den eigenen Herzensweg sollte man unbedingt gehen und dabei den Spielraum weit lassen, flexibel bleiben und dem Herzensweg erlauben, sich immer wieder zu wandeln und sich selbst immer wieder neu zu erfinden.«

Cambra Skadé –
Den Alltag verzaubern

Freitagabend in der Lübecker Altstadt: Ein Seminarraum voller Frauen in einem Hinterhofhaus, lachend, plaudernd, neugierig. Sie alle wollen mehr erfahren über die schamanische Kraft im Alltag. Darüber, wie sie das Magische und Heilige auch zwischen Wäsche, Spüle und Hausputz finden können. Wie sie die Grenzen zwischen Banalem und Heiligem auflösen können. Sie suchen nach Wegen, wie das Heilige auch im Alltag bestehen bleiben kann. Anstatt sich etwa nach einer Schweigewoche oder einem Retreat bereits auf dem Rückweg in das gewohnte, alltägliche Leben zu verflüchtigen.

Cambra Skadé, die den Abend in Lübeck leitet, kennt diese Brüche nur allzu gut: »Als ich im Himalaya in einem Tempel saß und meditiert habe, fühlte ich mich der Erleuchtung unglaublich nah. Ich war erfüllt von innerem Frieden, von Freude und Liebe. Doch schon am Flughafen, spätestens bei der Ankunft Zuhause, bröckelte diese heilige Erfahrung.« Eine grundlegende Frage tat sich damals für die Künstlerin, die im oberbayerischen Hagenheim lebt, auf: Wie kann ich das Heilige in meinen Alltag bringen? Ihn wieder verzaubern? Wie kann ich die Grenzen verwischen zwischen dem Heiligen hier, am Altar, im Seminar, auf dem Meditationsbänkchen, und dem vermeintlich Profanem dort, in der Küche, im Badezimmer, an der Waschmaschine?

Ein Jahr lang hat sich Cambra Skadé intensiv mit diesen Fragen beschäftigt, sich selbst beobachtet und Reflexionen und Erfahrungen in einem Internetblog gesammelt – aus dem das Buch *Die schamanische Kraft im Alltag* und eine gleichnamige Ausstellung entstanden sind, die 2012 im Frauenmuseum Wiesbaden zu sehen war.

»Ich versuche mich als Alltagsforscherin, auf den Spuren von Schamaninnen, Hausfrauen und anderen merkwürdigen Wesenheiten. Wie bringe ich Zauber in meinen Alltag, wie bleibe ich mit meiner Magie verbunden?
Heilige Clownin trifft Hausfrau. Hinter die Fassaden geschaut und über Schwellen gegangen. Wildnis in der Küche, Magie

beim Einkaufen, lustvolles Entdecken schamanischer Heilweisen zwischen Kleiderschrank und Bügeltisch.
Seit ich mich wirklich in den Prozess begeben habe, verändert sich meine Sicht. Alltagsbilder sammeln, Augenblicke nochmal anders betrachten, mein Dorf anders sehen – in seiner Normalität und in der Besonderheit. Themen aufgreifen, die auf dem Weg liegen.
Sie führen mich tief in meinen Alltag. Ich sitze nicht die meiste Zeit vor dem Altar und meditiere. Die meiste Zeit meines Lebens mache ich all die scheinbar banalen und doch so tiefgreifenden, heiligen Dinge des Lebens. Unverdauliches ausscheiden, mich nähren, Reinigungen aller Art vornehmen, etwas kochen, zusammenfügen oder auseinander nehmen, ordnen, suchen und finden, säen, ernten, Fragen stellen, regenerieren von eben Aufgezähltem. Das ist doch zutiefst schamanisches Wirken. Oder bäuerliches, alltägliches, deines und meines. Die Trennlinien sind das Problem.
Wenn die Erleuchtung nur im Land der TaigaschamanInnen oder in Himalayahöhen naht und es vor der Haustür Illusion scheint, dann wird es Zeit, meinen Lebenskrempel samt Konzepten auf den Prüfstand zu legen. Und die Glückseligkeit vielleicht doch zwischen Küchenschrank und Abfalleimer zu suchen. Das ist auch nicht so weit wie der Himalaya.«[1]

Cambra Skadés Antwort auf die Frage, wie die Kluft zwischen Heiligem und Alltäglichem aufgehoben werden kann, lautet: Alte Grenzen verwischen, neue Verbindungen schaffen, Schwellen überschreiten und Dinge miteinander verweben. Sie selbst ist eine Frau, die Brücken schafft. Eine Mittlerin zwischen den Welten, eine, die sich nicht mit der Trennlinie zwischen Altar und Herd zufrieden gibt. So hat sie ihr Ritualwerkzeug in die Küche gebracht und Kochlöffel ebenso schön mit Federn, Bändern und anderem Schmuck verziert wie heilige Trommelschlägel. Die Wäsche wäscht sie in ihrem besten Gewand und den Staubsauger nutzt sie als kraftvolles Reinigungswesen, als Abfalleimer für emotionale Geschichten und längst Überflüssiges.

Im Gespräch mit ihr ist immer wieder die Rede davon, Dinge *abzuklopfen*. Es geht ihr dabei um das Abklopfen des eigenen Weges, alter Glaubenssätze, Ängste, Grenzen. Noch einmal hinzuschauen, nachzuforschen – ist es wirklich so? Oder vielleicht ganz anders? Fühlt es sich immer noch stimmig an? Sie selbst benutzt unter anderem die Mittel der Kunst, um Dinge abzuklopfen, erforscht letztlich Kunst als Fachsprache des Schamanischen. »Ich male, tanze, reise, erfinde mich manchmal neu, besuche gerne alte Feuer, um Lebenslandkarten und Geschichten zu teilen. Ich glaube, ich bin eine Clownfrau. Ich liebe Tiere, vor allem Katzen und Raben. Ich bin eine Frau der Isar. Mein Leben ist auch verbunden mit dem langen Lauf der Ammer, der dem Ammersee entströmenden Amper und der Licca. Ich bin eine Highländerin und verbunden mit dem bayrischen Himmel. Ich mag die Wörter *feiern, zelebrieren, Lebensfreude* oder *Großzügigkeit*. Und noch einige. Dort, wo gelacht wird und man miteinander gut Brotzeit machen kann, fühle ich mich zu Hause.«

Ihr eigener Weg in die Kunst war früh gezeichnet: Kunst als Abiturfach, danach das Studium in Kommunikations-Design, anschließend die Selbstständigkeit als Künstlerin. Es war das, was sie von jeher gewollt hatte, ihr Herzensweg, den sie ohne große Umwege gegangen ist – klar, oft sehr zielgerichtet, entschieden, frei, mutig, unkonventionell und eigen. Und doch gab es zu Beginn ihres Weges einen Moment, an dem sie an der Schwelle stand: Sollte sie wirklich der Kunst folgen, *für sie gehen*, wie Cambra Skadé gerne sagt? Nicht vor dem Studium, das stand für sie außer Frage, aber gleich nach Abschluss ihrer akademischen künstlerischen Ausbildung. Sie wusste, sie würde in festen Arbeitsverhältnissen nicht glücklich werden, aber traute sie sich ein Dasein als freie Künstlerin wirklich zu? »Ich hielt eine Wachnacht, schaute in die Dunkelheit und war ganz durch den Wind. Ich habe mich gefragt, wo ich die Entscheidung hernehmen soll, ob das alles wirklich trägt«, erinnert sie sich. Die Nacht verging und mit Beginn des Morgens hatte sich die Entscheidung herauskristallisiert: Sie würde ihrem Weg weiter folgen. Sie hatte sich für den Weg als freie Künstlerin entschieden. »Woher diese Entscheidung plötzlich kam, kann ich bis heute nicht sagen. Es war wie ein ganz tiefes Eintauchen in Seelenschichten und von dort die Antworten mitbringen. Dann war es streckenweise auch eine Trance und eine weite Reise zu meinen Spirits, den Ahnen und Wesensgeistern, mit denen ich mich verbunden fühle.«

Vielleicht hat es ihre Entscheidung erleichtert, dass ihr klar gewesen war, dass sie auf diesem Weg die Unterstützung ihrer

Familie haben würde; denn das Eigene hat Tradition in Cambra Skadés Familie. Die meisten Familienmitglieder waren künstlerisch begabt, vor allem in der schreibenden und musischen Zunft. Und sie gingen allesamt ihren eigenen Weg. Eine ihrer Großmütter hatte sich naturwissenschaftlich betätigt – zu ihrer Zeit sehr ungewöhnlich. Ihr Vater hätte den Bauernhof seiner Eltern erben können, doch er nahm weder Hof noch Geld, sondern widmete sich lieber seiner Liebe, der Philosophie. »Wenn jemand in unserer Familie seinen eigenen Weg geht, dann bekommt er vielleicht nicht die Ländereien oder Geld, aber er kann sich auf den Rückhalt durch die Familie verlassen«, sagt Cambra Skadé, die Kunst auch als magischen Akt begreift. Da sie wusste, dass ihre Familie sie jedoch nicht endlos finanziell unterstützen würden, bewarb sie sich um eine Dozentur in München – unterrichten wollte sie schon immer gerne – und wurde genommen. 16 Jahre lang unterrichtet Cambra Skadé als Selbstständige Freie Kunst und Kommunikations-Design an der dortigen Freien Akademie für Kommunikations-Design – eine Ergänzung zu ihrer freiberuflichen Arbeit als Künstlerin.

Ein *Ding*, das Cambra Skadé auf ihrem Weg bereits sehr früh abgeklopft hat, war ihr eigenes Verständnis von Kunst, das anfänglich den Spielregeln des patriarchal geprägten Kunstmarktes gehorchte. »Ab einem bestimmten Punkt hat sich das, was ich künstlerisch getan habe, tief drin in mir nicht mehr stimmig angefühlt.« Es sei mehr ein Gefühl gewesen, dass etwas unrund ist, knarzt, als ein großer Umbruch wie die Wachnacht etliche Jahre zuvor. Aber es stellte gleichwohl alles Bisherige in Frage: Tue ich wirklich das, was ich tun möchte? Was sind meine Kriterien? Was ist meine Sprache in der Kunst? Alte Glaubenssätze davon, wie Kunst zu sein, auszusehen und wem sie zu gefallen hat, tauchten dabei auf – und konnten von ihr, nachdem sie erst einmal erkannt worden waren, schnell losgelassen werden. Und noch eine Erkenntnis half ihr damals, sich ganz auf ihren künstlerischen Weg zu begeben: »Wenn ich eh nichts von meiner jetzigen Kunst verkaufe, kann ich auch gleich das machen, was ich wirklich will.« Damit war der Weg frei zum ganz Eigenen.

Was Cambra Skadé von jeher angezogen hat, waren die künstlerischen Verbotszonen: Spiritualität, Frauenthemen, die Arbeit mit Textilem. »Die Kunst tut zwar immer so, als sei sie frei. In Wirklichkeit ist das aber gar nicht so. Wenn Männer mit Textilien arbeiten, gelten sie gleich als feinfühlig. Machen Frauen genau dasselbe, wird es abwertend und negativ gesehen. *Was soll das Gebastele denn jetzt?* heißt es dann. Oft habe ich auch zu hören bekommen *Tolle Technik, aber diese Themen …*« Nachdem sie sich frei gemacht hatte für ihren Weg, war ihr das egal. Ihre künstlerischen Mittel sind seitdem Bilder, Worte, Tänze und Rituale, ein wichtiges Thema wird die Verbindung von Kunst, Magie und Heilen. »Das ist etwas ganz Altes. In indigenen Stämmen gibt es zum Beispiel gar keine Trennung zwischen den Bereichen.«

Alte Stämme, Völker und Schamanismus haben sie schon immer gereizt, von den alten indigenen Völkern hat sie gelernt, dass Kunst immer schamanische Kunst ist. Ihre Werke zeugen davon, in vielen ihrer meist früh ausgebuchten Seminare gibt sie dieses Wissen weiter. Schamanische Kunst ist für sie alles: Malerei, Tanz, Gesang. In Afrika und anderswo kann ein Tanz eine Antwort sein oder ein Mittel, mit dem Gefühle oder Krankheiten, alles, was in Erstarrung ist, gelöst werden kann. Jemanden, der krank ist, zu besingen, ist ebenfalls ein heilerisch-schamanisches Werkzeug und medizinische Kunst. »Hierbei geht es um Schwingungsmedizin, wie bei der Homöopathie, die die Zellen im Körper in eine neue Schwingung versetzt«, erklärt Cambra Skadé.

Besonders Luisa Francia, eine der bekanntesten Vertreterinnen der magischen Seite des Feminismus, ist ihr im Bereich der schamanischen Kunst zur Freundin, zum Vorbild und zur Wegbegleiterin geworden. »Meine Mutter hat mir als Jugendliche die ersten Bücher von Luisa geschenkt – damit ich etwas Gescheites lese. Recht hat sie gehabt.« Trotz des Altersunterschieds von zwölf Jahren verstanden sich die beiden auf Anhieb gut. Neben der Magie, den Frauenwegen, der Kunst und dem Politischen treffen sie sich vor allem auch in ihrer Sprache: dem Bayerischen. »Ich mag, wie Luisa immer ihren eigenen Weg gegangen ist, unabhängig davon, ob das anderen gefällt oder nicht. Inspirierend finde ich sie, mag ihren Witz, ihren Scharfsinn, ihre Courage – beim Mitverfolgen ihres Weges habe ich viel Kraft für meinen eigenen Weg bekommen.«

Schamanismus und Magie prägen zwar erst Cambra Skadés Erwachsenenleben, einer spirituellen Lebensweise ist sie jedoch schon in ihrer Kindheit und Jugend begegnet. Sie wuchs in den

1970ern auf, ihre Jugendzeit ist Hippiezeit, George Harrison singt *My Sweet Lord,* Anhänger der Hare-Krishna-Bewegung ziehen singend und tanzend durch deutsche Fußgängerzonen, viele Lehrkräfte am Gymnasium, das Cambra Skadé besucht, tragen Bart und Jesuslatschen, reisen in den Ferien nach Indien oder sind Anhänger von Bhagwan Shree Rajneesh, später Osho genannt, dessen Sannyas-Bewegung zu dieser Zeit langsam in Deutschland Einzug erhält – auch in Bayern, sogar in der Nähe von Skadés Heimatstadt. Dort, in Margarethenried, entstand damals das erste Sannyas-Zentrum Deutschlands. Zwei ihrer Freundinnen lebten in diesem und so ist sie als 17- bis 19-Jährige oft dorthin getrampt und hat im Zentrum übernachtet. Es ist beinahe wie im Kinofilm *Sommer in Orange*: Freie Liebe, Meditation und Menschen in orangefarbener Kleidung treffen auf ein urkatholisches, bayerisches Dorf. »Ja, genauso war es bei mir, so bin ich aufgewachsen«, lacht die Künstlerin. »Für mich war das alles ganz normal.«

Nicht nur Sannyasins erlebt die Jugendliche hautnah. Sondern auch den Zen-Buddhismus, dem sich ihre Mutter zuwandte, als die Tochter 14 Jahre alt war. »Meine Mutter hat sich sehr positiv verändert durch die Meditation, das hat mich beeindruckt«, erzählt Cambra Skadé. Gleichzeitig war ihr klar, dass dies nicht ihr Weg sein würde: »Die Wege der weisen Frauen, der Schamanismus, haben mir entsprochen, weil ich da frei fliegend sein konnte. Für Zen hätte ich zum Beispiel nicht die Disziplin gehabt und in Gruppen oder Vereinen mit hierarchischen oder dogmatischen Strukturen fühle ich mich nicht beheimatet, da mangelt es mir sehr am Unterwerfungswillen.«

Natürlich gab es neben all den neuen Strömungen in ihrer Heimat Bayern auch noch den traditionellen Katholizismus, der bis heute viele Landstriche prägt. Das bringt in den Augen der Bayerin etwas Besonderes mit sich. »Klar, einerseits ist Bayern superkatholisch, andererseits haben Rituale hier noch eine große Selbstverständlichkeit«, sagt sie. »Wenn in den Rauhnächten die Tiere und Ställe geräuchert werden, fällt es nicht weiter auf, wenn ich mein Haus auch räuchere. Es fügt sich wie selbstverständlich zusammen.«

Das Dorf, in dem sie lebt, ihr *Basiscamp*, wie sie es nennt, trägt sie und gibt ihr immer wieder Halt: »Das ist mein Dorf, mein Haus, Freunde, Familie. Der Ort, wo ich meine Rückzugszeiten habe, alleine sein kann und mit Menschen bin, die mich sehr gut kennen. Bei denen ich alles sein darf, von unmöglich bis hinreißend.« Das beinhaltet auch, mit dem Besen auf dem Dach zu tanzen, verkleidet einkaufen zu gehen oder im edlen Gewand den Hausputz zu machen. Und Cambra Skadé ist mit dieser Lebensart nicht alleine. Im Gespräch erzählt sie von einer Freundin im Nachbardorf, die immer dann den Rasen mäht, wenn es sehr windig ist – mit weit schwingendem knallrotem Kleid ohne Unterwäsche darunter. Sowieso: Freundinnen, Wegbegleiterinnen – auch die gehören auf jeden Fall zu ihrem Basiscamp mit dazu. Sehr regelmäßig trifft sie einige von ihnen in verschiedenen Gruppen. Sei es bei der monatlichen Meditation oder bei der Erforschung schamanischer Heilweisen. Immer geht es dabei auch um Feuer. Mal sitzen die Frauen um ein prasselndes Lagerfeuer, mal um eine Kerze oder wärmen gemeinsam ihr inneres Feuer:»Die Tradition des Feuers in der Mitte kommt aus dem Nomadischen. Hier sitzt man zusammen, wärmt und teilt sich, tauscht sich aus und begleitet sich gegenseitig durchs Jahr«, sagt Cambra Skadé, die in diesen Gruppen stets als Teilnehmende mit dabei ist, als eine unter vielen. Eine Leitung gibt es nirgendwo, wer gerade eine Idee hat, bringt sich ein.

Der morgendliche Kuss vor dem Spiegel auf die eigenen Schultern, bei dem »immer ein gutes Gefühl und ein Lächeln zurückbleibt«, Gespräche mit ihrer Katze Katalina, die ebenfalls durchaus einiges zum Thema *Schamanische Kraft im Alltag* zu sagen hat – auch öffentlich in Cambra Skadés Internetblog – und Altäre im Haus stehen in ihrem Alltag gleichwertig neben einem Tratsch mit der Wirtin oder dem Frühstück bei Kaffee und Brezeln im Stehcafé des Supermarktes.

Tanzen und Singen begleiten sie oft in den Tag: Ein Tanz frühmorgens im Badezimmer, ein Lied mit der Shrutibox, einem indischen Musikinstrument, das tiefe Töne erzeugt zur Gesangsbegleitung. Die Töne und Schritte, die kommen, zeigen, wie der Tag werden wird: Quietschig und schräg, weich und sanft, kurz und holperig. Morgenseiten und Spiegelnotizen, auch die gehören zu ihrem Alltag mit dazu. »Traumnachklang, ausfegen, senden, pure Ehrlichkeit, Auskotzzeilen, Blablaräume, bebrüten, wiederholen, wieder holen. Magischer Raum, in den ich alles hineingebe, was zur Nacht gehört, ins Gestern, was erst mal bewahrt oder gesammelt werden will – das sind für mich die Morgenseiten, die ich täglich schreibe«.

Seit mehr als 25 Jahren ist sie nun als freie Künstlerin tätig, schreibt Bücher, macht Ausstellungen, leitet Workshops und Seminare und lebt im Einklang mit den Jahreskreisfesten. Sie hat sich von den starren Bildern der Gesellschaft nicht einengen lassen. Vielmehr weitet sie diese mittels ihrer Kunst und hat dabei das Glück, dass »das, was ich tue, medientauglich ist und in den schmalen Grad der Gesellschaft passt, in dem diese überhaupt Eigenes zulässt. Es hätte auch ganz anders kommen können.« Aber auch dann wäre sie ihren Weg gegangen. Einen Weg, den sie als einen spirituellen, einen schamanischen, einen Frauenweg beschreibt – und auch als einen politischen. Sie beobachtet die Gesellschaft, spürt aktuellen und vergangenen Tendenzen und Generationen nach. Es scheint fast ein bisschen aufmüpfig, revolutionär, wenn sie davon spricht, dass sie Mut machen und inspirieren möchte, den eigenen Weg zu gehen, niemandem gefallen zu müssen, sich selber zu ermächtigen. Dazu gehört für sie auch, sich selbst und den eigenen Weg immer wieder zu hinterfragen; denn ein Weg des Herzens muss für Cambra Skadé immer auch die Chance auf Wachstum und Wandlung zulassen. »Wer weiß, vielleicht habe ich in ein paar Jahren keine Lust mehr als Künstlerin zu arbeiten und möchte lieber den ganzen Tag lang Traktor fahren und ein paar Tiere hüten«, sagt sie schmunzelnd. Was immer sie tut oder noch tun wird: Ihr bester Leitstern ist die Freude. »Wenn mein Herz jubelt, wenn ich meinen Humor habe, wenn ich mich unabhängig von der Meinung anderer fühle, wenn es etwas kosten darf, an Einsatz, Veränderung, Geld und Energie, dann weiß ich, dass ich genau richtig bin.«

So, wie mit ihrer *Edition Skadé*, in der sie mittlerweile ihre eigenen Bücher herausgibt. Sie wollte endlich unabhängig sein von Verlagen und ihre Bücher so gestalten, wie es ihr am besten gefällt. Bei Cambra Skadé heißt das neben der eigenen Wortwahl und dem selbst gewählten Layout auch, die eigenen Rechtschreibfehler mit einzubringen. Die Bücher ihrer Edition sind nur dort zu erwerben, wo sie sich Zuhause fühlt: Zum Beispiel auf ihren Seminaren, in einer Münchner Frauenbuchhandlung, im Frauenmuseum Wiesbaden oder anderen *Heimatorten*. »Es ist mir wichtig, dass ich mir etwas zurückhole von dem, was ich in die Welt gebe. Dass ich selbst bestimme, wer durch mich verdient. Es ist eine Möglichkeit, ein Stückchen Land zurückzukaufen. Dabei vertraue ich auf das Netz und die wilden, freien Wege.« Zu zeigen, was sie selbst erfahren und verstanden hat – darum geht es Cambra Skadé in ihren Büchern und Werken. Sie sind ein Spiegel einzelner Stationen ihres Lebens und gleichzeitig eine Möglichkeit, Dinge und Erfahrungen, für die es keine Worte gibt, in die Sprache der Kunst zu übersetzen und auf diese Weise sichtbar zu machen.

Wenn das, was sie tut, dann doch einmal nicht vorwärts gehen will, greift sie gerne zu einer anderen Tätigkeit: Bügeln statt eine Ausstellung zu konzipieren – oder den Kleiderschrank ordnen.»Dieses Aufräumen ordnet etwas auf allen Ebenen und irgendwann weiß ich, ich kann wieder aufhören. Dann hat es sich auch in mir geordnet oder die Antwort darauf, wie der nächste Schritt aussehen kann, ist da.« Scheitert eines ihrer Projekte, zeigen sich Rückschläge, Stagnationen und Krisen, legt sie Wert darauf, sich Zeit zu nehmen, das Gescheiterte zu betrauern, sich selbst zu verwöhnen, sich Ärger zuzugestehen und zu erforschen, was das Geschehene in ihr bewegt – »und zum Schluss die Clownin rufen und es belachen«.

In ihrem Leben ist es Cambra Skadé wichtig, den Spielraum stets weit zu lassen, flexibel zu bleiben und sich selbst immer wieder neu zu erfinden auf ihrem Weg – manchmal auch mit unorthodoxen Mittel, die jedoch bestens zu ihr passen. So wollte sie gerne eine Tänzerin sein und eine Reisende. Also hat sie beides einfach in ihre Vita geschrieben, obwohl es noch gar nicht stimmte.»Und siehe da – die Tänzerin und die Reisende sind der Biografie gefolgt.« Sie bekam »plötzlich« eine Einladung für eine Reise in den Altai, ein mittelasiatisches Hochgebirge, und wurde zur Reisenden, die später ihre Erlebnisse in der multimedialen Tanzperformance *An den heiligen Feuern des Altai* und in ihrem Buch *Shamal – Eine kirgisische Liebesgeschichte* zu neuen Werken weiterverarbeitet hat. Sie bereiste Galicien, wo sie tanzend alte Geschichten erfuhr und galicischen Sprachklängen lauschte, die sie kaum verstand. Sie bereiste Korea und lernte, dass »der koreanische Schamanismus ein weiblicher Schamanismus« ist; sie fuhr durch Kanada und war fasziniert »von der Kunst der First Nations, der Haida, Tlingit, Gitxsan – Masken, Bilder, Tanz, Schnitzereien«. Aus Reisen werden bei ihr Lebenslandkarten, die sie zeichnet und dann mit anderen teilt. Sie zeichnet sie mit Worten, tanzt sie, manchmal malt sie sie auch. »Ich habe viele Länder bereist. Neue Länder ergeben auch immer neue Landkarten.« Landkarten aus alten Geschichten, neu gegangenen Wegen, aus Alltäglichem und Heiligem.

Sie will noch immer mehr in ihr Leben einladen, legt deshalb gerne neue, leere Ordner auf ihrem Computer an mit Namen wie *Weiblustiges* oder *Lebendigkeiten*, denn »Leerraum will sich füllen und die Inhalte werden folgen«.

Cambra Skadé spielt, probiert und lotet aus, was machbar ist. »Jemand hat mal zu mir gesagt, er könne es sich nicht leisten, zu spielen. Ich glaube, ich kann es mir nicht leisten, nicht zu spielen.« Ihr Spiel ist zugleich Ausdruck einer Position, die sie in der Gesellschaft einnimmt. Schon früh habe sie gemerkt, dass

sie immer dann, wenn eine Situation in eine bestimmte Richtung zu kippen drohte, eine Art Gegenpol dargestellt hat. Als Kind hat sie bei Beerdigungen, die sie »urkomisch« fand, immer lachen müssen. Und wenn auf einer Feier alle lustig waren, war sie »still, mies und muffelig«. Lange Zeit konnte sie nicht einordnen, warum sie sich so verhält. Bis sie schließlich entdeckt hat, »dass es in allen tragenden Gemeinschaften solch eine Position gibt. In den indigenen Völkern sind es die Clownfrauen, Heilige Närrinnen. Sie tun genau das: Sie stellen eine Gegenkraft da und sorgen für ein Gleichgewicht in der Gemeinschaft«.

Auch bei Vorträgen gibt sie oft die *Heilige Närrin*, balanciert wohldosiert zwischen Heiligem und Alltäglichem. Erzählt vom Orakellesen im Müll oder vom Besen als heiliges Fluggerät, regt an, jeden Tag eine Kerze für sich selbst anzuzünden, um den neuen Tag ganz zu sich zu nehmen und heilig zu beginnen, und gibt im selben Atemzug zu, dass sich der Kerzenverbrauch in ihrem Haus »sehr in Grenzen« halte.

Sie erinnert ihre Zuhörerinnen an die heiligen Orte in der eigenen Wohnung: Die Küche mit der Feuerstelle, heute dem Herd, der Ort der Heilerinnen, Schamaninnen. »Oft sagen wir *Ja, ich würde mich ja so gerne den ganzen Tag meiner Spiritualität widmen, aber ich muss hier ja dauernd putzen, saugen und spülen.* Dabei übersehen wir, dass wir uns ja schon mehrmals am Tag an diesen heiligen Orten aufhalten.« Das Haushalten sei ursprünglich eine tief spirituelle und heilige Arbeit gewesen, die vor allem Heilerinnen und Schamaninnen inne gehabt hätten.

Es brauche viel Konzentration, ein Haus mit all seinen Räumen zu hüten und zu halten. »Das Wissen hierum ist in unserer Gesellschaft verlorengegangen. Bei vielen Nomadenvölkern ist es aber auch heute noch so, dass die Frau, die sich um das Haus kümmert und die Feuerstelle hütet, eine mächtige Position innehat«.

Scheinbar alltäglich-langweiligen, banalen Handlungen ihre heilige Kraft zurückzugeben, zum Beispiel die der Transformation oder Reinigung, darum geht es ihr, denn nur so könne das Heilige auch in den Alltag einziehen. »Manchmal braucht es Erinnerungen, wie die Spiegelnotizen, die uns wieder mit unserer Magie verbinden«. Sätze, wie *Ich bin die Königin meines Lebens. Ich bin gekrönt mit tausend Fähigkeiten* – oder *Ich bin die Heldin meines Alltags*, der Lieblingsspruch ihrer Katze Katalina. »Die Kleinigkeiten sind das Wichtige. Wir können immer wieder Verrücktheiten, kleine Rituale und Erinnerungen in unseren Alltag einbauen. Wie der Kuss auf die Schultern am Morgen. Wir selbst sind es, die mit einem kleinen Ritual oder unserem bewussten Tun, die Magie in den Alltag zurückbringen können. Wir können Mut in die Suppe rühren, ein Lied hineinsingen, das ist pure Schwingungsmedizin.« Gerne zitiert sie auch den Satz der Heiligen Närrin: Entweder ist alles heilig oder nichts.

»Meine Medizin, meine Zaubersubstanz, habe ich immer dabei. Sie kostet nichts und ist leicht zu tragen. Außerdem ist sie wetterfest, temperaturunabhängig und fast nebenbei in alles einzurühren. Weil es eine Zaubermedizin ist, taugt sie für vieles – zur Ausbalancierung, zur Reinigung oder Kräftigung. Es geht so – ich entscheide, was ich gerade brauche. Heute zum Beispiel den kraftvollen Schritt hinter die kleine Angst, denn ich will aufs Dach steigen und noch andere kühne Dinge tun. Also hole ich die Medizin aus mir heraus – ich bewahre sie in mir auf. Dann singe ich sie in alles, was ich esse oder trinke. Ich kann sie auch ins Putzwasser singen, über die Zahnpasta oder ins Duschwasser. Es muss nicht singen sein, ich kann sie hineinatmen oder pusten oder ein Gänseblümchen für meinen kühnen Schritt in die Tasse legen. Essen kann ich es dann auch gleich. Es hat eine enorme Durchschlagskraft, vor allem, wenn sie über einen längeren Zeitraum eingenommen wird. Reinflüstern geht

auch, fällt mir gerade ein. Wahrscheinlich gibt's noch viel mehr Möglichkeiten. Wenn ich nach der Einverleibung alles homöopathisch verschütteln will, dann tanze ich.« [2]

Bei all dem tanzt sie leichtfüßig auf dem Grat zwischen spiritueller Ernsthaftigkeit und einem humorvollen Blick auf sich selbst, der ihr Leben zu prägen scheint. »Es ist mir wichtig, mich selbst und andere nicht zu ernst zu nehmen. Lachen hat für mich eine große Heilkraft und eine starke kreative Kraft. Darin fühle ich mich sehr Zuhause«. Blödsinn machen, Neues ausprobieren, Ungewohntes mit Alltäglichem verknüpfen – all dies gehe gut bei ihr, denn sie trage das Etikett *Künstlerin*, wie sie sagt. Ein Etikett, das ihr Freiheit gibt und es anderen erleichtert, ihr Tun einzuordnen.

»Manchmal werde ich gefragt, wie es einer, die so sonderbare Dinge tut und so lebt wie ich, in einem kleinen bayrischen Dorf geht. Die Situation hatte ich auch in einem kleinen Dorf in Altkastilien. Ich bin integriert, werde gelassen, darf verrückte Dinge tun. Vielleicht, weil ich gerne in die Dorfwirtschaften gehe, mit den alten Wirtinnen befreundet bin und gerne auf einen Ratsch mit dem Besen am Zaun stehe. Meine Närrinnenfreiheit hat etwas damit zu tun, dass ich das Etikett Künstlerin habe. Damit bin ich einzuordnen. Mein Tun verliert an Gefährlichkeit, das Fremde, weil es sich im Zweifelsfall um ein Kunstprojekt handelt.« [3]

Sie habe alles erreicht, was sie bislang in ihrem Leben habe tun wollen, sagt Cambra Skadé. Jetzt gehe es mehr um das *Wie*, statt um das *Was*. »Inhalte sind nicht mehr so wichtig.« Manchmal spiele sie auch mit anderen Lebenswegen, auf die sie Lust hätte, etwa das Leben als Bäuerin. »Ich versuche dann, Teile davon in meinen Lebensweg zu integrieren. Zum Beispiel bin ich mit einer Bäuerin im Dorf befreundet, die Pferde, Esel und Katzen hat. Wir gehen oft mit den Eseln spazieren oder ich kümmere mich um die Pferde.«

Das Leben selbst und die Ahnen- und Wesensgeister, die sie täglich begleiten, unterstützen sie auf ihrem Weg: »Vor allem wenn ich alleine reise oder wenn schwierige Situationen auftauchen, habe ich nicht das Gefühl, einsam zu sein. Ich brauche die Dinge nicht alleine durchzustehen, sondern darf um Führung oder Unterweisung bitten.« Für sie gibt es nichts Nichtspirituelles. Spiritualität, das ist für Cambra Skadé ein Angebundensein an andere Ebenen und Welten. Es heißt auch, mit dem Geist der Steine, Tiere und Pflanzen verbunden zu sein und sie als mehr als nur Nutzwesen oder -gegenstände zu betrachten. »Überall gibt es Wesenheiten, die etwas erzählen. Ich kann mich bewusst eingebunden wissen in dieses große Gefüge, kann ihren Geschichten lauschen und auf das Spiel der mich umgebenden Felder horchen.«

Ihre Ahninnen und Ahnen sind wichtige Begleiter in jeder Lebenssituation: »Wir können die Ahnen immer um Unterstützung bitten, egal, ob sie sich wieder inkarniert haben oder nicht. Das sagen auch alle Indigenen, denn der Ahnengeist – sprich, das, was die Ahnen auf feinstofflicher Ebene sind –, ist unabhängig von einer Inkarnation, sodass unsere Ahnen immer mit uns verbunden sind.« Aber auch schon verstorbene starke Frauen geben ihr in manchen Situationen Kraft. »Wenn ich auf Reisen bin, rufe ich oft Alexandra David-Néel zu mir. Eine großartige Frau, dick, reitunkundig und körperlich nicht fit, aber dennoch hat sie es auf ihre beherzte Weise geschafft, auf geheimen Wegen nach Tibet zu kommen und zu Fuß den Himalaya zu überqueren. Wenn ich manchmal auf einer Reise eine Krise bekomme, rufe ich Alexandra. Die sitzt dann neben mir und schmunzelt über mich. In dem Moment weiß ich, wenn sie das geschafft hat, dann schaffe ich das auch.«

Nicht immer bedarf es einer großen Reise, um Unterstützung zu erfahren oder Antworten auf drängende Fragen zu bekommen. Cambra Skadé nutzt auch gerne einen schlichten Spaziergang, um aus ihm einen *Medicine Walk* zu machen – eine Sichtweise, durch die die Welt vor der Haustür zum Spiegel des eigenen Lebens wird:

»Wenn ich nicht mehr weiterkomme, gehe ich aus der Haustüre, über die Schwelle und mache einen Medicine Walk. Raum und Zeit, bis ich wieder über die Schwelle zurückkomme, sind magischer Raum und Orakelzeit. Ich gehe über die Schwelle mit einem Anliegen, einer Widmung, einer Frage, wie auch immer. Dann schaue ich, nehme wahr, sammle Begegnungen, Gefühle, Gedanken, Zeichen. Das Mitgebrachte lese ich dann.

Manchmal ist es der Weg zum Supermarkt, zum Stall, manch-
mal die Fahrt nach München – es geht alles, weil das Werk-
zeug, der Medicine Walk, immer greift.« [4]

Dem zu folgen, was ist, ist eine Eigenschaft, die sie von ihren Reisen mitgebracht hat. So zum Beispiel auch das sich verjahreszeitlichen oder verwettern. »Ich merke, wenn ich mit den Jahreszeiten gehe, zum Beispiel den Winter als Innenzeit nutze, statt Seminare zu planen und zu geben, kostet mich das viel weniger Kraft und alles ist viel mehr im Fluss. Das ist etwas, was in unserer Gesellschaft gar nicht mehr vorgesehen ist. Jeder hat zu jeder Zeit, an jedem Tag, gleich zu funktionieren. Dabei hat jede Jahreszeit ihre ganz eigene Qualität.« Was für die Jahreszeiten gilt, gilt auch für jeden einzelnen Tag:

»Von den NomadInnen habe ich gelernt, dem zu folgen, was
ist, und so mit Rückenwind unterwegs zu sein. Mit der Qua-
lität des Tages gehen, morgens erkunden, wie die Wetterlage
ist, ob es ein Telefontag ist, ein Organisationstag, ein Nix-
geht-Tag oder ein Aufräumtag. Manchmal gibt es Kleine-blaue-
Wundertage oder Schlaftage. Wenn ich versuche, an einem
Nix-geht-Tag wichtige Telefonate machen zu wollen oder was
auf den Weg zu setzen, habe ich solchen Gegenwind, dass
ich unendlich viel Energie hineingebe und letztendlich doch
nichts herauskommt.
Manchmal merke ich, dass es ein Telefontag ist – alle sind so-
fort erreichbar, guter Laune und fast nebenbei kann ich etwas
klären, umsetzen, ausmachen. Das fühlt sich dann so an wie
ein wundervoller Ritt auf einer riesigen, schönen Welle, die ich
optimal genommen habe. Dann bin ich ganz mit meiner Magie
verbunden. Dann lasse ich alle anderen Pläne sausen und
mache alle Telefonate, die anstehen. So lange, bis ich merke,
dass die Welle abebbt.« [5]

Sie glaubt an die Weisheit und die große Schöpferkraft der Frauen – beides gibt ihr immer wieder neue Kraft. »Außerdem glaube ich an die Kreativität als mächtiges Heilmittel und daran, dass wir als Menschenwesen gut daran tun, für tragende Gemeinschaften zu arbeiten. Ohne heile, tragende Gemeinschaften ist kein Überleben möglich. Wir brauchen ein neues Bewusstsein dafür, dass wir alle Teil einer Weltgemeinschaft sind und dafür, das Verbindende im anderen zu sehen.« Sie selbst lebt das Verbindende, in ihren Augen gibt es »zigtausend« Qualitäten, die vor allem Frauen in dieser Welt kultivieren oder weitergeben können: »Nachhaltigkeit, Weitsicht, Tiefe, Vernetzung, feinste Kommunikation und noch viel mehr.«

An Patentrezepte für den eigenen Weg glaubt sie nicht – »zum Glück, denn so darf ich weiterhin lustvoll-staunend erkennen, wie unterschiedlich alle Lebenswege sind und wie vielfältig ihre Möglichkeiten und Herausforderungen«.

Ihr eigener Weg hat sie zu einer wichtigen Frau in der weiblichen Spiritualität und im magischen sowie spirituellen Feminismus werden lassen. Für Cambra Skadé das Ergebnis davon, dass sie stets ihr eigenes Ding gemacht hat ohne sich von anderen beirren zu lassen. »Ich arbeite richtig gerne, bin immer drangeblieben an meinem Weg – ich denke daraus ist diese Position gewachsen. Es war kein Sprung, sondern ein langer Lebensweg.« Sie ist keine Frau, die sich etwas einbildet auf ihre Bekanntheit. Ja, die Seminare würden dadurch schneller voll werden, das sei praktisch, aber sonst? Und doch ist zwischen den Zeilen immer wieder Freude zu spüren, wenn sie hört, dass sie mit ihrer Art zu sein und mit ihrem Tun eine andere Frau inspiriert oder ihr Mut gemacht hat beim Gehen des eigenen Weges.

So gibt Cambra Skadé den Frauen im Seminarraum in Lübeck an diesem Abend zum Abschluss den Blick auf das jeweils eigene Leben mit auf den Weg. Auf die Fallen im eigenen Alltag, die immer wieder das Magische aus eben diesem rauben. Bei ihr selbst ist dies beispielsweise die Sinnfalle, der Anspruch, stets etwas Sinnvolles zu tun, sich selbst mit anderen zu vergleichen und dabei festzustellen, dass diese etwas viel Tolleres machen – »da ist es dann wichtig, alte Ängste und Glaubenssätze, die uns am Weitergehen auf unserem Weg hindern, immer wieder abzuklopfen und loszulassen«. Denn nur so ist es möglich, auf dem eigenen Weg stets dem Leitstern Freude zu folgen.

»Zum Schluss singe ich dir noch ein Lied. Es handelt davon, dass du voller Wunder bist und die wildesten Landstriche deiner Seele sicherlich hinreißende Abenteuer bereithalten für uns.

In der zweiten Strophe singe ich davon, wie aufregend deine Lebenslandkarten wohl sind. Ob du hohe Berge, Ebenen oder das Meer, große Städte und stille Waldseen eingezeichnet hast. Und auch mit welchen Stiften. Es gibt dann noch eine Strophe. Sie handelt davon, dass deine Einfälle und Verrücktheiten, deine Beherztheit und deine Wildnis möglicherweise dringend gebraucht werden. Das beschreibe ich im Lied sehr detailliert. Dann trällert das Lied ohne Text weiter. Oh jetzt hat mir Katalina die Gitarre aus der Hand gepatscht und so hat das Ganze einen natürlichen Abschluss gefunden.« [6]

Cambra Skadé (Jahrgang 1961) hat Kommunikations-Design studiert und sich anschließend als Künstlerin selbstständig gemacht. Spiritualität und Meditation gehörten für sie schon zu Jugendzeiten mit zum Alltag dazu: Ihre Mutter war Zen-Buddhistin, in ihrer Nähe gab es ein großes Sannyas-Zentrum, sie selbst wurde in der Hippiezeit groß. Schamanismus, fremde Völker und Stämme und Frauenthemen – all das faszinierte sie damals. Faszination, Wissen und Erfahrung sind heute in ihrer schamanischen Kunst und Arbeit verschmolzen. Die Grenzen zwischen Heiligem und Alltäglichem zu verwischen, ist ein Aspekt ihres Schaffens. Sie ist eine Grenzgängerin, eine Mittlerin zwischen den Welten und lebt heute in einem kleinen Dorf in Oberbayern.
www.cambra-skade.de

»Bleibe mit ganzem Herzen wach und interessiert – dir selbst, anderen und dem Leben gegenüber. Von Augenblick zu Augenblick. Und verliere nie den Humor dabei!«

Sylvia Kolk –
Mit Leidenschaft durch den
spirituellen Alltag

Aus dem Buddhistischen Zentrum in einem begrünten Hamburger Hinterhof schallt immer wieder lautes Lachen. Rund 30 Personen sitzen im Meditationsraum im Kreis auf dem Boden und lauschen einem Vortrag von Sylvia Kolk. Das Thema: Wie Leiden entsteht und überwunden werden kann. Grundlagenthema im Buddhismus – doch keineswegs alltagsfern.

Sylvia Kolk erzählt ihren Schülerinnen und Schülern vom Habenwollen der Blumen aus Nachbarsgarten, vom Widerstand gegen die innere Unruhe und Angst vor dem nächsten Arbeitstag und von Gedanken, die einen in ihren Bann ziehen. Ihre Ausführungen zielen geschickt auf die Möglichkeiten und Methoden ab, wie man schließlich doch zu innerer Ruhe finden kann. Es ist ein eleganter Tanz zwischen tiefgehender Lehre und Leichtigkeit.

Undogmatisch und humorvoll geht es im Buddhistischen Zentrum Hamburg *Liebe – Kraft – Weisheit*, das Sylvia Kolk 2004 gegründet hat und dessen spirituelle Leiterin sie ist, nicht nur an diesem Tag zu.

Zu Beginn der Meditation sagt sie:»Stimmt euch ein paar Momente auf die Freude ein. Sie ist unser Weg.«

Die Menschen, die sich an diesem Tag im Zentrum eingefunden haben, sind Teilnehmer einer der sogenannten Stadtpraxis-Gruppen. Die Stadtpraxis ist ein Konzept, das die Integration der spirituellen Praxis in den Alltag zum Ziel hat. Es wurde von ihr entwickelt und bildet heute einen ihrer beiden Arbeitsschwerpunkte. Der andere sind Schweige-Retreats. Rückzugsmöglichkeiten von mehreren Tagen oder Wochen, bei denen an einem ruhigen, meist abgeschiedenen Ort meditiert und geschwiegen wird.

Als Sylvia Kolk vom Land nach Hamburg zog, wurde plötzlich die Spiritualität im gelebten Alltag – mitten in all dem Gewusel, dem Lärm und der großstädtischen Hektik – zu einem Thema, das sie nicht mehr losließ. Sie begann zu erforschen, wie es möglich ist, bei sich zu bleiben und doch zugleich mit anderen

Menschen in Kontakt zu gehen. Wie es möglich ist, offen zu sein für all die Sinneseindrücke der Stadt ohne in ihnen unterzugehen. Und vor allem: Wie der Bruch zwischen der Stille, Ruhe, Offenheit, dem Gefühl von Verbundenheit und innerem Frieden, das sich häufig während eines Retreats einstellt, und dem Stress, der Schnelllebigkeit und der Isolation, die oft den Alltag prägen, aufgehoben werden kann.

> *»Wir müssen nicht ins Kloster gehen, um einen umfassenden spirituellen Transformationsprozess zu durchlaufen. Auch für Menschen in Klöstern gibt es nur das Hier und Jetzt und die eigenen Tendenzen, vor Unangenehmem zu flüchten und nach dem Angenehmen zu greifen. Unsere Situation muss nicht bereits perfekt sein, damit wir uns auf einen spirituellen Befreiungsweg begeben können. Tatsächlich können wir hier und jetzt beginnen. In diesem Augenblick.«[1]*

Aus den Antworten, die sich auf diese Fragen für sie ergaben, entwickelte Sylvia Kolk 1999 das Konzept der Buddhistischen Stadtpraxis in Hamburg und begann mit der ersten Gruppe zu praktizieren. Derzeit gibt es fünf solcher Gruppen in Hamburg, bundesweit führen einige ihrer langjährigen Schülerinnen und Schüler das Konzept fort und bieten ähnliche Gruppen zum Beispiel in Stuttgart, München oder Bielefeld an. In Hamburg umfasst das Angebot regelmäßige Treffen der Gruppe – ein ganzer Tag im Monat oder drei Stunden alle zwei Wochen –, Lehrvorträge zu Themen wie *Umgang mit schwierigen Emotionen, Gedanken und körperlichen Schmerzen*, gemeinsames Meditieren und – ganz wichtig – Austausch. Statt alleine zu üben haben die Teilnehmenden die Möglichkeit, sich bei den Treffen mit anderen über ihre gemachten Erfahrungen auszutauschen und während der Zeit zwischen den Terminen von einer Mentorin begleitet zu werden. Mentorinnen wiederum sind langjährige Schülerinnen von Sylvia Kolk.

Aus dem Konzept der Buddhistischen Stadtpraxis Hamburg entstand in der Folge das Buddhistische Zentrum Hamburg *Liebe – Kraft – Weisheit*, das in der Theravada-Tradition von Ayya Khema steht, die Sylvia Kolks Lehrerin war. Heute gibt es im Zentrum neben den Stadtpraxis-Gruppen offene Meditationsabende, Vorträge, Workshops zu verschiedenen Themen der buddhistischen Lehre und Praxis wie *Das Lächeln, das aus der Tiefe kommt* oder *Gemeinsam mit anderen – Freundschaft und Sangha als Weg* sowie Filmnachmittage. Es ist ein lebendiger Ort, der Stille und Begegnung vereint – mitten in der Stadt. Hier lässt sich erleben und erlernen, wie die buddhistische Praxis zu einem integralen Bestandteil des täglichen Lebens werden kann. Denn erst im Alltag zeigt sich, wie geduldig wir wirklich sind, wie gut wir unseren Geist kontrollieren und in der Wirklichkeit leben können. Die Dinge so anzunehmen, wie sie sind, fällt den meisten in einem Retreat nach einiger Zeit leicht. Im Alltag mit immer neuen Situationen wird dies für viele Menschen jedoch schnell zu einer ständigen Herausforderung.

Dass gerade diese Herausforderungen aber gleichzeitig Chancen für das Wachstum auf dem eigenen Weg bieten, weiß Sylvia Kolk nur allzu gut. 1989 hatte sie ihr erstes Retreat bei der buddhistischen Nonne Ayya Khema (1923-1997) besucht und damit ihre Meditationspraxis begonnen. Nur sechs Jahre später sollte sie auf Wunsch ihrer Lehrerin bereits ihr eigenes Wissen weitergeben und selbst lehren. »Die Aufforderung zu lehren kam damals vollkommen unerwartet«, erinnert sich Sylvia Kolk. »Eigentlich braucht man 20 Jahre Meditationserfahrung, um selbst zu lehren – zum damaligen Zeitpunkt fühlte ich mich überfordert.« Also hat sie erst einmal so getan, als habe sie die Lehranweisung überhört. Ayya Khema ließ jedoch nicht locker. Schließlich nimmt Sylvia Kolk die Herausforderung an und erfüllt den Wunsch ihrer Lehrerin – auch, weil sie dadurch etwas von dem vielen, was sie durch deren Anweisungen und Begleitung erfahren und gelernt hatte, zurückgeben konnte. Dankbarkeit war ihre Motivation, sich dem Wunsch der Lehrerin zu fügen.

Sylvia Kolk hatte zwar bis dahin nur sechs Jahre buddhistische Meditationspraxis hinter sich, aber es waren intensive Jahre gewesen. Zudem hatte sie eine Begabung mitgebracht, die es ihr ermöglichte, in dieser Zeit ihren Geist so zu trainieren, dass ihr die Ruhemeditation in all ihren Stufen keine Mühe mehr machte. Verbunden mit diesen Stufen sind befreiende Einsichten – letztlich das Ziel der buddhistischen Praxis. Sie beziehen sich auf die Ursachen von Unzufriedenheit und darauf, dass alle Phänomene letzten Endes vergänglich und unpersönlich sind. In diesem Sinne hatte Sylvia Kolk ein gutes, solides Fundament. Nachdem sie in den darauffolgenden Jahren zunächst einen Teil der Einzelgespräche, die Ayya Khema während ihrer Retreats anbot, übernommen hatte, unterrichtet sie seit 1995 selbst als buddhistische Meditationslehrerin.

Was Sylvia Kolk, eine der autorisierten Nachfolgerinnen und Nachfolger von Ayya Khema, nicht ahnte, als diese sie aufforderte zu lehren: Ihre Lehrerin, die damals 72 Jahre alt war, hatte bereits viele Jahre zuvor die Diagnose Krebs bekommen und wusste zum damaligen Zeitpunkt nicht, wie lange sie noch leben würde. Heute ist Sylvia Kolk froh, dass Ayya Khema sie zum Lehren aufforderte. Denn das Lehren wurde für sie zu ihrer Praxis, in der sie sich weiterentwickeln und ihrer Liebe zum Dharma, der buddhistischen Lehre und der in allen Phänomenen zu findenden Weisheit, Ausdruck verleihen konnte. Mittlerweile ist sie eine der bekanntesten buddhistischen Lehrerinnen im deutschsprachigen Raum. Die Lehr- und Gesellenjahren, die es bis hierhin zu bestehen galt, waren hart und weich zugleich, herausfordernd und erfüllend. »Letztendlich haben sie mich zu einer wirksamen Meditationslehrerin ausgebildet«, ist Sylvia Kolk überzeugt.

»Leben ist ein Balanceakt, eine Pendelbewegung, die nie stillsteht. Es geht hin und her, auf und ab. Mal stürmt es, und dann wieder scheint die Sonne. Das ist weder gut noch schlecht. Es ist, was es ist. Es kommt uns nicht mehr in den Sinn, eines davon ausschalten oder daran anhaften zu wollen. Und dabei durchdringen und ergänzen sich gegenseitig Materie und Geist, das Zeitlose und das Vergängliche, Nibbana und Samsara, Form und Leere. All das sind Erscheinungsformen der Ganzheit. Sie hängen voneinander ab, und unser Erleben von Einssein führt uns zu dieser Dimension, die uns einen Geschmack von Freiheit gewährt. Was bleibt, ist die unmittelbare Gegenwärtigkeit, und aus der Reife entsteht dann rechtes Handeln zur rechten Zeit.«[2]

In jenen Jahren erfuhr Sylvia Kolk die Tiefe der buddhistischen Praxis auf neue Weise. Zum einen waren ihre Kurse von Beginn an voll belegt und zum anderen wurde sie als Vertretung eingesetzt, wenn Ayya Khema aufgrund ihres Gesundheitszustands nicht erscheinen konnte. Versagensängste und Leistungsdruck kamen auf – aus ihrer Sicht das beste *Material* zur Überprüfung und Vertiefung der eigenen Praxis mit der entsprechenden Wirkung auf Körper und Geist. Sie lernte vor mehreren hundert Menschen zu sprechen und wusste, dass sie nur bestehen konnte, wenn sie wahrhaftig bliebe. So begann sie authentisch zu lehren, sprach über Blockaden und Ängste, die sie selbst erfuhr. Aber auch über die befreiende Wirkung der buddhistischen Methoden, wie die, sich selbst genau zu beobachten, herauszufinden, welche Gedanken zu welchen Emotionen führen. Die Forscherin in ihr prüfte jedes Detail und erspürte dabei die Themen, über die sie später in ihren Vorträgen sprechen würde.

Im Rückblick hat Sylvia Kolk erkannt, dass die Hindernisse ihre Lebensschule waren und sie dahin gebracht haben, wo sie heute steht. »Sie haben meinen Geist klar und stabil und mein Herz weich gemacht. So verrückt es sich anhört, heute bin ich dankbar für diese Phasen.« Und noch einer Sache ist sie sich sicher: »Dass Ayya Khema das Lehren von mir gefordert hat, hat mein gesamtes Wirken und Leben auf den Punkt gebracht. Alle guten Eigenschaften wurden ab diesem Moment nach vorne gebracht: Mut, Durchhaltevermögen, Vertrauen, Scheitern zulassen können.« Aber auch die Fähigkeit, anderen Menschen komplexe Zusammenhänge in einfachen Worten zu erklären, ohne die Tiefe zu verlieren. Geduld und Humor bei der Begleitung ihrer Schüler und Schülerinnen durch all die Hindernisse, denen sie auch selbst begegnet ist, prägen ihre Arbeitsweise. Sie ist eine Expertin geworden beim Umgang mit schwierigen Gefühlen und Gedanken. Dabei hilft ihr das Verankertsein im Dharma. »Heute sehe ich, dass diese Aufforderung zum Lehren das Beste ist, was mir passieren konnte.«

»Der Buddha sagt sinngemäß: »Wer achtsam ist, der wächst im Glück.« [...] Wenn wir Glücksmomente bei einem Sonnenuntergang oder bei einer köstlichen Mahlzeit erleben, so ist es weder der Sonnenuntergang noch sind es die Speisen, die uns das Glück bescheren, sondern es ist die Art und Weise unserer Aufmerksamkeit. Der Grad unserer Aufmerksamkeit und die Möglichkeit, diese beständig aufrechtzuerhalten, sind Ursache für unser Glücksempfinden.«[3]

Es ist ein Weg, auf den Sylvia Kolk über viele Umwege gekommen ist. Ein Weg, der an einer ganz anderen Stelle begonnen hat, an der sie nie gedacht hätte, einmal Meditationslehrerin zu werden. 1951 kommt sie in Köln zur Welt, verlebt dort Kindheit und Jugend. Nach der Volks- und Handelsschule macht sie eine kaufmännische Ausbildung in einem Reisebüro. Denn Reisen hat sie immer schon fasziniert. Es ist eine Leidenschaft fürs Unterwegssein, für fremde Länder, Abenteuer und das Reisen selbst, der sie nach Ende ihres Studiums mit einer einjährigen Welterfahrungsreise in die USA, nach Guatemala und Mexiko nachkommen wird, und der eine jahrelange Begeisterung für Trekkingtouren, Survivaltrainings und Exkursionen in der Wildnis sowie eine Ausbildung zur Leiterin solcher Kurse und Touren für Frauen folgten.

Sie führt ihren Beruf mit Begeisterung aus, wechselt nach der Lehre aber doch in eine andere Branche, denn die Arbeit im Reisebüro ist schlecht bezahlt, und für Frauen gibt es keinerlei Aufstiegschancen. Sylvia Kolk arbeitet nun einige Jahre als Chefsekretärin – gut bezahlt, mit netten Kolleginnen und Kollegen und Aufstiegschancen unter der Anweisung kompetenter Chefs. Alles scheint bestens. Und doch: Da sind diese Sehnsucht und geistige Wachheit, die nach Wissen und Entwicklung verlangen, die damals wie heute in ihr existieren. Heute bringt diese geistige Wachheit sie dazu, das eigene Tun immer wieder kritisch zu hinterfragen. Sie lässt sie neugierig und offen bleiben. Vorträge entwickelt sie immer wieder neu, auch wenn die Inhalte sich wiederholen. Konzepte wandeln sich, Projekte entstehen und werden wieder losgelassen. 1971 brachte die Sehnsucht sie dazu, ihre Tätigkeit als Chefsekretärin wieder aufzugeben, weil sie studieren wollte.

Sie besucht zunächst die Abendschule und erwirbt auf diesem Weg die Zulassung zum Studium der Pädagogik, Psychologie und Politik an der Pädagogischen Hochschule in Aachen. Ihr Studienbeginn fällt in die Zeit der Endphase der Studentenbewegung. Was man studiert habe, sagt Sylvia Kolk heute, sei nicht das Entscheidende gewesen. Die Universität sei eher nebenher gelaufen. Als Studentin lebt sie in einer Wohngemeinschaft und engagiert sich in der Hochschulpolitik.

Ganz hat sich der kritische Geist des Auf- und Umbruchs der 1968er-Generation nie von ihr verabschiedet. Die aktuellen gesellschaftlichen Entwicklungen geben ihr zu denken und wecken einmal mehr ihren Forschergeist. »Die derzeitigen gesellschaftlichen, politischen und wirtschaftlichen Entwicklungen und Bewegungen sind schwer einzuschätzen. Die Komplexität sozialer und wirtschaftlicher Strukturen ist gewaltig. Mich interessieren die vielfältigen Ansätze einer Einschätzung. Natürlich ist es spannend, wenn dann so etwas wie die Occupy-Bewegung entsteht, aber auch schnell wieder verschwindet. Welche Veränderungen Konzerne wie Amazon, Apple oder Facebook in unser Leben bringen, ist nicht wirklich absehbar. Ich möchte hinter die Kulissen schauen, erforschen, wie all das auf Menschen wirkt und wie wir zu einer friedlichen Welt beitragen können ohne uns gegen die neuen Möglichkeiten und Entwicklungen zu verschließen.« Es scheint, als würden die Worte, die sie selbst auf ihre Vergangenheit bezieht, auch heute noch für ihr Leben gelten:»Es gehörte zu den Werten meiner Generation wach und kritisch zu bleiben und nicht in Routine zu verfallen. Fast möchte ich sagen, wir hatten eine heilige Pflicht ständig zur kritischen Reflexion bereit zu sein, immer offen, Neues zu wagen und Altes zu hinterfragen.«

Hingabe und Vertrauen waren hingegen lange Zeit Fremdwörter für Sylvia Kolk und ihre Generation – bis sie Ayya Khema kennenlernte. Sie, die vorher immer selbst alles entschieden und hinterfragt hatte, ließ sich nach dem ersten Retreat ohne Kompromisse auf die buddhistische Lehre ein. Von außen betrachtet könnte dies verwundern. Für Sylvia Kolk war es jedoch stimmig.»Ich hatte das Gefühl nach Hause zu kommen. Unverhofft war ich der Lehrerin begegnet, nach der ich immer gesucht, sie bis dato aber nie gefunden hatte. Und da war sie – zu einem Zeitpunkt, an dem ich die Suche längst schon aufgegeben hatte. Bis dahin war die Natur meine größte Lehrerin.« Noch heute, mehr als 15 Jahre nach Ayya Khemas Tod, spürt Sylvia Kolk eine feste Verbindung zu ihrer Lehrerin:»Sie war für mich zugleich eine Art Großmutter, eine Lehrerin, unglaubliche Förderin, Geburtshelferin und spirituelle Mutter, die mir die Tür geöffnet hat zu einer neuen geistigen Dimension.« Es war vor allem Ayya Khemas Art, die sie bereits beim ersten Kennenlernen nachdrücklich beeindruckte:»Sie verkörperte, was sie lehrte – geistige Klarheit, gesammelte Ausrichtung, innere Sicherheit und Wahrhaftigkeit –, bis heute ist sie ein Vorbild für meine eigene Orientierung.«

Betrachtet man beider Leben erinnert die authentische, offene und abenteuerlustige Lebensweise von Sylvia Kolk oft an die ihrer Lehrerin, die ebenfalls ungewöhnliche Wege ging und viel für Frauen im Buddhismus getan hat. So gründete Ayya Khema 1984 auf Sri Lanka das erste buddhistische Nonnenkloster für Frauen aus dem Westen und dem Osten, das ausschließlich von Frauen geleitet wurde; 1987 war sie eine der Organisatorinnen der ersten internationalen Konferenz buddhistischer Nonnen und setzte sich für die Gleichberechtigung von Nonnen ein. Wie ihre Lehrerin engagiert sich auch Sylvia Kolk für die Förderung von Frauen. Das Buddhistische Zentrum Hamburg wird – anders als in der asiatischen Tradition – hauptsächlich von Frauen gestaltet und getragen, sowohl bei der Vermittlung der Buddha-Lehre als auch in allen anderen Aufgabenbereichen.

Frauenbewegt war Sylvia Kolk schon lange bevor sie Ayya Khema kennenlernte. Bereits als Studentin setzte sie sich dafür ein, Bildungschancen für Frauen – ihre eigenen und die anderer – zu verbessern und die Gleichberechtigung voranzubringen. Damals ist sie in verschiedenen frauenbezogenen Hochschulprojekten aktiv, gründet einen Frauenbuchladen. 1980 entschließt sie sich das Frauenbildungshaus Zülpich mit aufzubauen. Das Bildungs- und Kommunikationszentrum war von einer Studentinnengruppe der Fachhochschule Köln initiiert worden und hatte im Sommer 1979 seine Pforten geöffnet. 16 Jahre lang wird es das »zentrale Arbeitsumfeld« für Sylvia Kolk bleiben, die während dieser Zeit zudem Dozentin in der Erwachsenen- und hier vor allem der Frauenbildung war. Alles läuft in ruhigen Bahnen, bis 1986, als die ihr schon vertraute innere Forscherin sich wieder bemerkbar machte.

Eine mehrwöchige Wanderung im Schwarzwald wird schließlich zum Initialpunkt der weiteren Entwicklungen: Sylvia Kolk ist unterwegs mit einer Freundin, trägt neben dem Rucksack auch den Streit mit einer Kollegin mit im Gepäck. Nach zwei Tagen Wandern wird das Thema verschwunden und ihr Kopf wieder klar sein, da ist sie sich sicher. So war es schließlich bisher immer. Doch dieses Mal wird nichts daraus und sie kann das Wandern, das Jetzt, den Moment, nicht genießen. Die ganze Zeit ist sie im Kopf in den Konflikt mit der Kollegin verstrickt.

In ihr taucht die Frage auf, warum sie sich immer wieder in Feindbildern verliert. Sie möchte dieser Frage grundsätzlich nachgehen, weiß aber auch: Sie braucht einen festen Rahmen, feste Zeiten, damit sie dranbleibt am Thema. Der Gedanke an eine Promotion flammt auf – doch ist das zeitlich neben der Vollzeitstelle in Zülpich möglich? Sie lässt sich beraten und entscheidet sich schließlich für die Promotion.

Tagsüber arbeitete die damals 36-Jährige nun im Frauenbildungshaus Zülpich, abends und an den Wochenenden forschte sie für ihre Dissertation. Sie durchkämmte große Teile der abendländischen Philosophie. Dabei wurde ihr bewusst: Obwohl die Studenten- wie auch die Frauenbewegung stets gegen bestehende repressive Systeme angingen und eine bessere Welt forcierten, gab es Streit und Stress in den eigenen Gruppen, was nicht selten zur Spaltung führte. Sie erkannte: Es ist das dualistische Bewusstsein, das eine in Gut und Böse unterteilte Welt erzeugt. Es ist eine bestimmte, subjektive Art der Wahrnehmung der Welt, die sie zum einen oder anderen macht. Entscheidend war für Sylvia Kolk die Entdeckung, dass die dualistische Erkenntnisweise zwar in der westlichen Welt die vorherrschende ist, aber keineswegs die einzig mögliche.

Sie suchte in der Philosophie entsprechende Erkenntnistheorien und begann eine Wahrnehmung auszubilden, die sich weder identifizierend noch distanzierend gestaltet. Eine Praxis, die sie später auch im Buddhismus wiederfinden sollte.

»Es ist eine bestimmte Denkstruktur, die uns Orientierung gibt und sich auf diese Art zeigt. Ich habe sie Alltagsbewusstsein genannt. Diese Denkstruktur bestimmt unseren Geist und begrenzt vor allem unser Bewusstsein. Aber damit können wir die Wirklichkeit weder frei noch friedvoll erfassen, denn sie drückt sich durch unseren Zwang zu bewerten – richtig-falsch, cool-uncool, besser-schlechter – und zu kontrollieren aus. Darüber hinaus ist diese Art zu denken auch mit der Vorstellung und dem Gefühl eines getrennten Selbst und dem Festhalten daran verbunden. Besser zu sein bedeutet auf dieser Ebene, etwas oder jemand anderes ist schlechter als wir. Das, was als schlechter bewertet wird, betrachten wir als abgespalten von uns. Es hat nichts mit uns zu tun, und deshalb wollen wir das ausgrenzen. Es darf keinen Einfluss mehr auf uns ausüben. Im dualistischen Gegensatz bleibt nur die Möglichkeit, das, was als anders oder fremd oder falsch oder schlecht angesehen wird, entweder zu ignorieren oder zu bekämpfen.«[4]

Sie forschte, arbeitete und las in dieser Zeit mit Leidenschaft, bis der Kopf rauchte. Damals prägte sie für sich den Begriff der *Erkenntniserotik*, denn sie erlebte eine geistige Kreativität und Vitalität im Forschungsprozess. Doch nach und nach ging die Kreativität verloren. Zu viele Theorien belagerten ihr Gehirn und richtig abschalten konnte sie auch nicht mehr. Mit Meditation könne man den Kopf wieder freibekommen, hatte sie damals gehört. So reist sie 1989 zu ihrem ersten mehrtägigen Retreat ins Allgäu, das von der bereits erwähnten Ayya Khema geleitet wird. Ganz bewusst hatte sie, die in Frauenzusammenhängen zuhause war, nach einer Meditationslehrerin gesucht. Was sie jedoch noch nicht ahnte: Diese Reise wird einen Kreis schließen, ihre vielen Reisen im Außen beenden und sie auf eine lebenslange innere Reise schicken.

In vieler Hinsicht prägend war indes zuvor eine Reise im Außen gewesen, die sie aber auch schon in ihr Inneres führte. Nämlich die Reise, die sie nach dem Studium zusammen mit einer Freundin, ohne feste Pläne, ohne Zelt oder Reiseführer unternahm, mit 5.000 Mark, ein paar Kleidern und einer großen Portion Abenteuerlust im Gepäck. Eine Reise, für die Sylvia Kolk alles verkauft hatte, was sie damals besaß. Der Grund zum Aufbruch war ihr Wunsch gewesen, Lebensentwürfe anderer Menschen zu sehen und sich Inspirationen für ihr eigenes Leben zu holen. Sie wollte andere Kulturen erkunden, darin bestehen. Ja, sie wollte auch Grenzerfahrungen machen mit dem Wunsch, die eigenen Grenzen so weit wie möglich zu verschieben. Auf dieser Reise, die sie letztlich alleine fortsetzte, erfuhr sie nicht nur immer wieder tiefe Ruhe und *entsagungsbedingten Frohsinn*, wie sie es gerne nennt, sondern sie fand zurück zu einem Gefühl der Verbundenheit und des Vertrauens, das sie auch heute noch begleitet: »Ich habe nach ein paar Jahren des Stadtlebens meinen Wohnort wieder mehr in die Natur verlagert und lebe im Wald in der Nähe von Kiel. Bei Neumond ist es abends stockdunkel, wenn ich nach Hause komme. Doch das macht mir keine Angst. Ich bin damals auf der Weltreise vielen Ängsten von mir begegnet und ich habe nicht nur gelernt, mit ihnen umzugehen, die meisten haben sich verabschiedet.«

Damals, bei einer zehntägigen Wanderung durch einsame Berge in den USA, bei der sie die ganze Zeit allein mit sich ist, sei ihr klar geworden,»dass meine Ziele und Werte weniger von Geld oder Karriere bestimmt sind. Entscheidend waren für mich eine Ruhe und Sicherheit, ein Glücksgefühl und eine Zufriedenheit, die von innen kommen. Diese Erkenntnis half mir auch Existenzängste loszulassen, die immer mal wieder aufgeflammt sind«. Und noch etwas Existenzielles lernte sie auf dieser Reise: Achtsamkeit und Meditation, was ihr später den Einstieg bei Ayya Khema stark erleichtern sollte. Ohne es zu diesem Zeitpunkt zu wissen, schulte sie mit jedem Schritt durch die raue Landschaft ihre Achtsamkeit und das Verweilen im Moment. Ein falscher Schritt, ein Umknicken oder ein Absturz hätte sie in dieser menschenlosen Gegend das Leben kosten können. »Nach mehrtägigen Wanderungen war da immer so ein starkes Gefühl von Freiheit, Frieden, Ruhe und Verbundensein in mir. Ein unglaubliches Glücksgefühl.« Damals habe sie noch nicht gewusst, dass dieses Gefühl nicht ursächlich an das Wandern gekoppelt war, sondern bestimmt wurde durch die Kontinuität und den Grad ihrer Aufmerksamkeit. »Solange ich dachte, diese Gefühle kann ich vor allem in der Natur haben, musste ich immer wieder raus in die Wildnis.«

Von Ayya Khema erfährt sie während ihres ersten Retreats, dass sie »die geistige Klarheit und das Leerwerden, das Gefühl von Ruhe und Frieden«, das sie beim Wandern spürte, auch beim Spülen oder Putzen erfahren könne. »Es war unfassbar – alles war schon da. Alles, was ich beim Wandern erlebt hatte, wurde mir durch die buddhistische Lehre intelligent erklärt. Zusammenhänge wurden deutlich – zum Beispiel wie Zufriedenheit entsteht oder ein Glücksgefühl.«

Aus dem ursprünglichen Wunsch nach etwas Ruhe im Kopf, um ihre Kreativität zurückzugewinnen, mit dem sie ins Allgäu gereist war, wurde ein Lebensweg, der sie zur äußeren und inneren Freiheit und auch zu ihrer heutigen Arbeit führen sollte. Andere Menschen mit einem klaren Blick, einer guten Portion Humor und durch viel Erfahrung im Auf und Ab des spirituellen Lebensweges zu begleiten, zu unterstützen und zu ermutigen, ist das Ziel ihrer Arbeit als Meditationslehrerin, der sie seit 1999 ausschließlich nachgeht. Diese sei zwar hin und wieder anstrengend, gleichwohl empfindet sie sie weniger als Arbeit, sondern vielmehr als Berufung.

2011 ist Sylvia Kolk 60 Jahre alt geworden, doch ihr Forscherinnengeist ist keineswegs erlahmt, wie nicht nur ihre Auseinandersetzung mit aktuellen gesellschaftlichen Themen und Strömungen zeigt. »Ich stehe voll im Berufsleben, während Freunde von mir gerade ihren Ruhestand planen«, sagt die spirituelle Lehrerin, die derzeit in einer Phase ist, »in der ich mal wieder das reflektiere, was ich tue und mich frage, was von dem, was ich tue, weitergeführt und was verändert werden will«. Das von ihr gegründete Hamburger Zentrum ist mittlerweile als Verein organisiert. Sie selbst konzentriert sich als dessen spirituelle Leiterin »auf das, worin ich nicht so leicht zu ersetzen bin – und das ist das Lehren und die Unterstützung anderer auf dem eigenen Weg«.

Vergänglichkeit ist für Sylvia Kolk ein selbstverständliches Thema geworden, denn es ist mit der Lehre des Buddhas aufs Innigste verknüpft. Es hier dabei um die Aussöhnung mit der ständigen Veränderlichkeit aller Phänomene, letztlich auch mit der eigenen Sterblichkeit. Eine Erkenntnis, die sich bei ihr zusehends vertieft. »Ich bin mir immer mehr der Tatsache der Endlichkeit meines Lebens bewusst.« Es ist auch die Begleitung ihrer über 90-jährigen Eltern auf deren letztem Lebensabschnitt, die sie aktuell mit dem Thema Sterben und Tod in Berührung bringt. »Ich denke, es wird mich sehr verändern, wenn meine Eltern nicht mehr leben und niemand mehr voller bedingungsloser Liebe sagen wird: *Das da ist meine Tochter!*« Die Begleitung ist für Sylvia Kolk ein berührender, existentieller Prozess. Nicht leicht, aber intensiv und erfüllend. Sie ist sich sehr bewusst, dass sie ihren Eltern viel verdankt, auch wenn sie manchmal deren Wünschen auf ihrem Lebensweg nicht entsprochen hat. »Meine Eltern haben mir so viel Liebe geschenkt, dass ich über ein gutes Maß an Selbstvertrauen verfüge, das mir den Mut gab und gibt, mich immer wieder bewusst auf Veränderungen einzulassen, ohne genau zu wissen, was kommt.« Dieser letzte gemeinsame Wegabschnitt mit ihren Eltern ist, wie sie sagt, zugleich einer der intensivsten Lernprozesse ihres eigenen Weges. »Die Begleitung dieser alten Menschen ist eine wirkliche Prüfung bezogen auf meine Fähigkeit zu Mitgefühl und zur Gelassenheit. Bei jeder Begegnung erfahre ich, ob meine Gelassenheit sich stabilisieren konnte. Ich habe auch immer mal wieder versagt. Aber ich weiß, ich habe aus jeder Situation gelernt.«

»Die Verwandlung beginnt, wenn wir uns so annehmen, wie wir sind. Dann steht uns nichts mehr im Weg, um uns ganz in diesem Moment auf die Erfahrung einzulassen. In einer Atmosphäre von Akzeptanz erleben wir Augenblicke der Herzensöffnung und sind tendenziell frei von Begehren und Widerstand, weil es Momente sind, in denen wir nichts zu beanstanden haben und glücklich oder zumindest in Frieden sind.«[5]

Vor allem der buddhistische Weg, den sie nun seit 23 Jahren geht, schenkt ihr in diesen Zeiten Kraft und Vertrauen: »Es gibt immer Veränderungen, auch solche, die ich nicht voraussehen kann. Doch ich habe gelernt nicht wegzuschauen, wenn es unangenehm wird und nicht kleben zu bleiben, wenn es angenehm ist. So fühle ich mich offen für das, was kommt. Es darf unangenehm werden, ich habe da keine Angst vor. Und es wird Angst aufkommen, darauf bin ich vorbereitet. Ich kann mit Angst umgehen. Das und genau das gibt mir Vertrauen und einen inneren Frieden hier und jetzt. Ein Paradoxon.«

Wer mit Sylvia Kolk spricht, spürt ihre Präsenz, Offenheit und Tiefe. Sie lebt, was sie lehrt. Durch und durch. Und trotzdem geht es ihr nicht darum, »das Eigene zum Thema zu machen, sich in den Vordergrund zu stellen, sondern die Lehre an sich authentisch weiterzugeben«. Es ist vielmehr so, als trete Sylvia Kolk selbst als Person mit eigenen Wünschen und Problemen immer mehr zurück und gebe Raum für die Lehre selbst.

Ein Anliegen hat sie allerdings: Durch ihr Tun und ihre Art zu sein, etwas zu verändern. »Wenn die Menschen in die Stadtpraxis kommen und das, was sie hier lernen – zum Beispiel einen wertschätzenden Umgang mit sich und anderen Menschen oder die Ursache zu erkennen, wie sie Leiden erzeugen oder wie Achtsamkeit zu einem wirklichen Schutzschild werden kann – zurück in ihr eigenes Leben tragen, ins Büro oder in ihre Familien, dann ist das durchaus gesellschaftsverändernd. In diesem Sinne empfinde ich mein Wirken auch als eine politische Arbeit.« Womit sich auch an diesem Punkt ein Lebenskreis schließt.

Sylvia Kolk (Jahrgang 1951) hat zunächst eine kaufmännische Ausbildung in einem Reisebüro gemacht, ehe sie über den zweiten Bildungsweg ein Studium der Pädagogik, Psychologie und Politik aufnahm. Ihre Jugendzeit war 1968er-Zeit, sie war in der Studenten- und später in der Frauenbewegung aktiv. Sie baute das Frauenbildungshaus Zülpich mit auf, arbeitete in der Erwachsenen- und Frauenbildung. Die Leidenschaft zu reisen und unbekannte Orte zu entdecken, brachte sie 1978 auf eine Weltreise, nach der sie sich zur Leiterin für Trekkingtouren, Survivaltrainings und Exkursionen in die Wildnis ausbilden ließ. 1989 lernte sie dann bei ihrem ersten Meditationsseminar die buddhistische Nonne Ayya Khema kennen, die zu ihrer Lehrerin wird und sie sechs Jahre später aufforderte, selbst zu lehren. Seit 1999 ist Sylvia Kolk ausschließlich als Meditationslehrerin tätig. In Hamburg hat sie 2004 das Buddhistische Zentrum *Liebe – Kraft – Weisheit* gegründet, dessen spirituelle Leiterin sie bis heute ist. Sie lebt auf dem Land in der Nähe von Kiel.
www.sylvia-kolk.de

»Folge deinem Herzen und du wirst Wunder erleben.«

Andrea Steimer –
Auf der Spur der Heiterkeit

Ihr früherer, stressiger Alltag scheint weit weg, wenn Andrea Steimer über die ständigen Veränderungen des Birnbaums vor ihrem Wohnzimmerfenster spricht.

Ein Tag vor neun Jahren: Aufstehen gegen 7 Uhr, schnell eine große Portion Kaffee kochen, währenddessen duschen, dann frühstücken und den Kaffee trinken. Um 8:30 Uhr Arbeitsbeginn, mittags Essen in der Mensa der Universität, nach der Arbeit oft zum Sport oder zum Jazztanz. Zuhause dann noch die Zeitung vom Tag und anschließend ein Buch lesen oder etwas im Fernsehen anschauen. Schlafen gehen und morgens gegen 7 Uhr wieder aufstehen.

Denkt Andrea Steimer an die Zeit zurück, in der sie als promovierte Biologin an verschiedenen Forschungsinstituten in der Schweiz tätig war, dann reicht ihr im Grunde ein Wort, um ihr damaliges Sein zu beschreiben: Stress. »Ständig hatte ich das Gefühl, ich müsste alles wissen. Ich füllte mich mit Informationen, nicht aus Spaß, sondern eher auf eine getriebene Art, wahrscheinlich aus Angst, nicht genug zu wissen. Hier noch etwas lesen und da noch etwas anschauen. Ruhe und Stille gab es nicht in meinem Alltag.« Auch ihr Freundeskreis begrenzte sich fast ausschließlich auf ihr jeweiliges Arbeitsumfeld.

Heute beginnt ihr Tag mit einer Meditation, auf die ein Frühstück in Stille folgt, bevor sich Andrea Steimer dem widmet, was an diesem Tag in Haus und Garten zu tun ist. Denn 2005 hat sie ihre Karriere als Wissenschaftlerin beendet, seit 2009 ist das *HerzBrändli* ihr Lebensmittelpunkt, idyllisch gelegen auf dem autofreien Berg Rigi in Vitznau in der Schweiz, direkt am Vierwaldstättersee. Der Blick vom Haus geht auf Wälder, Wiesen und den See und schließlich weiter zu den dahinterliegenden Bergen. Die Stille vor Ort wird nur vom Geläut der Kuhglocken und vom Rauschen des nahen Baches unterbrochen. Einen Fernseher gibt es im Haus nicht, dafür aber eine kleine Bibliothek mit Büchern über Stille, Meditation, Spiritualität sowie Garten und Natur, all das, was das Zentrum ausmacht.

Wer im *HerzBrändli* ankommt, hat meist schon eine längere Reise hinter sich. Ist mit dem Schiff oder dem Bus nach

Vitznau in der Schweiz gefahren, dann weiter mit der ältesten Zahnradbahn Europas, den Berg Rigi hinauf. Ist einige Zeit zu Fuß über steinige Feldwege gegangen, bis schließlich hinter einer Biegung das rundum mit braunem Holz verkleidete Haus, umgeben von einer großen Wiese, in der die Grillen im Sommer ohne Unterlass zirpen, auftaucht. Wer zu Andrea Steimer und ihrem Partner Simon Müri auf den Berg geht, ist meist ein Suchender. Gesucht wird nach Ruhe, Klarheit oder Inspiration, geboten werden im *HerzBrändli* Kurse wie *Ängste – Türen zur Freiheit* oder *Selbstliebe* und begleitete Einzelaufenthalte.

Auch Andrea Steimer war früher eine Suchende. Sie suchte vor allem Antworten auf die »große Frage nach dem Glück«, studierte dafür den menschlichen Geist und initiierte letztlich ihr Zentrum. Dass sie einmal eine solche Stätte leiten würde, wäre ihr früher allerdings nicht im Traum in den Sinn gekommen.

Sie wollte hoch hinaus, etwas aus ihrem Leben machen. Sie war eine gute Schülerin, legte 1989 die Maturitätsprüfung ab und war ehrgeizig, schon vor Studienbeginn wollte sie Professorin werden. Ihre Neugier galt der Psychologie, weil sie den menschlichen Geist besser verstehen lernen wollte. Doch die Eltern sahen darin keine Zukunftschancen. Etwas Sicheres sollte es sein, so wurde es die Biologie, ein Fach, das sie als Schülerin – zumindest im Gebiet der Ökologie – durchaus spannend fand. Als Biologin würde sie in Basel, der Schweizer Chemiestadt, ihrer Heimatstadt, immer eine Arbeitsstelle finden, meinten damals ihre Eltern. »Dieser Weg hat mich auch interessiert, doch er kam nicht vom Herzen. Es ging vielmehr um einen sicheren Job in der Zukunft.«

Kein Herzensweg also. Das ist heute klar. Denn es fehlten die Gefühle, die Emotionen. Gleichwohl hat die Entscheidung damals einer inneren Logik entsprochen. »Ich hatte damals unbewusst große Angst vor Emotionen. Als Naturwissenschaftlerin konnte ich einen Weg gehen, wo das kein Thema zu sein schien«, sagt Andrea Steimer im Rückblick. Denn in ihrer Kindheit, die sie in den 1970er Jahren verbracht hat, habe sie – wie viele andere Menschen auch – Verletzungen erlebt, die sie hinter sich lassen wollte.

Erst später, nach ihrer Promotion, hat sie sich den Gefühlen in einer Psychoanalyse intensiv gewidmet und dabei gleichzeitig ihren eigenen Geist erforscht.

Promoviert hat sie Jahr 2000 am Friedrich Miescher-Institut in Basel, einem international renommierten Schweizer Forschungsinstitut, im Gebiet der Molekulargenetik mit einem *magna cum laude*, einer sehr guten Leistung, und forschte danach weiter als Postdoc an der Universität Zürich. Ihr materieller Wohlstand war von nun an gesichert. Heute weiß sie allerdings, dass »kein Luxus der Welt den Wert der Dinge, die ich entdeckt habe auf meinem Weg – die Liebe zum Leben, zu mir selbst, das Wunder des Lebens – kompensieren kann«.

Insgesamt arbeitete sie neun Jahre lang erfolgreich in verschiedenen Laboratorien. Und dennoch: Die Angst, nicht gut genug zu sein und ihre Existenzgrundlage zu verlieren, war all die Jahre ihre ständige Begleiterin.

Gleichwohl war es nicht diese Angst, die sie letztlich dazu gebracht hat, die Wissenschaft zu verlassen, sondern das innere Gefühl, dass in der Wissenschaft etwas fehlte, sie hier nicht glücklich werden würde. Außerdem war sie enttäuscht. Denn die Wissenschaft war längst nicht so vertrauensvoll und wahrhaftig, wie Andrea Steimer immer gedacht hatte. Sie hatte den Eindruck, dass nicht der, der ehrlich und genau war, vorankam, sondern der, der seine Ergebnisse, geprüft oder auch ungeprüft, am besten verpacken und publizieren konnte. »In der Wissenschaft geht es um viel Macht«, sagt die Schweizerin heute. Am meisten machte ihr Mühe, dass es keinen Raum gab, offen über die daraus resultierenden Probleme zu sprechen. Schummeleien und unsauberes Arbeiten waren eine Folge des großen Konkurrenz- und Publikationsdrucks. »In diesem Spiel konnte und wollte ich nicht mehr mitspielen. Die Wissenschaft hatte plötzlich ihren Sinn verloren.«

Die Arbeit, die ihr Leben bis dahin dominiert hatte, war plötzlich sinnlos geworden. Antworten auf die Fragen nach Wahrheit und Glück, die sie schon länger mit sich herumtrug, hatte sie in der klassischen Wissenschaft nicht gefunden. Aber wo sonst würde sie fündig werden? Erste Hinweise bekam sie in der sogenannten *Cortona-Woche*. Eine echte Überschreitung enger wissenschaftlicher Grenzen. Denn dahinter verbirgt sich eine transdisziplinäre Konferenz, die die Eidgenössische Technische Hochschule (ETH) Zürich seit 1985 einmal im Jahr durchführt und Referentinnen und Referenten aus Natur- und Geisteswissenschaften, aus Kunst und Politik sowie Spiritualität versammelt. Ausgetauscht wird sich im Sinne einer Ganzheit des Lebens. So gibt es in dieser Woche nicht nur wissenschaftliche Vorträge, sondern auch ein morgendliches Singen, körperliche Übungen wie Tai Ji oder Qigong und Meditation. Vor allem eines beeindruckte Andrea Steimer dort:»Nach 34 Lebensjahren begegnete ich zum ersten Mal Menschen, die glücklich zu sein schienen. Sie hatten einen Glanz in den Augen und ich fühlte mich in ihrer Gegenwart einfach wohl.« Der Schlüssel zu diesem Glück schien ihr die Meditation zu sein, die sie alle praktizierten. Trotz der bis dahin schon drei Jahre andauernden Psychoanalyse hatte sie damals das Gefühl, ihre Mitte noch nicht gefunden zu haben. Sie fragte sich, welche Technik ihr weiterhelfen könnte, mehr in diese Mitte zu kommen. Die Meditation, die an jedem Morgen in der *Cortona-Woche* angeboten wurde,

fühlte sich stimmig für sie an, obwohl sie noch ein halbes Jahr zuvor darüber gelacht hätte. So gab sie ihr eine Chance. Sie folgte den Anweisungen des Lehrers streng und konzentrierte sich ganz auf ihren Atem. »Nach der Meditation fühlte ich mich wach – und das ohne einen Tropfen Kaffee!« Diese physiologische Veränderung überzeugte die skeptische Biologin davon, dass die Wirkung der Meditation nicht nur Einbildung war. Und so begann sie, sich auf ihrem weiteren Weg von diesem Wohlgefühl leiten zu lassen.

Ihr Meditationslehrer in Cortona, Vanja Palmers, Gründer der *Stiftung Felsentor* in der Schweiz, einer buddhistisch orientierten, interreligiösen Gemeinschaft, die auch Seminare anbietet, sollte ihr auch auf ihrem weiteren Weg noch wichtige Impulse geben. An jenem Tag in Cortona sprach Andrea Steimer mit ihm über all die Dinge, die ihr durch den Kopf gingen – ihre Unzufriedenheit, die Frage, wie es mit dem Job in der Forschung weitergehen sollte. Er hörte ihr zu und meinte, das klinge sehr nach einer notwendigen Auszeit. Diesen Gedanken trug Andrea Steimer zum damaligen Zeitpunkt bereits in sich, doch war er bislang von Existenzängsten blockiert gewesen. Zudem konnte sie sich seinerzeit nicht vorstellen, je alleine zu reisen, zu sehr ängstigte sie sich davor. Doch das Gespräch mit Vanja Palmers klang noch lange in ihr nach und zeigte schließlich Folgen: Nach einem halben Jahr ließ sie ihren Arbeitsvertrag auslaufen und begann eine Auszeit – mit ungewisser Länge. Sie wollte neue Perspektiven gewinnen, denn die vergangenen neun Jahre hatte sie sich ausschließlich auf die Wissenschaft konzentriert. Im Grunde wusste sie überhaupt nicht, was das Leben außerhalb der Wissenschaft bieten würde.

Kurz nach der Woche in Cortona begann sie auch mit Yoga. Das Wohlgefühl, das sie bereits bei der Meditation verspürt hatte, war auch hier wieder da. Sie wusste: Auch den Yoga wollte sie fortführen. Sie fing an Bücher über Zen, Yoga und Buddhismus zu lesen und spürte intuitiv, dass sie hier die Antworten finden würde, nach denen sie sich sehnte. Bei ihrer Auszeit suchte Andrea Steimer dann Kraft- und Rückzugsorte, vor allem buddhistische Zentren, in der Schweiz auf – ein weiterer großer Schritt für die skeptische Naturwissenschaftlerin, die sie damals noch war. Im Anschluss sollte eine neunmonatige Reise nach Indien, Neuseeland und Japan folgen, die sie schließlich unterwegs auf ein Jahr verlängerte. Im indischen Ladakh wollte sie erfahren, wie der Buddhismus in der Realität gelebt wird. Aber auch die wunderbare Landschaft, die sie aus Filmen kannte, wollte sie wandernd entdecken. Ebenso die neuseeländischen Landschaften, die sie faszinierten und von denen ihre neuseeländische Wissenschaftskollegin immer geschwärmt hatte. Den Abschluss der Reise sollte eine authentische Zen-Erfahrung in Japan bieten.

Eine ihrer Stationen in der Schweiz war die *Stiftung Felsentor* von Vanja Palmers, die Volontären und sogenannten Working Guests Gemeinschaft auf Zeit anbietet. Konkret: Mitleben und Mitarbeiten. Für Andrea Steimer war die dortige Arbeit ganz neu – Toiletten zu putzen oder einfach nur im Garten zu jäten, ohne intellektuellen Anreiz. »Ich staunte selbst über mein Tun. Erst nach einiger Eingewöhnungszeit habe ich die Gartenarbeit schätzen gelernt und es genossen, der Natur bei ihrer Entfaltung zuzusehen und mich beim Arbeiten vom Vogelgezwitscher begleiten zu lassen.« Zuvor war sie sich mitunter »klein« dabei vorgekommen, die »Drecksarbeit« für andere zu machen. Bis sie von Vanja Palmers in einer weiteren wichtigen Begegnung erfuhr, dass auch der *Felsentor*-Gründer diese Arbeit kannte – und wertschätzte. Schon da hat sie gemerkt, dass die meditative Mitarbeit einen innere Einstellungen und alte Glaubenssätze hinterfragen lässt und neue Perspektiven schafft. Gartenarbeit ist inzwischen für sie eine Form der Meditation geworden. »Jäten, die frische Luft einatmen und die Verbindung zur Erde spüren, das erdet und bringt innere Klarheit.« Heute gibt sie anderen durch ihr eigenes Zentrum und dessen Garten die Möglichkeit, Ähnliches zu erfahren. Auch die tägliche Meditation morgens und abends und die Ruhe bei den Schweigekursen waren eine ungewohnte Erfahrung. Neu, anstrengend, bereichernd und lehrreich. So sei ihr in dieser Zeit im *Felsentor* erst bewusst geworden, wie laut ihr Alltag bis dahin war.

Vier Wochen blieb sie in dem spirituellen Zentrum, dann ging es, wie geplant, weiter nach Indien. Mit im Gepäck hatte Andrea Steimer nun neben ihren Meditationserfahrungen erste praktische Berührungen mit dem Zen-Buddhismus und eine neue Wertschätzung für einfache Arbeit, Ruhe, gutes Essen und die Natur. Trekking und Meditation, das waren ihre Pläne für Ladakh.

Das mehrmonatige Reisen selbst klappte erstaunlich gut, auch alleine als Frau, wovor sie sich am meisten gefürchtet hatte. »Alles hat wunderbar funktioniert und immer dann, wenn ich wirklich Hilfe brauchte, war sie auch da«, erinnert sich die Schweizerin. Eine Erfahrung, die ihr bis heute Vertrauen gibt für ihren weiteren Weg. »Mittlerweile kann ich mich dem Leben hingeben, mich viel tiefer darauf einlassen als früher.«

Während ihrer Zeit in Indien zog es sie zum Rückzug immer wieder in buddhistische Zentren, wo sie weitere Richtungen des Buddhismus kennenlernte. Bei ihrem ersten zehntägigen Schweigekurs, ein Vipassana-Kurs nach S.N. Goenka, hatte sie am vierten Tag eine Vision. Bis dahin wusste Andrea Steimer immer, was sie in ihrem Leben *nicht* machen wollte. Erstmals tauchte nun eine Ahnung davon auf, wie sie ihr Leben leben wollte. Inspiriert von ihren Erfahrungen in Cortona und im *Felsentor*, sah sie sich in der Vision ein Zentrum für ganzheitliche Entwicklung gründen, in dem Menschen aus der Wissenschaft, Politik und Wirtschaft mit ihren Herzen in Berührung kommen konnten.

Insbesondere auch der tibetische Buddhismus zog sie immer wieder an auf ihrer Reise und faszinierte sie aufgrund seiner gedanklichen Klarheit. »Diese war der Wissenschaft gewachsen, wie die vielen Dialoge zwischen Buddhismus und Wissenschaft zeigen«, so Andrea Steimer. Aber es ist der Zen-Buddhismus, dem sie im *Felsentor* erstmals begegnet war, der letztlich ihr Herz öffnet. In einem Zen-Tempel in Japan, wohin sie ihr Weg, wie geplant, von Indien aus über Neuseeland führte. Zwei Monate verbrachte Andrea Steimer dort, statt der ursprünglich geplanten fünf Tage. Wie ein Magnet habe sie die Praxis des Zen-Buddhismus angezogen, obwohl es keine einfache Zeit gewesen sei. »Das lange, stille Sitzen während den fünftägigen Sesshins, der Meditationstage, die wir zweimal monatlich hatten, fiel mir enorm schwer«, erinnert sie sich. »Das Leben im Tempel war hart und streng. Es gab keine Heizung, Innentemperatur war Außentemperatur. Wir standen kurz vor fünf Uhr auf, der Tag begann mit Liturgie gefolgt von Meditation. Konkret hieß dies, zwei Stunden bei oft nicht mehr als fünf Grad Celsius im Tempel ausharren – und es war nicht erlaubt, eine Mütze zu tragen.« Doch da machte sie wiederum eine wichtige Erfahrung: »Erstaunlicherweise fror ich nicht! Wie konnte das nur sein?« Die Erklärung war einfach und verblüffend zugleich: Durch die Konzentration auf den Atem bei der Meditation verbraucht der Körper viel weniger Energie als wenn der Geist denkt – und diese Energie stand ihr nun als Wärme zur Verfügung.

Auch menschlich war die Zeit im Tempel eine Herausforderung, die Mönche stritten oft heftig miteinander, so etwas hatte Andrea Steimer in einer heiligen Stätte, in der alle Erleuchtung anstreben, nicht erwartet. Doch gleichzeitig war sie begierig zu erfahren, wie sie damit umgehen würde. »Vor meiner Meditationspraxis hätte ich wahrscheinlich Lösungen für die Mönche suchen wollen. Doch nun nahm ich diese Streitereien einfach an, ohne mich weiter einzumischen und hielt die Konflikte so gut aus. Trotz Strenge und Härte ging es mir in Japan erstaunlich gut.« Am Ende des Aufenthaltes spürte sie eine große Heiterkeit in sich, ein ganz neues Gefühl für sie, das von nun an ihr Wegweiser werden sollte. Ein weiterer Schlüsselmoment auf ihrem Weg. Wie das Wohlgefühl bei ihrem ersten Kontakt mit Yoga und Meditation.

»Von da an wusste ich, dass ich die Meditation in meinen Alltag integrieren musste, weil ich mir diese Heiterkeit erhalten wollte. Mir war auch klar, dass ich schnell wieder in meine alten Muster zurückfallen würde, wenn ich in meinen alten Beruf zurückkehren würde.« Das wollte sie auf keinen Fall, zumal ihre Vision, die sie in Indien hatte, in eine ganz andere Richtung zeigte. »Damals habe ich mir einen Bauernhof vorgestellt mit Yoga- und Meditationsraum, einer Bibliothek, Kreativateliers und einem Saal, in dem Vorträge gehalten werden können. Ich stellte mir vor, wie die spannendsten Leute zusammenkommen würden, um sich über wichtige gesellschaftliche Themen wie Bewusstsein, neue Ökologie, neue Ökonomie, Wissenschaft und Spiritualität auszutauschen«.

Eine gute Einstiegsmöglichkeit, um sich an ihre Vision heranzutasten, sah sie in einer Anstellung im *Felsentor*. Hier konnte sie erfahren, was es für ein Zentrum braucht, damit es gut funktioniert. Zugleich brachte ihr diese Entscheidung ganz unterschiedliche Reaktionen ein. »Viele Freunde und auch ehemalige Kollegen haben meinen Mut für den Ausstieg bewundert. Aber viele Menschen konnten nicht begreifen, wie ich mein ganzes biologisches Expertenwissen an den Nagel hängen konnte. Ich sagte dann, dass ich meine Erfahrungen in der Wissenschaft noch brauchen werde, denn durch meine Forschungsarbeiten hatte ich einen tiefen Einblick in das wissenschaftliche System und seine Kultur bekommen. Doch das haben nur wenige damals verstanden.«

Gebraucht hat sie in jener Zeit vor allem auch Durchhaltevermögen. Denn der Weg hin zur Verwirklichung ihrer Vision benötigte seine Zeit und schließlich blieb sie drei Jahre im *Felsentor*, statt ein halbes Jahr, wie ursprünglich geplant.

So wurde die Auszeit zum Umbruch und die Arbeitsstelle der Biologin verlagerte sich vom Labor in Küche, Garten und Haushalt. Sie arbeitete anfangs überall dort, wo gerade Hilfe benötigt wurde. Nach einem halben Jahr übernahm sie die Küchenleitung und kochte fortan für die Gemeinschaft und die Seminarteilnehmer. Doch es ging ihr bei dieser Tätigkeit nicht nur um das Kochen selbst, sondern auch um die, wie sie sagt, »Verwirklichung des Zen-Geistes im Alltag«, einer Haltung von Achtsamkeit, Leere, Wertschätzung und Dankbarkeit. Dabei unterstützten sie auch die vielen inspirierenden Begegnungen mit verschiedensten spirituellen Lehrenden, die in das Zentrum kamen, um Seminare abzuhalten. Gleichzeitig stellte Andrea Steimer immer wieder fest, dass auch sie nur Menschen waren. Ihr Bild des heiligen, perfekten Menschen begann zu bröckeln. Durch den Aufenthalt in weiteren Zen-Zentren und Zen-Klöstern in den USA und in Österreich während ihrer Ferien, wurden ihr auch die Grenzen des Zens immer mehr bewusst. Es fehlte ihr eine offene Kommunikation und Gesprächskultur und es mangelte oft an zwischenmenschlicher Wärme und Liebe. Emotionen und Gefühle hatten im Zen eine untergeordnete Stellung, oft vermisste sie ein psychologisches Bewusstsein, mit dem sie aus der Psychoanalyse vertraut war. »Ich suchte nach einem Weg, den psychologischen und spirituellen Ansatz zu vereinen – schließlich fand ich ihn 2008 in dem Buch *The Work* von Byron Katie.« Bei dieser Methode geht es darum, mit bestimmten Fragen eigene Gedanken und Überzeugungen zu hinterfragen und damit zu prüfen, ob sie der Wirklichkeit standhalten. »Ich probierte die Methode an mir selbst aus und war erstaunt über ihre Wirkung! Viele zwischenmenschliche Schwierigkeiten lösten sich nach der Überprüfung mit *The Work* in Luft auf.«

Nach drei Jahren in der *Felsentor*-Gemeinschaft spürte Andrea Steimer schließlich, dass die Zeit reif war für den nächsten Schritt. Für einen Freund suchte sie im Sommer 2009 ein Zimmer auf dem Berg, auf dem auch das *Felsentor* liegt, und stieß dabei auf das Haus *Brand*. Eine gute Stunde zu Fuß den Berg hinunter fand sie das Haus, das später ihr Meditations- und Retreatzentrum *HerzBrändli* werden sollte und zum damaligen Zeitpunkt noch von einer Wohngemeinschaft bewohnt wurde. Als sich die WG bald darauf auflöste, wurde schnell klar, dass Andrea Steimer zusammen mit eben jenem, wohnungssuchenden Freund hier ihr erstes eigenes Projekt anfangen würde, ein Meditations- und Retreatzentrum, jedoch ohne religiösen Hintergrund.

Der Anfang war allerdings alles andere als leicht. Kurz bevor der Mietvertrag begann, sprang ihr Freund von dem Projekt ab. Da stand sie nun, alleine mit einem großen Haus, weit abgelegen von der nächsten Stadt und den nächsten Nachbarn, mit einer monatlichen Miete von mehr als 1200 Euro, ohne Job und Einkommen und praktisch ohne Einrichtung. Plötzlich waren sie wieder da, die alten Existenzängste, die sie früher stets davon abgehalten hatten, solch mutige Schritte zu wagen. Doch sie konnte nicht mehr vom Vertrag zurücktreten, da für den Winter eine Kündigungssperre vorgesehen war. Sechs Monate würde sich mindestens in dem Haus wohnen müssen. In dieser Notsituation blieb ihr nur eines: einfach anzufangen. »Den Schritt in die Selbstständigkeit hätte ich alleine nie gewagt. Nun aber stand ich plötzlich alleine da«, sagt sie rückblickend. Doch wie in Indien, erfuhr sie auch in dieser Situation unerwartete Hilfe.

Ein Freund, den sie erst wenige Wochen zuvor im *Felsentor* kennengelernt hatte, bot ihr an, kostenlos für sie eine Website zu erstellen und auch im Haus zu helfen. »Auf der Homepage veröffentlichte ich eine Liste von Dingen, die ich fürs Haus benötigte. Ich staune noch heute, wie schnell alles Gesuchte zusammenkam. Und auch die ersten Gäste trafen bald ein, sie hatten über eine Verlinkung von der *Felsentor*-Website vom *HerzBrändli* erfahren.« Die »guten, nährenden, zwischenmenschlichen Beziehungen«, haben ihr gerade in dieser Zeit immer wieder neuen Mut gemacht und sie ein Stück weitergetragen auf ihrem Weg.

Die Jahre im *Felsentor* haben auch ihre heutige Lebensweise im *HerzBrändli* geprägt: Einfachheit, Bescheidenheit, Wertschätzung. Dies sind Aspekte, die Andrea Steimer besonders wichtig geworden sind. Sei es die Wertschätzung anderer Menschen, Nahrungsmitteln, der Natur oder gar Alltags-Gegenständen gegenüber. Heute gibt sie in ihrem Zentrum manchmal Kochkurse, in denen Achtsamkeitsübungen im Mittelpunkt stehen. »Wir fühlen bewusst eine Karotte in unserer Hand und kosten ganz langsam davon, nachdem wir sie ertastet, gerochen und wirklich gesehen haben.« Essensreste wandern bei ihr wieder in den Kühlschrank statt in die Biotonne, und werden zu neuen, kreativen Speisen weiterverarbeitet.

Das *HerzBrändli* startete zunächst als reines Meditations- und Retreatzentrum. Ein Ort, an dem sich jeder einen Aufenthalt leisten können sollte, doch mit der Zeit wurde klar, dass Andrea Steimer finanziell dabei selbst auf der Strecke blieb. Gleichzeitig spürte sie auch, dass das, was ihr wirklich am Herzen lag, nämlich Menschen in ihrem Prozess zur Selbstwerdung zu begleiten, mit dem Konzept eines Meditations- und Retreathauses zu kurz kam. »Mir wurde klar, dass ich die Einzelgespräche, die mich auch finanziell auf einen besseren Boden stellen würden, in die Einzelaufenthalte würde integrieren müssen.«

Ihre Leidenschaft für die Erforschung der Kräfte des menschlichen Geistes führte sie neben *The Work* zu weiteren Methoden, die den Zugang und eine liebevolle Beziehung zu sich selbst und anderen Menschen ermöglichten, so zum Beispiel zu *The Journey* nach Brandon Bays, zur *Gewaltfreie Kommunikation* nach Marshall Rosenberg, zur hawaiianisch-schamanische Heilungsmethode *Ho'oponopono* oder auch in Redekreise. Eine Entwicklung, der der neue Untertitel ihres Zentrums – *Selbst*

Bewusst Leben – nun Rechnung trägt. Sie selbst fühlt sich seit der Änderung des Konzepts gleichzeitig viel freier, »den Alltag und die Angebote so zu gestalten, dass es sowohl für mich als auch für die Gäste stimmt«. Ein Konzept, das aufzugehen scheint, wie ihr das gute Feedback ihrer Gäste bescheinigt. In den vier Jahren, die sie nun im *HerzBrändli* lebt – zwischenzeitlich ist auch ihr Partner Simon Müri zu ihr gezogen –, ist das Leben selbst zu ihrem Lehrer geworden. »Die anfänglichen Existenzängste konnte ich überwinden. Mit den Erfahrungen, die ich mit dem *HerzBrändli* gemacht habe, kann ich mich nun viel mehr aufs Abenteuer Leben einlassen.«

Ihr jetziges Leben fordert sie immer wieder neu heraus und so sind inneres Wachstum und Neuausrichtung zu ständigen

Not Here, Not Now

Begleitern geworden. Allerdings sieht sie Krisen, vor denen sie früher Angst hatte, mittlerweile eher als wichtige Elemente des Lebens, die dann auftreten, wenn Gewohnheiten und Realität zu sehr auseinanderklaffen. Letzten Endes geht es ihr immer um weiteres Bewusstwerden – sich selbst und anderen gegenüber. »In jeder Krise stecken alte Ängste, Glaubensmuster und Illusionen, die bewusst werden wollen, damit wir sie überwinden und loslassen können.«

Alte Grenzen zu überprüfen und neue Wege auszuloten bedeutet für Andrea Steimer auch, mutig zu sein, alten Glaubenssätzen und Ängsten zu begegnen und über sie hinauszuwachsen. Bereits 2004 notierte sie in einem Selbstmanagementkurs bei der Entwicklung einer Vision vier Themen, die ihr am Herzen lagen und die sie weiterentwickeln wollte: Die Kluft zwischen Wissenschaft und Spiritualität überbrücken, Hebamme des Geistes werden, Fotografieren und Schreiben. »Damals hatte ich keine Ahnung, wie ich das beruflich unter einen Hut bringen sollte.« Inzwischen hat es sich jedoch wie von selbst zueinander gefügt. Vor einem Jahr stellte Andrea Steimer, selbst passionierte Fotografin, ihre Bilder erstmals öffentlich aus und zeigte ihre Fotografien zusammen mit einer weiteren Fotografin in einer Ausstellung zum Thema Berg und See im *Hotel Rigi Kulm*.

Fotografie ist für sie, ebenso wie das Kochen, Ausdruck einer Zen-Spiritualität, mit der sie sich immer noch stark verbunden fühlt. Fotografieren heißt für sie, mit der Kamera in der Hand achtsam und neugierig durch die Natur zu gehen. »Mit weit geöffneten Sinnen, bereit, die Umgebung ganz aufzunehmen, in sie einzutauchen und mich von ihr berühren zu lassen.« In der Fotografie ist der Augenblick entscheidend, die Strukturen, die berühren, zeigen sich oft nur für Sekundenbruchteile. »In diesen magischen Momenten gibt es keine Trennung zwischen außen und innen. Meine Bilder sind Empfindungen, die in der Natur einen Spiegel gefunden haben«, sagt Andrea Steimer, die die Angst vor Gefühlen schon lange verloren hat.

Auch die Fragen nach Wahrheit und Glück haben sich inzwischen für sie geklärt: »*Die* Wahrheit, absolut und unverrückbar, gibt es so nicht«, ist sie sich sicher. »Es gibt nur Wahrheiten, die auch widersprüchlich sein können. Das zu erkennen und zu leben gibt viel innere Freiheit.« Dass Glück keine Illusion ist, wie sie als Wissenschaftlerin einst vermutete, erlebt sie heute

Tag für Tag. »Glück ist da, wenn wir im Einklang mit uns selbst leben, und das Leben sich frei ausdrücken und entfalten kann.« Dabei wird sie immer authentischer. »Es ist, als würden die Schalen, die mich von meinem innersten Kern trennen, immer durchlässiger. Ich entwickle mich immer mehr zu dem, was aus mir werden will«, sagt Andrea Steimer und ist gespannt, wohin die Lebensreise sie weiter führen wird.

Andrea Steimer (Jahrgang 1970) ist promovierte Biologin und arbeitete neun Jahre lang an verschiedenen Forschungsinstituten in der Schweiz, ehe sie – auf der Suche nach Glück, Wahrheit und ihrem eigenen Herzensweg – ihren Job kündigte und zu einer einjährigen Reise aufbrach. Anschließend begann sie eine Arbeit in der buddhistisch orientierten Gemeinschaft *Felsentor*. 2009 eröffnete sie das *HerzBrändli* auf dem Berg Rigi im schweizerischen Vitznau, ein Zentrum, in dem sie Einzelaufenthalte und Kurse im Schnittfeld von Spiritualität, ganzheitlicher Entwicklung und modernem Coaching anbietet.
www.herzbraendli.ch

*»Suche Gott in dir, höre auf die Stimme deines
Herzens und folge ihr.«*

Schwester Elke Stein –
Leben für Gott und die Menschen

»Schwester Elke! Schwester Elke!« Die Stimmen scheinen von überall zu kommen, sind nicht einzuordnen in dem Gewusel aus Grundschulkindern. Sie alle lachen, schreien, rufen laut und laufen durcheinander. Mittendrin, mit einem Blick voll Ruhe und einem Lächeln auf den Lippen, steht Schwester Elke Stein. Die Ordensfrau, die seit 1985 dem Orden der Kapuziner-Terziarinnen angehört, kümmert sich jedes Jahr um die Kommunionkinder in der Gemeinde Sankt Clemens und Mauritius im Kölner Stadtteil Mülheim, wo sie als Gemeindereferentin arbeitet.

Wenn Schwester Elke mit den Kindern und Jugendlichen der Pfarrei zusammen ist oder in der kleinen Klosterkapelle der Kapuziner-Terziarinnen betet, spürt man: Sie ist angekommen auf ihrem Weg. »Ich lebe mein Leben mit und für Gott und die Menschen, die er mir auf den Weg stellt. Als Kapuziner-Terziarin von der Heiligen Familie in Gemeinschaft mit drei weiteren Schwestern in unserem Kloster in Köln-Bilderstöckchen.«

Ein Leben mit und für Gott hat sich bei Schwester Elke, die in Bonn in einem katholisch geprägten Haushalt aufwuchs, schon früh abgezeichnet, ein Leben als Nonne passte für sie jedoch anfänglich überhaupt nicht in ihre Lebensplanung – fünf Kinder wollte sie ursprünglich bekommen, heiraten und mit dem richtigen Partner fürs Leben glücklich alt werden. Aber es sollte anders kommen.

Ersten Kontakt zu dem Orden, der nun ihr Leben bestimmt, hatte sie schon als 12-Jährige. Denn direkt hinter dem Haus ihrer Eltern leitete eine Gemeinschaft der Amigonianer (auch Kapuziner-Terziarier genannt) Kinder- und Jugendaktivitäten in einem Pfarrzentrum. Seit seiner Gründung kümmert sich der Ende des 19. Jahrhunderts von Luis Amigó y Ferrer im spanischen Montiel ins Leben gerufene Orden um benachteiligte Kinder und Jugendliche, setzt sich für sozial schwache Menschen ein. Für die *Kleinen*, wie Schwester Elke immer wieder sagt, die »etwas mehr Liebe brauchen als andere«. Auch das Pfarrzentrum in Bonn lag genau an der Grenze zwischen einem Mittelschichts- und einem sozial schwachen Wohngebiet. »Die Brüder haben die Barriere aus Vorurteilen, die es vorher hier gab, bewusst aufgebrochen«, erinnert sich die Ordensfrau, die anfangs bei allen Aktivitäten mit dabei war, einfach weil das Zentrum gleich nebenan war. Sie lernte bei den Brüdern Gitarre und Spanisch und engagierte sich später selbst als Helferin bei den Kinder- und Jugendfreizeiten. Und sie war fasziniert und begeistert von der Arbeit der Ordensbrüder und Patres, die in ihr tiefe Spuren von Gottes Liebe und Hingabe an die Menschen hinterließ, die oft am Rand der Gesellschaft leben.

Spuren, die sie auch bei der Wahl ihrer Studienfächer beeinflussten. Da auch sie mit ihrem Leben und ihren Fähigkeiten Gott und den Glauben an ihn verkünden und benachteiligten Kindern, Jugendlichen und Familien zur Seite stehen möchte, beschließt sie Grundschullehrerin zu werden. Denn den anderen Weg, ein Leben im Orden, kann sie sich zum damaligen Zeitpunkt noch nicht vorstellen. Sie studiert Deutsch, katholische Theologie und Naturwissenschaften fürs Grundschullehramt, engagiert sich weiterhin in der kirchlichen Kinder- und Jugendarbeit. Musik, Tanzen und Radfahren gehören damals wie heute zu ihren Lieblingshobbys. Viele Menschen stehen ihr in dieser Zeit hilfreich zur Seite, sodass sie Gott als *die Liebe* schlechthin kennen und lieben lernt und im Gebet und in der Auseinandersetzung mit *ihm* nach und nach zu ihrer persönlichen Berufung findet.

Schwester Elke Stein lernt dabei einen jungen Mann kennen, mit dem sie ihren Lebensplan, nämlich heiraten und eine Familie gründen, verwirklichen will. Alles scheint zu passen. Beide sind kirchlich sehr engagiert, beide leben ihren Glauben. Die freie Zeit, die sie neben Studium und Engagement haben, verbringen sie immer zusammen. »Wir hatten die gleichen Hobbys und haben uns gegenseitig ein Gefühl von Heimat und Geborgenheit gegeben«, erzählt sie. Als ihr damaliger Freund dann jedoch plötzlich Priester werden wollte, brach für sie eine Welt zusammen. »In meinen Gebeten fragte ich Gott, warum er mir diesen jungen Mann erst geschenkt habe, um ihn mir dann wieder wegzunehmen. Ich konnte es einfach nicht fassen.« Ein ganzes Jahr spielte ihr *Traummann* mit dem neuen Berufs- und Lebensgedanken, bis er ihn schließlich doch wieder losließ.

Ein Jahr, das ebenso wie die Arbeit der Patres Schwester Elkes Lebensweg eine neue Richtung gab. Denn: »Jetzt war ich es, die an der Beziehung zu zweifeln begann. Ich spürte im Laufe der Zeit immer deutlicher, dass jener Freund nicht *der*

Mann meines Lebens war, ich ihn also nicht heiraten würde. Mir wurde auch immer klarer, dass es Gott war, der an einem anderen Ort auf mein *Ja* wartet. Trotz aller Liebe zu meinem Freund blieb eine Leere in mir, die er nicht füllen konnte. Es war wie eine innere Stimme, die mich rief.« Sie möchte frei sein für Gott und ihren Freund freigeben für *die* Frau seines Lebens, von der sie damals sicher ist, dass sie irgendwo auf ihn wartet – so trennen sich die beiden.

Dass diese innere Stimme – die Herzensstimme, über die Gott zu den Menschen spricht, wie Schwester Elke sagt – sie jedoch tatsächlich ins Klosterleben führen würde, war der damals 20-Jährigen allerdings immer noch nicht klar. Auch, wenn sie immer wieder in diese Richtung gelenkt wurde. Zum Beispiel durch die Frage eines Ordensbruders, der erlebt hatte, wie glücklich sie auf den Freizeiten mit den Kindern und Jugendlichen war, ob sie schon einmal daran gedacht hätte, Ordensschwester zu werden. Sie reagierte in diesem Moment zwar noch sehr verwundert auf die Frage – die ihr »dann allerdings doch keine Ruhe mehr gelassen« hat.

Nach der Trennung ist Schwester Elke auch weiterhin mit den Amigonianern auf Ferienfreizeiten unterwegs und besucht die weibliche Seite dieses Ordens, die Schwestern im Kloster in Köln-Sürth, um an deren Leben teilzuhaben. Zwei Jahre sollen vergehen, bis sie den endgültigen Schritt ins Kloster wagt, noch immer ringt sie mit ihrem alten Traum einer Familiengründung. Ihr Widerstand ist auch in einem sehr engen Bild vom Ordensleben begründet, dass sie zu jenem Zeitpunkt in sich trägt. Eines von »Nonnen, die immer fromm und demütig waren, stets ein gutes Wort auf den Lippen hatten und nie angespannt oder verärgert waren«. Was so gar nicht auf sie zutraf. Noch zu Beginn ihres Klosterlebens habe sie sich oft gefragt, ob sie wirklich dorthin passe. »Ich bin sehr lebendig, schnell aufbrausend und mit starkem Temperament, wie ein Vulkan.« Auch dachte sie, dass sie als Ordensschwester nie wieder tanzen, reisen, schwimmen oder Zärtlichkeit erfahren dürfte. Dinge, die ihr Spaß machten, die wichtig waren in ihrem Leben ebenso wie ihre Freunde und Freundinnen, die Familie, ihr Studium.

Trotz aller Widerstände: Das Klosterleben ruft sie mehr als deutlich. Als die Ordensbrüder wieder einmal nach Spanien fahren und noch ein Platz im Auto frei ist, entschließt sie sich kurzerhand mitzufahren und eine Woche im Orden der Kapuziner-Terziarinnen im spanischen Saragossa zu verbringen. Das frühe Aufstehen fällt ihr zu Beginn noch schwer, doch fühlt sie sich sehr wohl dort.

Zurück in Deutschland trifft sie eine der Kapuziner-Terziarinnen aus dem Kloster in Köln-Sürth. »Sie fragte: *Wie war's in Spanien?* Und ich hörte mich sagen: *Ich möchte gerne bei euch ins Kloster eintreten.* Im ersten Moment dachte ich: *Was war das?* Es war, als hätte ich neben mir gestanden. Später habe ich begriffen, dass es die Stimme Gottes war, die mich schon so lange gerufen hatte und sich in diesem Augenblick endlich ihren Weg durch all die Widerstände gebahnt und direkt vom Herzen aus gesprochen hat.«

Schwester Elke merkt: Wenn sie wirklich wissen will, ob das Klosterleben ihr entspricht, muss sie es auch ausprobieren. Sie ist 22 Jahre alt, als sie zu den Schwestern ins Kloster zieht. Je länger sie bei ihnen lebt, umso sicherer ist sie sich, den für sie passenden Weg gefunden zu haben. 1984 beginnt sie das Postulat, mit dem der mehrjährige Aufnahmeprozess in das Kloster anfängt. Sie spürt immer stärker, dass das franziskanisch-amigonianische Leben in Demut, Bescheidenheit und schwesterlicher Gemeinschaft ihr sehr entspricht. »Der Weg des Ordens gleicht einem Schwimmen gegen den Strom. Man braucht viel innere Freiheit und Demut, muss immer wieder nach innen horchen, um diesem Weg konsequent zu folgen.«

Da die Kapuziner-Terziarinnen von der Heiligen Familie keine Ordensgemeinschaft sind, die sich von allem Weltlichen abgewendet haben, führte sie ihr Studium fort. Während des Referendariats stellte sie jedoch fest, dass die Institution Grundschule mit ihren Rahmenbedingungen ihr nicht die Möglichkeiten bot, die sie sich erhofft hatte. »Es ging wieder nur um Leistung und Bewertung, nicht darum, den Einzelnen zu fördern, für ihn da zu sein und den Kindern den Gott der Liebe nahezubringen.« Ihr Berufsziel Grundschullehrerin hatte sie zwar weitergebracht, aber ein anderer Beruf passte noch viel besser zu ihr. »Dass die Grundschule nicht der meiner Berufung entsprechende beste äußere Rahmen war, habe ich daran gemerkt, dass ich mit der Zeit immer ängstlicher und unfreier geworden bin. Ich habe gemerkt, dass dieser Weg nicht meiner ist und ich von meinem Herzensweg abgekommen bin.« Sie beendete zwar noch ihr Studium, schaute sich aber gleichzeitig nach Arbeitsalternativen um. Schon länger hatte sie mit dem Gedanken gespielt, Gemeindereferentin zu werden und in der Seelsorge tätig zu sein. »Ich merkte, dass ich mich in diesem Bereich auch um die Schwächeren kümmern und ihre Talente fördern kann.«

Sie lässt sich vom Erzbistum Köln zur Gemeindereferentin ausbilden, nach Postulat und Noviziat legt sie 1986 ihr erstes Gelübde im Orden ab und beginnt das Juniorat, mit dem sie in den folgenden fünf Jahren in die verantwortliche Teilnahme am Gemeinschaftsleben hineinwächst. 1991 wird sie in die Ordensgemeinschaft der Kapuziner-Terziarinnen aufgenommen. »Ich übte mich darin ein, nach dem Vorbild der Heiligen Familie, dem Beispiel des Heiligen Franziskus und den uns von Pater Luis Amigó anvertrauten Regeln im Alltag zu leben. Vor allem im gemeinsamen Gebet und im Austausch mit meinen Schwestern fand ich nach und nach meine eigene Berufung als *Hirtenmädchen* von Jesus, dem *Guten Hirten*. Mein Leben im Kloster in Gemeinschaft mit den Schwestern und mit den verschiedenen Aufgaben hat mich sehr erfüllt.«

Ihren Schritt ins Kloster zu gehen, haben jedoch nicht alle Menschen aus ihrer Familie und ihrem Freundeskreis verstanden. Manche waren traurig oder reagierten mit Besorgnis. »Einige hatten Angst, dass ich hinter den Klostermauern verschwinden könnte und sie mich verlieren würden. Vor allem die, die um meinen inneren Prozess und mein Ringen wussten, haben mich jedoch mit ihrem Gebet oder ihrer Annahme begleitet«, erzählt Schwester Elke.

Ein paar Jahre verläuft ihr Leben in ruhigen Bahnen. Sie kann – genau so, wie sie es sich nach dem Abitur gewünscht hatte – ein Leben für und mit Gott führen und sich um sozial benachteiligte Menschen kümmern. Sie ist glücklich, angekommen. Doch ihr Weg hält eine weitere Biegung für sie bereit.

1996, sie ist mittlerweile 34 Jahre alt, erhält die Ordensschwester von der Generaloberin ihres Ordens den Auftrag, mit zwei weiteren Kapuziner-Terziarinnen-Schwestern, die sie bereits aus ihrem Alltag kennt, ein neues Frauenkloster im polnischen Breslau aufzubauen. Es war die Zeit des Umbruchs nach dem Mauerfall, auch die Kirche wollte den östlichen Ländern beim Aufbau helfen. »Als die Entscheidung fiel, hatten wir schon vier Jahre lang intensive Kontakte zu polnischen

Kapuzinern und jungen Menschen, die mit ihnen lebten und arbeiteten. Nun spürten wir, dass der Moment gekommen war, in Polen ein neues Kloster zu eröffnen.« Vielleicht auch, weil die Menschen dort die deutschen und spanischen Schwestern, die als unkomplizierter und offener galten als viele polnische Ordensfrauen, immer wieder gefragt haben, warum sie noch keine Kommunität in Polen hätten – heute wirken rund 1.500 Kapuziner-Terziarinnen in 29 Ländern, Polen und Deutschland sind nur zwei davon.

Elf Jahre wird sie in Polen bleiben, die Schwesternkommunität mit aufbauen, mit Kindern und Jugendlichen arbeiten, Deutsch unterrichten. »Die Zeit in Polen hat meinen Horizont geöffnet«, sagt Schwester Elke rückblickend. »Ich habe eine neue Sprache und andere Religionen kennengelernt. Auch mein Bild von Gott hat sich dadurch geweitet. Derselbe Gott Jesu Christi, der sich mir bis dahin in für mich gut verständlichen Sprachen mitgeteilt hatte, wurde hier in einer Sprache gefeiert, die ich lange Zeit nicht oder kaum verstand. Durch die Menschen vor Ort lernte ich neue Formen kennen, Glauben zu leben und zu feiern.«

Der Schritt, nach Polen zu gehen, war ihr allerdings nicht leicht gefallen. Sie hatte Angst vor dem Neuen, davor, alles loslassen zu müssen, was ihr zum damaligen Zeitpunkt wertvoll war. »Die Versuchung war groß, gute Gründe zu suchen, um an dem festzuhalten, was ich bereits kannte und was mir Sicherheit gab: Familie und Freunde, bekanntes Lebens- und Arbeitsumfeld, vertraute Sprache, Kultur, Religiosität.« Sie war unsicher und zweifelte, Gefühle, die sie bereits aus der Zeit kannte, in der es um die Entscheidung für oder gegen ein Ordensleben ging.

Damals wie heute verbringt sie in solchen Momenten der Unsicherheit, des Zweifels, der Angst, besonders viel Zeit im innigen Gebet und dem Lauschen auf Gottes Worte sowie mit dem Studium der Bibel. Sie geht in die Stille, um Gottes Wort besser hören und verstehen zu können, sucht aber auch den Austausch mit Schwestern und geistlichen Begleitern. Zudem hilft ihr das Wiederholen bestimmter Worte und Gebete, den Schritt der Veränderung wirklich zu gehen: *Herr, schenke mir Weisheit!*, *Herr, führe mich!*, *Mein Herr und mein Gott!* oder *Jesus, ich vertraue auf dich!*. Und sie sucht in solchen Zeiten Orientierung bei großen christlichen Persönlichkeiten, die ihr als Vorbilder Kraft und Mut geben, in ihre Fußspuren zu treten und ihr eigenes Vertrauen gleichfalls ganz auf Gott zu setzen und sich von ihm führen zu lassen.»Vorbilder und Wegbegleiter sind in solchen Wendezeiten für mich vor allem Abraham, Mose, die Apostel und der Heilige Paulus, viele Mystikerinnen und Mystiker, unser Ordensgründer Pater Luis Amigó oder auch der Heilige Franziskus und die Heilige Klara«, zählt sie auf.»Vor allem ist es aber Maria, die Muttergottes, die mich in solchen Zeiten begleitet.« Sie sieht in ihr eine Frau, die ganz auf Gott vertraute und sich im Glauben von ihm führen ließ.»Auch, wenn sie nicht wusste, was sie erwartete.« Eine Frau, die ihr totales *Ja* zum Weg Gottes gegeben hat und diesem voller Vertrauen und Offenheit gefolgt ist und in deren Segen sie sich in schwierigen Situationen gerne stellt.

Maria bringt für Schwester Elke zudem die weibliche Seite mit in den Glauben ein.»Zum Wesen einer Frau gehören ja grundsätzlich die Gabe der feinfühligen Zärtlichkeit und Fruchtbarkeit, Treue, Freude, Bescheidenheit, Loslassenkönnen, Friedfertigkeit, Vertrauen, Zufriedenheit, Zuverlässigkeit, Mitgefühl und fürsorgliches Handeln. Gerade Maria verkörpert für mich Vertrauen, Weiblichkeit und Hingabe. Sie ist als Frau meine größte Wegbegleiterin und mein größtes Vorbild.«

In den Phasen des Zweifels, der Unsicherheit, hört Schwester Elke genau in sich hinein und folgt dann der Stimme ihres Herzens.»Wenn meine Intuition und die innere Bewegung meines Herzens, Denkens und Fühlens hin zu dem Neuen und Unbekannten nach allem Zweifel, Gebet und Abwägen stärker waren, bin ich dem immer gefolgt.« Wenn eine Sache von Gott komme, dann sei ihr Anfang in der Regel vom Kreuz und von Schwierigkeiten, zugleich aber auch von Frieden im Herzen und einer inneren Gewissheit begleitet – so war es auch bei der Entscheidung für ein Leben in Polen gewesen.

Im Jahr 2008 wird sie von ihrem Orden wieder nach Deutschland gerufen, es braucht eine Schwester, die die Kölner Gemeinschaft im Stadtteil Bilderstöckchen unterstützt. Seitdem lebt Schwester Elke mit drei anderen Kapuziner-Terziarinnen an diesem Ort. Nach ihrer leiblichen Familie ist heute die klösterliche Gemeinschaft ihre kleine Familie.»Diese Familie trägt und stärkt mich. Wir haben im Orden die Heilige Familie als Patron. Auch Jesus, Maria und Josef haben zusammen gebetet und gearbeitet und waren dabei offen für die Menschen. So wollen auch wir leben. Wenn ich zum Beispiel viel erlebt habe draußen in der Stadt, tut es gut, abends heimzukommen und zu wissen, hier sind Menschen, mit denen ich das Erlebte teilen kann«.

Das Kloster selbst ist ein ganz normales Reihenhaus. Der Weg dorthin führt vorbei an einer Tankstelle und einem Kiosk, aus dem der Geruch von Currywurst weht. Der Stadtteil ist sozialer Brennpunkt, genau aus diesem Grund sind die vier Schwestern hier. Sie wollen gemeinsam mit den sozial Schwachen leben und vor Ort wirken. Zwei der anderen Schwestern sind mittlerweile in Rente, früher waren sie in Krankenhäusern und auch in der Kinder- und Jugendarbeit im Stadtteil tätig, die dritte arbeitet im Bereich der familiären Altenpflege und Verwaltungsaufgaben seitens der Kongregation. Alle drei wirken ehrenamtlich in der Pfarrgemeinde mit. »Unser Orden ist viel offener als zum Beispiel der der Benediktinerinnen. Jede von uns arbeitet in einem Bereich außerhalb des Hauses. Wir sind ein kontemplativer und zugleich aktiver Orden. Das Gebet ist die Kraftquelle für unsere Hingabe in der Arbeit draußen und diese führt uns wiederum zurück zur Kontemplation«, erklärt Schwester Elke die Grundlage ihrer spirituellen Lebensweise.

Spiritualität bedeutet für sie ein Leben mit Gott in einem konkreten geistlichen Lebensstil, der sich auch in äußeren Formen zeigt. »Das kann eine Haltung der Offenheit gegenüber anderen sein und Einfachheit, Freude, Demut und Bescheidenheit im Umgang oder auch ein sichtbares Zeichen wie das Kreuz der Kapuziner-Terziarinnen, das wir Schwestern alle tragen, oder der Habit als Zeichen meiner Zugehörigkeit zu dieser Schwesterngemeinschaft. Meine persönliche Spiritualität zeigt sich in der Weise meines Daseins. In der Form, wie ich das Wort Gottes aufnehme und vertiefe – zum Beispiel im stillen Gebet mit der Bibel vor der Christus-Ikone aus San Damiano, im Rosenkranzgebet oder im gemeinschaftlichen Gebet mit den Schwestern.«

Die Kapuziner-Terziarinnen haben sich einem Leben in Armut verschrieben. Ihr Kloster ist einfach eingerichtet, enthält aber doch alles, was es zum Leben braucht. Den Garten hinterm Haus teilen sie sich gemeinsam mit Conny und Klaus, die im Haus nebenan wohnen. Von außen weist nur der Schriftzug *Haus Luis Amigó – Kapuziner-Terziarinnen* auf der Hauswand der Schwestern darauf hin, dass sich hinter den Mauern ein Kloster verbirgt. Die Klosterkapelle befindet sich im Keller in einem kleinen Raum, der im Nachbarreihenhaus vielleicht ein Hobbykeller sein könnte. Es gibt ein Kreuz, den Tabernakel, eine große Marienikone, Blumen, Bilder, einen Altar, Meditationsbänkchen und ein paar Stühle. Hier treffen sich die Schwestern jeden Tag, um gemeinsam zu beten.

Gebete prägen auch Schwester Elkes Tagesrhythmus. Um 5:30 Uhr beginnt ihr Tag mit Morgengymnastik in ihrem Zimmer. Dabei nimmt sie bereits mit dem Herzen Kontakt mit Gott auf. 30 Minuten später folgt das Morgengebet, während dem sie das Kölner *domradio* hört und für sich alleine betet:»Nach meiner Rückkehr aus Polen ist mir die Bedeutung der deutschen Sprache als meiner Muttersprache noch mehr als vorher bewusst geworden. Immer wieder neu nehme ich staunend und ergriffen wahr, wie sehr Gott mich gerade mit Worten, Gebeten und Gesängen in deutscher Sprache und in besonderer Weise auch über klassische Musik im Innersten meines Wesens berührt und behutsam führt.« Die Laudes, das offizielle Morgengebet der Kirche, ist schließlich das erste gemeinsame Gebet der Schwestern und schließt sich um 7 Uhr in der Klosterkapelle an, danach wird gefrühstückt. Von 9 bis 12 Uhr arbeitet Schwester Elke in der Seelsorge oder im Haus. Auf das Mittagsgebet um 12 Uhr folgen um 13 Uhr das Mittagessen und eine Pause, ehe der Tag um 15 Uhr mit dem Gebet des Rosenkranzes der Barmherzigkeit und Arbeiten im Haus oder auswärts weitergeht. Vor der Eucharistiefeier um 18:30 Uhr, an der Schwester Elke gemeinsam mit ihren Mitschwestern meist in umliegenden Kirchen teilnimmt, bleibt nach der Arbeit nochmals eine Stunde für persönliches Gebet. Der Abend klingt gemeinsam aus – nach dem Abendessen folgt die Vesper, das kirchliche Abendgebet, und um 22 Uhr die Komplet, das Nachtgebet.

Diese Tagesstruktur tut Schwester Elke gut und hilft ihr, »mein Leben mit tiefer Freude und Dankbarkeit zu leben«. An den Wochenenden ist das Leben der Kölner Ordensschwestern von mehr Freiräumen geprägt. Diese nutzen sie, um mit den anderen Schwestern zusammen Kaffee zu trinken oder spazieren zu gehen, Freunde oder Familie zu besuchen.

Neben dem Gebet gehört Musik zu Schwester Elkes täglichem Leben, die ebenfalls eine der Sprachen Gottes für sie ist.»Musik ist für mich Leben. Mal höre ich sehr rhythmische Lieder, dann eher sanfte Streichinstrumente. Wichtig ist mir aber immer, dass es Lieder mit Botschaft sind, wie morgens im *domradio*.« Neben Gitarre hat sie als Kind klassische Orchestergeige gelernt, die sie heute jedoch nur noch selten spielt. Vor allem kommt jetzt die Gitarre zum Einsatz, hauptsächlich in Kinder- und Jugendgruppen, mit denen Schwester Elke arbeitet. »Da geht es dann darum, eine Atmosphäre zu schaffen und die anderen mitzunehmen.« Sie ist davon überzeugt, dass vor allem junge Menschen einen Halt auf ihrem Weg brauchen und ihr eigener Weg es ihr ermöglicht, ihnen genau diesen Halt zu geben und sie in der Zeit des Erwachsenwerdens zu begleiten. »Viele dieser jungen Menschen begegnen mir in meinem täglichen Leben an den unterschiedlichsten Stellen. Sie erzählen mir von ihrer Lebenssituation, ihren Schwierigkeiten, Sorgen und bitten mich um Rat. Da ich selbst meine Berufung, meinen Platz im Leben gefunden habe, kann ich auch anderen dabei helfen, ihren ganz eigenen Weg zu finden.«

Seit sie wieder zurück in Deutschland ist, arbeitet Schwester Elke wieder als Gemeindereferentin. Die Richtlinien des Ordens sind ihr neben ihrem strukturierten Tagesablauf hilfreiche Stützen auf ihrem Weg. »Ich brauche diesen äußeren Rahmen, damit darin mein Eigenes sichtbar werden kann. In der Gemeindeseelsorge zum Beispiel fühle ich mich wie ein Fisch im Wasser. Da kann ich meiner Intuition folgen und bin sehr frei im Denken und Handeln.«

Den Kapuziner-Terziarinnen ist freigestellt, ob sie ihren Habit, die Ordenstracht, tragen wollen oder nicht, wenn sie ihrer Arbeit nachgehen. Schwester Elke trägt ihn bewusst. »Denn ich merke, dass die Menschen nach solchen äußeren Zeichen suchen. Der Habit macht mich auf den ersten Blick für sie als Ordensfrau erkennbar. Viele fassen dann Mut und sprechen mich an.« Zum Beispiel in der Straßenbahn auf dem Weg zu der Gemeinde, in der sie seelsorgerisch tätig ist. Oft erzählten ihr diese Menschen davon, wie sie zunächst ihr Leben lang nicht ihrem Herzen gefolgt und unglücklich geworden seien. Dann sei plötzlich eine Krankheit, ein Unfall oder ein Jobverlust gekommen. Etwas, das sie so stark angehalten habe, dass sie angefangen hätten über ihr Leben nachzudenken. Fragen, wie *Was kann ich? Was will ich?* seien aufgekommen. »Bei diesen Menschen musste erst etwas passieren, ehe sie sich nach innen gewandt haben, um ihrer Herzensstimme zu lauschen«, sagt

Schwester Elke, die mit ihrer Arbeit dazu beitragen will, dass es nicht immer erst zu solch einem heftigen Umbruch kommen muss. »Mein Anliegen ist es, die Kinder, die ich begleite, schon heute dahin zu führen, dass sie der Stimme ihres Herzens folgen, ohne dass es hierfür erst Krankheit oder Unfälle braucht. Sowieso sollten wir uns als Erwachsene ein Beispiel an den Kindern nehmen, die offen und voller Vertrauen sind und noch viel mehr ihrer eigenen Intuition folgen als wir Erwachsenen.«

Auch wenn sie einmal wöchentlich im Kölner Dom beim so genannten *Accueil* arbeitet, bei dem Dombesuchern Menschen aus der Kirchenseelsorge für ein Gespräch zur Verfügung stehen, spricht ihr Habit für sich und zieht viele Personen an. »Meist reicht es, dass ich einfach präsent bin«, erzählt sie. »Manchmal merke ich, wie jemand in einiger Entfernung zu mir stehen bleibt. Dann spüre ich in mich hinein und wenn es sich stimmig anfühlt, gehe ich den ersten Schritt auf ihn zu.« Es erstaunt sie immer wieder aufs Neue, »wie sich ein ganz fremder Mensch nur durch meine Präsenz und diesen ersten Schritt, den ich mache, öffnet und eine Begegnung mit jemandem entsteht, von dessen Existenz ich vorher noch nicht einmal etwas wusste«. Sie spricht mit den Menschen über Lebens- und Glaubensfragen, manchmal beten sie auch zusammen. Die Besucher im Kölner Dom kommen aus der ganzen Welt, Schwester Elke unterhält sich mit ihnen auf Spanisch, Polnisch, Englisch und Deutsch. »Auch wenn es manchmal holprig klingt, so ist es für den anderen doch wichtig, in seiner Muttersprache mit jemandem sprechen zu können, der ihn versteht und zuhört.« Immer wieder fragen junge Frauen bei ihr auch für eine längere Begleitung an, die dann manchmal kontinuierlich über Jahre hinweg andauert und die Schwester Elke gerne gibt. »Ich selbst habe durch unterschiedlichste Menschen – Dozenten, Freunde, Familie, Mitstudenten – immer viel Begleitung auf meinem eigenen Weg erfahren. Das möchte ich weitergeben. Dabei gebe ich gar nicht so sehr Antworten, sondern stelle viel mehr die richtigen Fragen und höre zu, denn letztendlich sind alle Antworten bereits in uns selbst vorhanden.«

Grundsätzlich sei es jedoch unerheblich, ob die Menschen nur einmal oder mehrfach wiederkommen würden: »Das, was das Leben verändert und zählt, sind die Begegnungen im Moment. Der Religionsphilosoph Martin Buber hat einmal gesagt *Unser Leben ist die Geschichte unserer Begegnungen*. Die Liebe

Gottes ist im Menschen präsent. Diese Liebe bei jeder Begegnung neu zu erfahren, darum geht es mir.«

Bestärkt wird sie durch ihre Erfahrung, dass viele Menschen auf der Suche nach Gott seien und Hunger hätten, seine Liebe kennenzulernen – »oft sind das Menschen, die mit der Kirche bislang nichts zu tun hatten«. Gerade bei Jüngeren nimmt sie in den vergangenen Jahren eine neue Sensibilität wahr: »Diese Menschen haben oft alles Materielle und doch spüren sie, dass dies nicht alles ist. Ich war zum Beispiel einmal auf einer Berufsmesse für Abiturienten im Bereich *Berufe in der Kirche* vertreten. Damals hat es mich absolut überrascht, wie viele junge Männer sich den Weg als Priester vorstellen können oder wie viele junge Menschen insgesamt auf der Suche nach einem einfachen Leben sind, in dem sie vor allem das Wesentliche im Blick haben und etwas Sinnvolles mit ihrem Leben machen können. Es muss mehr Raum geschaffen werden, damit diese jungen Menschen Zeit haben, auf ihre eigene Stimme zu lauschen, um herauszufinden, wie ihr eigener Weg aussehen kann.«

Schwester Elkes Wunsch ist es, den Gott Jesu Christi als *den* Freund des Lebens und als *die* Liebe für die Menschen erfahrbar zu machen. Sich selbst sieht sie dabei als *Hirtenmädchen von Gottes Gnaden*, was für sie heißt, die Botschaft Jesu zu leben, anderen Menschen zu helfen und eine Art Mittlerrolle zwischen Gott und den Menschen einzunehmen. Dabei versucht sie stets, »den jeweiligen Menschen an meiner Seite so zu begleiten, dass er den Gott Jesu Christi als einzigartigen Wegbegleiter kennenlernt und sich ihm zunehmend inniger anvertraut«. Wem das gelänge, der könne den eigenen Weg immer freier gehen und dabei in seiner Persönlichkeit wachsen und reifen. So wie sie es erlebt hat. »Früher stand mehr das eigene Ego im Vordergrund meines Lebens. Unermüdlich habe ich überlegt, was zu tun und zu machen sei, um vorgegebene, hochgesteckte Ziele zu erreichen, gute Leistungen zu bringen und geschätzt zu werden.

»Heute steht der Gott Jesu Christi – der Vater, der Sohn und der Heilige Geist – mit Maria, der Gottesmutter, die zugleich unsere himmlische Mutter ist, im Mittelpunkt meines Lebens.« Sie bemühe sich, in jedem Moment auf die Stimme Gottes in ihrem Herzen zu lauschen, um die ihr anvertraute einzigartige Sendung zu erfüllen und ein Leben in Fülle zu ermöglichen. »Ich lebe in großer Dankbarkeit im Bewusstsein meiner Kleinheit, Fehler und Schwächen aus der tragenden, täglich neuen Erfahrung der abgrundtiefen Liebe Gottes heraus«, so die Ordensfrau.

Mittlerweile weiß sie auch ganz sicher, dass das Ordensleben das Richtige für sie ist. »Ich spüre, dass es passt und ich nicht immer perfekt sein muss. Auch habe ich mich durch die verschiedenen Ausbildungen – sei es das Studium, die Ausbildung zur Gemeindereferentin oder auch die Ordensausbildung – geistig und seelisch weiterentwickelt, mich selbst besser kennengelernt und arbeite täglich an mir.« Denn selbst zu helfen und zu lieben, gelingt ihr noch immer nicht in jeder Situation, wie sie zugibt. »Manchmal fällt es mir wirklich schwer, zum Beispiel wenn ich jemanden, der stark alkoholisiert ist, am Bahnhof sehe. In diesem Moment die Ablehnung zu überwinden und die Liebe hervorzuholen, das schaffe ich nicht jedes Mal. Oft merke ich, hier kann ich gerade nicht helfen, das ist nicht mein Bereich, dann bete ich zu Gott, dass er sich dieses Menschens annimmt und sich um ihn kümmert.« Und sie ist voller Vertrauen, dass Gott sie erhört, auch weil sie in schwierigen Zeiten immer Zeichen oder Wegweisungen von ihm empfangen habe. Sei es durch Worte, Gebete, in der Eucharistie, über Musik, in der Natur oder auch durch konkrete Personen, die gerade in jenem Augenblick als Engel an ihrer Seite gewesen seien: »Früher oder später war die Antwort immer da. Wenn sich eine Tür schließt, dann öffnet sich eine andere Tür oder ein Fenster. Der Mensch ist frei, sich für diese neuen Möglichkeiten zu öffnen und neuen Perspektiven voller Mut und Vertrauen zu begegnen.«

Allgemein lässt sich Schwester Elke von derlei Schwierigkeiten, Stagnationen oder Krisen heute jedoch nicht mehr irritieren: »Solche Momente sind für mich eine Einladung, Gott um Zeichen zu bitten, was er mir damit sagen möchte und meinen Horizont für mögliche andere Wege zu öffnen. Bei Schwierigkeiten bemühe ich mich, stets klar zu erkennen, wo die Ursachen hierfür liegen und die entsprechende Lösung zu finden. Grundsätzlich versuche ich, über intensives Beten und Meditieren des Wortes Gottes, die jeweils anstehende Antwort zu finden, Ruhe zu bewahren, in echter Demut und Liebe zu wachsen und mich nicht von meinem Weg abbringen zu lassen.«

Doch es sind nicht nur der Gott Jesu Christi, seine Mutter Maria oder Pater Luis Amigó, die sie viel lehren auf ihrem Weg: »Natürlich lehrt mich auch das Leben selbst einiges. Ebenso wie meine eigenen Fehler und Irrwege, das Leben in Gemeinschaft, das Miteinander und Gespräche mit anderen, das aufmerksame Beobachten und Wahrnehmen der Geschehnisse in Gesellschaft, Politik, Kirche und in der Welt sowie die Auseinandersetzung damit. All dies trägt dazu bei, mit- und voneinander zu lernen sowie in persönlicher und gemeinschaftlicher Einsicht wie auch spiritueller Erkenntnis zu wachsen.«

Sie glaubt, dass »Gott mich mit meiner eigenen Geschichte benutzt als lebendiges Medium seines Daseins und Wirkens«. Schließlich habe jeder Mensch auf dieser Erde im Heilsplan Gottes eine einzigartige Sendung, die kein anderer für ihn erfüllen könne. Wenn Frieden und Heil für alle erfahrbar werden sollen, müsse jeder an seinem Platz sein und die eigene Sendung liebevoll annehmen. So wie sie. Zumal rückblickend alles wunderbar zusammenpasst: »Wäre ich nicht in Bonn geboren, hätte ich nicht die Amigonianer kennengelernt und somit auch nicht ihre Gemeinschaft oder die spanische Sprache. Wenn ich jetzt auf mein Leben schaue, sehe ich, dass sich alles gefügt hat – als hätte damals schon jemand gewusst, dass ich später mal in einen spanischen Orden eintreten werde.« Eigene Kinder hat sie zwar nicht bekommen, aber das Lachen und die Liebe der Kommunionkinder entschädigen sie dafür Jahr für Jahr reichlich.

Schwester Elke Stein TC (Jahrgang 1961) hat Grundschullehramt studiert, während des Referendariats aber gemerkt, dass ihr die Rahmenbedingungen der Schule nicht die Möglichkeit boten, jedes Einzelne der Kinder – und vor allem die Schwächeren – gezielt zu unterstützen. Mit 22 Jahren entschied sie sich gegen ihren ursprünglichen Lebensplan, zu heiraten und fünf Kinder zu bekommen, und für ein Leben im Kloster, nachdem die Frage nach ihrem eigenen Platz im Leben immer drängender geworden war. Heute arbeitet sie als Gemeindereferentin in Köln und begleitet dort vor allem Kommunionkinder auf ihrem Weg ins Leben. Als Kapuziner-Terziarin lebt sie ein Leben mit und für Gott und die Menschen, die er ihr auf ihren Weg stellt.
www.erzbistum-koeln.de/erzbistum/menschen/orden/frauenorden/kapuziner_terziarinnen.html

»Folge auf deinem Weg der Sehnsucht –
sie ist die sicherste Führerin.«

Anna Platsch –
Der Weg des Schreibens

Wird sie auf ihre eigene Geschichte angesprochen, dann sagt sie gerne, dass sie nicht mehr viel Interesse hat an ihrer Kindheit und Jugend, an Vergangenem, es hätte seinen Geschmack verloren. Heute ist für sie nur noch wichtig, sich an der innersten Wesenhaftigkeit des Lebens auszurichten. »Wenn mein Haus abbrennen würde, dann würde ich wohl einen Schrecken bekommen, doch das, was wirklich wichtig ist in meinem Leben, ist innen. Das ist eine Wichtigkeit auf einer anderen Ebene«, so Anna Platsch, die mit ihrem Mann im Chiemgau auf dem Land lebt und als Autorin und Leiterin von kreativen Schreibwerkstätten arbeitet.

Natürlich sei sie dankbar, dass sie in einem Haus nah an der Natur leben kann, dass sie Essen und Kleidung hat. Gleichwohl gebe es im Außen kaum mehr etwas, an dem sie hänge. Mit ihrer eigenen Geschichte sei zugleich auch das Bedürfnis des Brauchens von Dingen und Menschen nahezu verschwunden. Der tiefe innere Mangel habe sich aufgelöst »Was nicht heißt, dass ich nicht mehr in Verbindung stehe mit anderen oder Beziehungen eingehe – es ist vielmehr eine Verbindung ohne sich zu binden.« Seit sie ihre Geschichte losgelassen habe, hat alles eine Geschichte bekommen, »lebendigst, überall. Mein Leben ist heute zu einem ständigen Zuhause sein geworden, wo immer ich auch bin«.

Der Weg, den Anna Platsch beschritten hat, bis sie zu diesem Punkt gekommen ist, war jedoch weit. Er hat sie an viele äußere und innere Orte geführt, durch Täler des Schmerzes und letztendlich hin zur Liebe. Immerwährende Leitsterne auf diesem Weg: Die Freude und die Sehnsucht. Schon als Jugendliche und junge Erwachsene spürte Anna Platsch eine Sehnsucht in sich, die sie nicht weiter benennen konnte und die sie unter anderem auf Männer projizierte. Doch kein Mann konnte das, wonach ihr Herz verlangte, stillen. Erst nach vielen Jahren wurde ihr klar: Diese brennende Sehnsucht ist die Sehnsucht nach Gott.

Anna Platsch wuchs in den 1950er Jahren in einem »recht belasteten« Elternhaus westlich von München auf. Ihre Kindheit ist geprägt vom Unfall des Vaters, der erblindete, als sie drei Jahre alt war. Ab da drehte sich in der Familie alles darum, diese Situation zu bewältigen, und Anna Platsch, damals noch ein kleines Mädchen, wurde im wahrsten Sinne des Wortes nicht mehr gesehen. So kam zu der Traumatisierung der Erwachsenen in der Nachkriegszeit noch die Traumatisierung innerhalb der Familie, was für Anna Platsch zu einem tiefen Gefühl von Nicht-Zugehörigkeit, mangelndem Vertrauen und damit verbundenen, tiefen Ängsten führte. Aufgehoben fühlte sie sich hingegen in der üppigen Natur, im großen Garten und dem nahen See. Sie und ihre zwei Brüder mussten zwar viel arbeiten, hatten aber auch wilde, unbeaufsichtigte Zeiten in ihrem kleinen Dorf. Und dann das Lesen – sobald sie es konnte, las sie alles, was ihr in die Finger kam.

Ihr Kindheitswunsch, den sie seit ihrem elften Lebensjahr hegte, war es, Schriftstellerin zu werden und die Welt zu retten. Schon damals schrieb sie Geschichten und Gedichte. Es ist ein Wunsch, der zwar viele Jahre ihres Erwachsenenlebens in den Hintergrund rücken, sie aber doch nie mehr loslassen sollte. »Das Schreiben war für mich schon immer sehr mit der Sehnsucht nach dem Göttlichen in mir verbunden.« Heute ganz bewusst, früher, als Kind und Jugendliche, wohl eher unbewusst. Damals hatte das Schreiben auch noch eine andere Funktion für sie: »Ich denke, da war auch ein großes Bedürfnis nach Mich-Ausdrücken in der ganzen Umgebung von Sprachlosigkeit.«

So sehr sie das Schreiben auch liebte, so waren die großen Ängste, die sie in der damaligen Zeit mit sich trug, doch stark genug, um sie in jungen Jahren davon abzuhalten, ihrem Traum, Schriftstellerin zu werden, zu folgen. Ängste, die sie noch viele Jahre begleiten sollten. »Damals war ich ein sehr verwirrter Mensch. Oft habe ich mich fehl am Platz gefühlt und wusste nicht recht, wo ich hingehöre. Mir fehlte es an Unterstützung von Zuhause aus und selbst hatte ich zu jener Zeit zu wenig Kraft, das zu tun, was ich eigentlich tun wollte.« Und dann war da auch noch diese innere Sehnsucht, die sie immer wieder stark verwirrte: »Diese Sehnsucht, dieses Brennen hat jeder Mensch in sich, nur manche tun sich leichter damit. Ich fand nicht immer einen Platz auf der Erde. Später dann glitt diese Kraft in die Begeisterung und Leidenschaft des Tuns – Arbeit, Politik, Welt retten, Frauenbewegung, Mann lieben, Freunde und Freundinnen.« Erst Jahre später sollte ihr klar werden, worauf diese Sehnsucht wirklich abzielte.

Schon in ihrer Kindheit und Jugend hatte sie sich für Religionen und Spiritualität interessiert, obwohl sie in einem nicht-gläubigen Elternhaus aufwuchs. Anna Platsch wurde zwar evangelisch getauft, da ihre Eltern dies für die bessere Konfession hielten, sie selbst blieben aber katholisch und das ganze Umfeld eines bayerischen Dorfes war katholisch geprägt. Und so schlich sich Anna Platsch heimlich zu Fronleichnamsprozessionen und auf katholische Beerdigungen, die sie mit ihren Ritualen, Weihrauchduft und lateinischen Gesängen faszinierten. Nach ihrer Konfirmation begann sie Nietzsche, Sartre und andere Existenzialisten zu lesen, wurde durch diese *Beweise*, dass es keinen Gott gebe, Atheistin und trat dann, sobald sie achtzehn Jahre alt geworden war, aus der Kirche aus. Den Religionsunterricht in der Oberstufe besuchte sie trotzdem weiter. Denn hier wurden alle Weltreligionen behandelt, das faszinierte sie und »wahrscheinlich ahnte ich da schon etwas von dieser tiefen Einheit, die allem innewohnt«.

Anna Platsch studiert nach ihrem Schulabschluss zunächst an der Ludwig-Maximilians-Universität München Sinologie – Chinawissenschaften und Chinesisch. Da es seinerzeit dort noch kein modernes Chinesisch gab, wechselte sie nach einiger Zeit an die Freie Universität Berlin, die damals auch politisch viel interessanter war. Es waren die Jahre nach 1968, voll politischer Aktivitäten und die frühen Jahre der Frauenbewegung. Dann kam die erste Welle der Humanistischen Psychologie aus Amerika nach Europa, die ein ganz neues Welt- und Menschenverständnis mit sich brachte. Auch die ersten Ideen einer neuen Spiritualität. Die Bücher von Carlos Castaneda und Reshad Field erschienen und boten Antworten, indem sie für den Westen völlig neue spirituelle Wege beschrieben. Anna Platsch wünschte sich, solch einem Indianer oder Sufimeister zu begegnen, denn so sehr die politischen Versammlungen und die Frauengruppen ihrem Bedürfnis nach Wandlung in der Welt entsprachen, so erschienen sie ihr mit der Zeit doch immer dogmatischer. Dagegen kamen ihr die Ideen der Humanistischen Psychologie lebendiger vor, waren ihr näher, sie begann eine Ausbildung zur Psychotherapeutin in Gestalttherapie und Transaktionsanalyse und wechselte dazu zu einem Sozialpädagogikstudium. Eine Veränderung, die von großer Freude begleitet wurde, »alles hinter mir zu lassen und mich ganz in etwas Neues zu stürzen, mit Leib und Seele – das war schon was«.

Damals, vor Einführung des Psychotherapeutengesetzes, war es noch möglich, auch ohne Psychologiestudium als Therapeutin zu arbeiten. Gleich nach dem Ende ihrer Therapieausbildung eröffnet sie ihre eigene Psychotherapiepraxis in Berlin, die rasch floriert und bekommt einen Lehrauftrag an der Freien Universität Berlin im Fachbereich Psychologie. Sie engagiert sich sehr für die Menschen, die zu ihr kommen, besucht viele Seminare und reist in die USA, um sich weiterzubilden und leitet selber ein Seminar nach dem anderen. Die Zeit der intensiven Selbsterforschung hat begonnen. Mit ihrem Studien- und Therapieausbildungsabschluss Ende 20 hat sie bereits alles: Erfolg, Karriere, einen Mann – Steffen –, den sie liebte, genügend Geld, eine große schöne Wohnung, einen Freundeskreis. Sie wähnt sich glücklich. Bis zu dem Moment, der ihr Leben grundlegend wandeln sollte. Denn eines Tages steht sie in ihrer Praxis und spürt plötzlich ganz deutlich: »Das ist es nicht. Das ist nicht die Antwort auf meine lebenslange innere Sehnsucht.« Das ganze Kartenhaus samt seiner Begeisterung brach in sich zusammen.

Drei Tage nach diesem Ereignis hörte Anna Platsch von einem Sufilehrer in Berlin, Salah Eid, und beschloss, ihn aufzusuchen. Sie fuhr nach Kreuzberg und als sie vor seiner Tür stand und auf die Klingel drückte, war sie nicht nur aufgeregt, sondern »richtiggehend von Ängsten geschüttelt«. Sie brachte kaum ein Wort heraus, als ihr zukünftiger Lehrer ihr die Türe öffnete und verschmitzt-liebevoll lächelte. Heute erklärt sie das verschmitzte Lächeln damit, dass Salah Eid wusste, »dass der Heimweg der Seele tiefe Transformation bedeutet – sprich: Das Ego kann sich ab jetzt nicht mehr so komfortabel-leidend in seinen alten Strukturen und Konditionierungen niederlassen, sondern verbrennt – oder besser, hat sich auf den ihm gebührenden Platz zu begeben«. Etwas, das sie zu diesem Zeitpunkt vielleicht unbewusst ahnte, aber das ihr keinesfalls bewusst war.

Damit flammte ihr altes Interesse an Spiritualität und Religionen wieder auf. Ende der 1970er Jahre ist spirituelle Literatur in deutschen Buchhandlungen allerdings noch dünn gesät, Anna Platsch kauft die ersten erscheinenden Bücher und ebenso wissenschaftliche Literatur zu verschiedenen spirituellen Richtungen aus Antiquariaten. In den Wochen nach der ersten Begegnung mit Scheich Salah liest sie alles, was sie an spiritueller Literatur in die Hände bekommen kann. »Der Weg des Sufitums war der, mit dem mein Herz in Resonanz gegangen ist. Das hatte ich nie zuvor erlebt«, so Anna Platsch. »Beim Sufitum hat mir auch gefallen, dass die Sufis immer mitten unter den Menschen gelebt haben. Manch einer lebte vielleicht als Handwerker mitten in der Stadt. Dass er ein Sufi war, das war sein Geheimnis.«

Heute sind ihre alten Ängste und die Verwirrung verschwunden. Was sicherlich auch damit zu tun hat, dass sie mittlerweile ein Leben in Einheit und Verbundenheit lebt. »Wenn ich früher die Existenz eines Krümels hatte, dann ist es heute die einer Perle, im Bezug auf meine eigene Geschichte. Es ist der direkte Geschmack des Lebens, den ich heute immer wieder spüre.«

> *Leise ist das Verlangen gegangen.*
> *Jetzt sitze ich hier wie eine Kastanie.*
> *Die Hülle geplatzt –*
> *und glänze.*

In ihrem Buch *Offenes Siegel – Meine Reise zu Sufis und Muslimen* beschreibt Anna Platsch ihre erste Begegnung mit Scheich Salah: »Bei diesem ersten Gespräch in der Wohnung Scheich Salahs geschahen zwei wesentliche Dinge. Das eine war, dass er von der Sehnsucht sprach. Von jener lebenslangen Sehnsucht. Er erzählte das Beispiel eines Mannes, von dem gesagt wurde, die Sufis hätten gerochen, wie seine Leber verbrannte aus Sehnsucht nach der göttlichen Liebe. Ich hörte das erste Mal in meinem Leben, dass diese brennende innere Sehnsucht, die bei mir mit chronischen Verliebtheiten einherging, die Sehnsucht nach Gott, dem innewohnenden Göttlichen, dem Geliebten wäre. Gott – der Geliebte. Ich – die Liebende. Leidenschaftlich. Mir, die ich das Wort ›Gott‹ nicht einmal in den Mund nahm, verbanden sich plötzlich in meinem Inneren Welten. Gott ist innen. Ein tiefes Gefühl von Endlich-Angekommen-Sein flammte in mir auf. Ich, die ich mich mein Leben lang nie und nirgendwo, auch nicht in meiner Familie, zugehörig gefühlt hatte, erlebte mich plötzlich, nur durch eine erste für mich sinnvolle Antwort auf meine Sehnsucht zugehörig. Schon immer da gewesen. Heimgekommen.«[1]

Es war wie ein Geschenk für sie, nun endlich zu wissen, wohin sich ihre jahrelange Sehnsucht eigentlich richtete. Wenn sie dem ersten Schritt auf ihrem spirituellen Weg weitere folgen lassen wollte, musste sie jedoch einiges in ihrem Leben ändern. Denn dieses Heimkommen hatte seinen Preis: Da das Sufitum, das Salah Eid repräsentierte, noch stark in den Islam eingebettet war, würde Anna Platsch zum Islam konvertieren müssen, um seine Schülerin werden zu können. Etwas, das für sie als Feministin und der Humanistischen Psychologie verpflichtet, anfangs undenkbar war. »Ich konnte jetzt doch nicht zurück ins Mittelalter! Aber ich hatte schon den Duft der Essenz eingesogen.«[2] Sie ringt mit sich, mehrere Wochen, dann ist sie soweit. Salah Eid, der Scheich, kommt zu ihr in die Wohnung, Anna Platsch spricht vor Zeugen das Glaubensbekenntnis des Islams und wird zur Muslimin: »›Deine Seele hat so laut gerufen, da musste ich halt kommen‹, lachte der Scheich mich an.«[3]

Sie wird seine Schülerin und ist in den kommenden drei Jahren neben der Arbeit in ihrer Psychotherapiepraxis immer häufiger in der Wohnung des Scheichs anzutreffen, zusammen mit ihrem Mann. Die Gruppe der Menschen um den Sufilehrer wächst rasch an. Immer mehr Menschen kommen zu Gebet und Unterweisung in der Lehre der Sufis zu ihm nach Berlin. Denn er versteht es mit seinem offenen Geist die Menschen im Westen in Verbindung mit ihrem eigenen kulturellen Hintergrund in den Islam einzuführen. So auch Anna Platsch. Sie reist in arabische Länder und spürt immer stärker die Liebe und das Gefühl des Angekommenseins in sich, die sie von Anfang an am Sufitum angezogen hatten. Der Weg der Sufis, sagt sie, sei ein Weg der Liebe. Ein Weg, der über das Herz in die Wahrheit, in das Namenlose führe.

Mein roter Flug war kühn
in diese einzige leuchtende Stunde
die jetzt ist.

Ich hielt mein Ohr an die Zeit
und hörte nur die Ewigkeit.
Sie war ohne Geschmack.

Nur als ich aufwachte
hörte ich das zärtliche Tosen
einer grundlosen Liebe.
Sag's weiter
auch wenn du mich nicht verstehst.

Ein Weg, auf dem der Lehrer manchmal erst das Herz des Schülers zerbrechen müsse, um dadurch wieder einen Eingang zu schaffen hin zum Herz des Herzens, zur göttlichen Essenz.

Auch in ihr zerbricht etwas, als sie erfährt, dass ihr Lehrer mit mehreren seiner Schülerinnen geschlafen hat. Sie ist enttäuscht und entfernt sich von ihm. Und doch – die innere Verbindung reißt nicht ab, ist stärker als das, was im Außen geschehen ist. So auch, als Scheich Salah kurze Zeit später, 1981, bei einem Autounfall stirbt. Anna Platsch ist zu dieser Zeit bereits hochschwanger, wenige Wochen später wird ihr Sohn Elias geboren. »Innen hatte sich in jenen Tagen – trotz der Unsicherheiten der letzten Monate – die Verbindung zum Lehrer [Scheich Salah] intensiviert, er war in großer Präsenz da, und äußerlich ging das Leben so sichtbar weiter. Was ist Leben, was ist Tod?«[4]

Die Nachfolger von Scheich Salah führten die Offenheit, die dieser anderen Menschen entgegengebracht hatte, um sie dort abzuholen, wo sie gerade im Leben standen, nach dessen Tod nicht fort. Anna Platsch spürte, dass dies nicht mehr das war, wonach sie immer gesucht hatte: »Ich fand zu diesen neuen Übungen keinen Zugang mehr und war sehr verunsichert. [...] Ich wollte ja keine fromme Muslimin werden, ich wollte den Urgrund, die Essenz, die Wahrheit. Alles schien davon abzulenken. Ich spürte, dass es so nicht für mich stimmte, wusste aber keine Alternative und rannte mit einem chronisch schlechten Gewissen herum, weil ich nicht praktizierte.«[5]

Dann die Erlösung: Kurz zuvor war das erste Buch *Wie Phönix aus der Asche. Mein Abenteuer der Selbstfindung auf dem Weg der Sufis* von Irina Tweedie auf Deutsch erschienen und nun auch in die Hände von Anna Platsch gelangt. Eine Erleichterung, vor allem für »uns Frauen«, wie Anna Platsch heute sagt. Denn viele spirituelle Richtungen waren damals wie heute noch sehr patriarchalisch geprägt und auf die männliche Psyche ausgerichtet. Auch Anna Platsch »habe Jahre gebraucht, um zu begreifen, dass sich das Ego nicht nur in Form von Gier oder Macht zeigt – in männlichen Strukturen –, sondern ebenso auch darin, wenn ich mich klein mache, mich klein fühle – also in eher weiblichen Strukturen. Ich denke, es braucht oft eine geschlechtsspezifische Begleitung auf dem spirituellen Weg. So ist das Thema Anhaftung im Bezug auf Beziehungen sicherlich viel ausgeprägter bei Frauen als bei Männern und sie brauchen vielleicht eine andere Anleitung oder andere Übungen, um sich davon lösen zu können. Frau Tweedie hatte immer etwas, was über das Mann-Frau-Sein hinausging.«

In diesem Buch der englisch-russischen Sufilehrerin fand Anna Platsch alles, was sie von ihrem verstorbenen Lehrer her kannte. »Dieselbe Art der Schulung, dieselbe innere Weisheit, [...] dieselbe Liebe und Herzensausrichtung, dieselben Zitate, nur ohne äußere Religionspraxis und von einer Frau vermittelt.«[6] Sie war fasziniert und zugleich elektrisiert, als sie erfuhr, dass jene Irina Tweedie, die von ihren Schülerinnen und Schülern aus Respekt immer nur Frau Tweedie genannt wurde, just zu diesem Zeitpunkt auch noch in Deutschland weilte, im *Haus Schnede* in der Lüneburger Heide, das Scheich Salah einst als Sufi-Zentrum gegründet hatte. Kurzentschlossen fährt sie zusammen mit ihrem halbjährigen Sohn dorthin und weiß, dass ihr Weg sich bei dieser Meisterin fortsetzen wird. Es ist die dichte Stille und unendliche Liebe, das strahlende Licht unter deren Haut, das die Antwort so fraglos macht. Sie spürte, dass es bei dieser Frau dort weitergehen wird, wo es bei Scheich Salah aufgehört hatte. Und dass ihr Leben als Muslimin beendet war.

Irina Tweedie wird ihre zweite Lehrerin auf dem spirituellen Pfad und unterstützt Anna Platsch sowohl auf dem spirituellen, als auch auf ihrem weltlichen Weg. So oft sie konnte, reiste Anna Platsch damals nach London, wo Irina Tweedie wohnte, oder besuchte die Retreats von ihr, wenn sie nach Deutschland oder in die Schweiz kam. Sie schrieb ihr Briefe, auf die sie manchmal Antwort bekam, manchmal nicht. Wenn sie in London war, erzählte sie ihre Träume, über die dann in der Gruppe gesprochen wurde. Und war einfach wach in der Gegenwart ihrer Lehrerin. Aus ihrer heutigen Sicht kann ein Lehrer, ein spiritueller Pfad, unterstützend wirken, um Zugang zu finden zur Spiritualität und dem Nicht-Nennbaren und auch, um sich alter Konditionierungen bewusst zu werden. Und dennoch: All das Suchen, das Rennen und alle Mühe, sagt Anna Platsch heute, hätten sie letztendlich nur zurückgeführt zu dem, was schon immer da war – in ihr: »Zunächst kann es hilfreich sein, ein Werkzeug zu haben. Wir dürfen dieses jedoch nicht mit dem Ziel – dem Nicht-Nennbaren selbst – verwechseln. Es ist wie in einer Zen-Geschichte, in der jemand mit einem Floß von einer Uferseite zur anderen über einen Fluss setzt. Das Floß ist das Vehikel, aber nicht das Ziel und so dürfen wir es loslassen, wenn wir auf der anderen Seite angekommen sind, statt es weiterhin auf dem Rücken mit uns zu tragen. Meine Sufi-Lehrer haben mich geprägt, es ist das größte Geschenk im Leben, einem Lehrer zu begegnen. Tiefe Dankbarkeit für diese Begegnung mit ihnen wird mich immer erfüllen und sie werden immer präsent in mir sein. Und doch habe ich auch das losgelassen. Man könnte sagen, was geblieben ist, ist der Geschmack des Holzes, aus dem das Floß gebaut ist«.

85

Mein Rücken – gelehnt an das Rauschen des Lichts
eine Berührung ohne Berührung.
Die Fäden des Lichts
spinnen die Welt in seine Form
als gäbe es sie.

Ich hänge daran
und tanze
als gäbe es mich.

Zu jenem Zeitpunkt ist sie jedoch noch stark damit beschäftigt, jegliche Anhaftung loszulassen. Als ihr Sohn vier Jahre alt ist, teilt ihr Mann ihr mit, dass er sich in eine andere Frau verliebt hat. Heute weiß sie, dass damals der »härteste Teil meiner Schulung begann, die Auflösung jeglicher Anhaftung«[7]. Ein Jahr nach der Trennung erfolgt die Scheidung und einen Monat nach der Scheidung stirbt ihr früherer Mann. Im Nachhinein sagt Anna Platsch, sei sie froh gewesen, dass sie sich zuvor durch Trennung und Scheidung schon Schritt für Schritt von ihm abgelöst hatte. »Sonst hätte ich wohl seinen Tod nicht überlebt.«[8] Noch etwas half ihr in dieser schweren Zeit: ein neuer Mann an ihrer Seite. Klaus, der ebenfalls auf dem Sufi-Pfad unterwegs war, habe sie solange festgehalten, bis sie wieder alleine habe stehen können. Vermutlich ließe sich in ihrem Tagebuch nachlesen, was nun alles passierte. Denn der Tod ihres Mannes führte sie zu ihrem Kindheitswunsch zurück, Schriftstellerin zu werden. Ein Wunsch, der noch offen war, ungelebt, wie ihr damals bewusst wurde. Aber zunächst schreibt sie nur für sich, Tagebuch und andere Texte, hält darin ihre zweite Hochzeit – bei der auch Irina Tweedie anwesend war – fest und den Umzug nach Norddeutschland, die bald auf ihre erste Begegnung mit Klaus folgten.

Acht Jahre lang bleiben sie im Norden, ihr Mann arbeitet als Arzt in einer eigenen Praxis, Anna Platsch baut sich wieder eine psychologische Praxis auf, in der sie schon mit dem Blick ihres spirituellen Hintergrunds auf die Menschen schaut, veröffentlicht ihren ersten Gedichtband und hält Vorträge für Frauen, die diese auf ihrem Weg zu ihren tiefen Wurzeln unterstützen. Es ist eine Zeit, in der sie viel meditiert und zusammen mit ihrem Mann und der Genehmigung von ihrer Lehrerin beginnt, eine kleine Meditationsgruppe zu sich nach Hause einzuladen.

In den 1990er Jahren gibt Irina Tweedie dann ihre beiden Nachfolger bekannt, Annette Kaiser, die zusammen mit ihrem Mann Georg Eich im Chiemgau seit 1991 das spirituelle Zentrum *Windschnur* aufbaut, und Llewelleyn Vaughan-Lee in den USA. Bei einem seiner Retreats, an dem Anna Platsch 1995 zusammen mit ihrem Mann teilnimmt, haben beide, ohne vorher darüber gesprochen zu haben oder die *Windschnur* zu kennen, diese Erfahrung des unmittelbaren Wissens, in das spirituelle Zentrum zu ziehen. Es folgt ein Gespräch mit Annette Kaiser, die sie bisher nur flüchtig kannten, und ein halbes Jahr später der Umzug. Vorher sind sie noch einmal bei Irina Tweedie zum Essen eingeladen, obwohl diese inzwischen ihre öffentlichen Gruppen schon geschlossen hatte. Die Gastgeberin fragte bei dieser Gelegenheit die beiden, warum sie in die *Windschnur* gehen würden. »Wir wissen es nicht«, antwortete ihr Mann. »Dann ist es gut«, befand Irina Tweedie daraufhin. Es sei, so Anna Platsch, pure Intuition gewesen. »Nie hätte ich gedacht, dass ich wieder in Bayern landen würde, wo ich aufgewachsen bin.« Für sie ist diese Episode ein schönes Beispiel dafür, was es heißt, »unpersönlich durchs Leben zu gehen, sich hinzugeben. Wenn wir das tun, geht alles ganz leicht. So auch damals: Unser

Umzug, die Auflösung der Praxen, alles fügte sich.«

So wie sich auch die Finanzierung des Internats fügte, das ihr mittlerweile 14 Jahre alter Sohn besuchen sollte, da die *Windschnur* ziemlich abgelegen ist und sich keine passende Schule in der Nähe befand. Und das, obwohl für ein Internat eigentlich kein Geld vorhanden war. Aber Anna Platsch fühlte, dass dieses Internat das Richtige war, vertraute auf das Leben, das ihr wieder einmal »auf eine Art und Weise antwortete, die wir uns vorher im Kopf gar nicht ausdenken können, was nachher oft als Wunder deklariert wird«. Eine ältere Dame, der sie auf einem von Annette Kaisers Seminaren begegnete und die wusste, dass sie bald sterben würde, hatte sie angesprochen und gebeten, ihr dabei zu helfen, ihre Gedichte zu ordnen, um sie zu veröffentlichen. Sie sagte zu, die ältere Dame wurde rasch zu einer Freundin und die Wochen bei ihr wurden immer mehr eine Begleitung auf ihrem *Heimweg*. So änderte die Freundin schließlich einen Teil ihres Testaments und vermachte dem Sohn von Anna Platsch eine Summe, mit der für die nächste Zeit die Finanzierung des Internats gesichert war. »Hätte sich das jemand ausdenken können? Planen? Das Leben will uns gut«, sagt Anna Platsch. »Zu früh zu sagen, *das geht nicht*, verschließt die Tore des Lebens, dessen Geheimnisse und Möglichkeiten um so vieles größer sind als unsere Vorstellungswelt, die ja geprägt ist von unseren bisherigen Erfahrungen und Konditionierungen.«

Ihr Sohn ist im Internat gut untergebracht, ihr Mann arbeitet in seiner neuen Arztpraxis, sie selbst in der Frauenberatungsstelle, die sie eröffnet hat, hält Seminare und Vorträge, parallel dazu rückt das Schreiben immer mehr in den Vordergrund – und es wird öffentlich. Sie verfasst Bücher, auch zusammen mit Annette Kaiser, der spirituellen Leiterin der *Windschnur*, und leitet in den unterschiedlichsten Seminarhäusern kreative Schreibwerkstätten, in denen mehrere Stunden am Tag gemeinsam geschrieben und meditiert wird. Die Menschen, die zu diesen Kursen kamen, stammten aus verschiedensten Berufen, allen Altersstufen und erhofften sich durch das Schreiben in der Gruppe Ermutigung auf allen Ebenen.

So ruhig und gleichmäßig die Jahre damals zunächst auch scheinen, umso stärker nimmt Anna Platsch die Zeichen wahr, die Veränderungen vorausgehen und die sich auf einmal in ihrem Leben vermehrt zeigten. Wie die Ungeduld, die sie plötzlich im Umgang mit den Menschen, die ihre Beratungsstelle aufsuchten, spürte. »Als mir diese Ungeduld bewusst wurde, schrillten bei mir die Alarmglocken«, erinnert sie sich. »Ungeduld ist für mich ein Zeichen dafür, dass die Leidenschaft nicht mehr da ist. Damals hatte sich meine Richtung ganz klar zum Schreiben hin verschoben. Das war der Punkt, an dem ich mich entschied, ganz dem Weg des Schreibens zu folgen und die Beratungsstelle aufzugeben.«

Ihre ersten Textfassungen schreibt sie auch heute noch ganz klassisch mit Stift auf Papier – »die Verbindung vom Herz zur Hand ist dadurch einfach direkter«. Das Wort besitzt für Anna Platsch eine sehr starke Kraft. Eine Kraft, die Kriege anzetteln und Frieden stiften kann, die Befehle geben und Herzen berühren kann. »Das Wort steht für mich genau auf der Schwelle von Ungeschaffenem und Form. In vielen Schöpfungsmythen wird davon erzählt – so heißt es in der Bibel *Am Anfang war das Wort* oder im Koran *Er sprach: Es sei! und es ward*. Für mich wohnt dem Wort eine Urknall-Essenz inne. Ein Mantra, von einem wirklichen Lehrer gegeben, hat große Transformationskraft; in jedem Ritual spielt das Wort eine Rolle.« Sie ist davon überzeugt, dass es in einer Zeit der Transformation, in der wir uns gerade befinden, in allen Lebensbereichen eine neue Sprache braucht. »Eine Sprache, die sich aus den scharfen Polarisierungen von Gut und Böse, Richtig und Falsch, Müssen und Dürfen in ein gewandeltes Bild vom Menschen bewegt, im Ahnen und Bewusstsein um seine wahre Wesensnatur und der tiefen Freude, die das Menschsein ausmacht.«

Das Wort aus der Stille –
vor allem ein freies Wort.
Ein Wort, das alles Gelernte hinter sich wirft.
Eines, das lacht, wenn es lacht, auch wenn alle weinen.
Eines, das sich aufrichtet an den glatten Mauern innerer Grenzen
und sich hinüber schwingt, kühn und gleichmäßig zitternd,
still.
Weit.
Verliebt ins Detail und hingegeben dem großen Bogen,
einzigartig, schwingend und alle Sinne durchdringend,
fern von heiligen Bildern und heilig in jedem Atemzug.

Lächelnd in jeder Zelle, sich heiter teilend,
locker im Geschmack der Ewigkeit und blitzend –
jetzt.
Mich umfangend, dich streifend, uns beide bindend, nicht
unterscheidend,
in milder Ungebundenheit.
Wirbelnd um sich selbst alles umfassend.
Welch ein Wort.
Nie zu finden.
Überall.

Das Schreiben ist für sie »ein Fahrzeug, mich selbst kennenzulernen und das Geheimnis hinter allem zu erfahren«. Und
zugleich das Element, wie sich durch die Form ihrer Person
das Göttliche in der Welt ausdrückt. Etwas, das sie in kreativen
Schreibwerkstätten und in ihrem Buch *Schreiben als Weg* weitergibt. Es ist ein Weg, der tief hineinführt in die eigene Stille und
das Nicht-Nennbare. Dorthin, wo nicht mehr das *Ich* schreibt,
sondern das *Es*. Und so geht es auch in ihren Schreibwerkstätten und Schreibretreats heute immer um das Schreiben aus der
Stille. Bereits mit den Orten der Kurse, die beispielsweise in
Klöstern oder spirituellen Seminarhäusern stattfinden, gibt sie
klare Zeichen, in welche Richtung das Schreiben geht und aus
welcher Quelle es sich speist. Selbst schreiben und Schreibwerkstätten leiten, ist für Anna Platsch Freude pur: »Das Schreiben
ist mir große Freude, auch wenn es manchmal harte Arbeit ist.
Die Rückmeldungen zu hören, wenn ein Buch das Herz berührt
hat – was gibt es Schöneres? Und in den Schreibwerkstätten ist
es so eine Freude zu erleben, welch dichtes Feld sich bildet,
wenn Menschen gemeinsam schreiben. Wie sie aufblühen, wie
ich selbst durch die Schönheit der Texte und das Sich-Öffnen
der Menschen beschenkt werde. Wie es in der gemeinsamen
Meditation immer stiller wird.«

Berauscht im verschneiten Winterzelt
habe ich mit euch die Wörter
aus dem Herzensbrunnen geschöpft.

Bin brennendem Leben,
dem Wein,

und jungem Gemüse
in Süße
begegnet.
Habe Weisheit geküsst,
das Licht der Stille getrunken
und oft mein Haupt gesenkt
im großen Kreis der Dankbarkeit.

Ich ehre euch in meinem Herzen.

Die Form der Texte, die sie schreibt, ist dabei ganz unterschiedlich, doch eine gewisse Poesie ist allen inne. Der Wunsch hinter jedem Text: Das Herz des Lesenden zu berühren – »vielleicht mag es sich beim Lesen öffnen«. Und so gibt sie auch in ihren Schreibwerkstätten keine Formen vor. »Ich gehe davon aus, dass der Text im Menschen schon fertig angelegt ist. Wie weiß ich, welche Form er hat?«

Die Freude, die das Menschsein für sie ausmacht, war neben der Sehnsucht schon immer ein weiterer Leitstern auf ihrem Lebensweg. »Meine Reisen für das Buch *Offenes Siegel* – dass ich da mit meinem Stift durch die Welt fliege, Menschen begegne, sie mir erzählen. Ich mit diesem Stift in der Hand durch Türen komme, die mir sonst verschlossen gewesen wären – pure Freude. Aber viele, viele Freuden sind klein, sind diese Schritte im alltäglichen Leben, wenn es sich so ganz in seiner Authentizität schmecken lässt. Ein spirituelles Leben heißt ja nicht, dass man irgendwie ist, sondern endlich ganz man selbst – eine größere Freude kenne ich nicht. Aber sie nähert sich natürlich in kleinen Schritten – zumindest bei mir.« Und dann gibt es da auch noch die Freude hinter der Freude, die völlig unabhängig vom äußeren Geschehen ist. »Größte Freude. Der kann ich auch nicht *folgen* – sie ist ohne Richtung, sie ist unendlich weiter Raum.«

Sie weiß, dass auf sich zu hören, sich auf das Innerste zu beziehen und es in Handlung zu geben, von außen betrachtet oft aussieht wie Mut. Innen habe sie es jedoch oft als unausweichliche Notwendigkeit erlebt. »Ich hatte gar keine andere Wahl.« Doch sei diese Notwendigkeit stets mit einer Herzens-Freude einhergegangen. »Die Freude ist eine gute Führerin«, sagt Anna Platsch, die das Leben als sich spiralförmig entwickelnd erlebt.

Und immer in Wandlung begriffen, einer Wandlung, die ohne jede Trennung in das Gewebe des Lebens eingewoben ist.

Während sie sich zu Anfang ihrer Zeit in der *Windschnur* nur nebenbei um die Organisation der Seminare kümmerte, die in dem Zentrum stattfanden, wandelte sich diese Tätigkeit mit den Jahren immer mehr von einer Neben- zur Haupttätigkeit. Irgendwann hatte sie dann schließlich die Leitung der *Windschnur* vor Ort inne. Solange, bis sie irgendwann spürte: Es ist nicht mehr stimmig. Zu viel ihrer Kraft ging in die Seminarorganisation – eine Tätigkeit, die nie in ihren Visionen oder Träumen vorkam. Zu wenig Freiraum blieb übrig für Kreativität und die Verwirklichung ihrer eigenen Träume. Und die Freude schwand immer mehr in dieser Zeit. Sie spürte, dass sich etwas ändern musste.

Nach zwölf Jahren entscheidet sie sich 2007 zusammen mit ihrem Mann, das Zentrum wieder zu verlassen. Die beiden ziehen in ein Haus, in dem sie nun seit sechs Jahren, nur wenige Kilometer von dort entfernt, wohnen. »Ich habe unglaublich gerne in der *Windschnur* gelebt. Rückblickend kann ich sagen, dass ich viel hineingegeben und unendlich viel bekommen habe. Doch am Ende hatte ich mich in den Lebenspfaden der anderen verloren. Ich brauchte wieder die Ausrichtung auf meinen eigenen Lebenspfad und Raum für meine eigene Kreativität, mein authentisches Leben«.

Ihre Arbeit und ihr Leben sind schon seit Langem untrennbar eins geworden. »Beides in einem ist zutiefst der dramatischen Situation unserer Zeit gewidmet. Sprache, die aus der großen – inneren – Stille aufsteigt, hat Wandlungskraft und ist tiefe Friedensarbeit«, sagt Anna Platsch, der es inzwischen in ihrem Engagement vor allem um eine transkonfessionelle, zeitgemäße Spiritualität geht, darum, die verbindende Essenz zu sehen, die allem innewohnt. Abseits dieses Anliegens und der Suche nach einem Ausgleich des Männlichen und Weiblichen in der Welt und in der Spiritualität, abseits des Anliegens, die Spiritualität als zur Welt gehörig zu sehen und ganz in der *einen* Welt zu leben, fühlt sie sich bis heute in einem Punkt als ganz traditionelle Sufi: »Viele Menschen kennen unter dem Begriff Sufi nur die Turbanträger oder die tanzenden Derwische. Doch es gibt auch die stillen Sufis. Die, die früher oft im Verborgenen gearbeitet haben, beispielsweise als Handwerker im Basar. Die

Menschen kamen zu ihnen, vielleicht zu einem Schuster, um sich ihre Schuhe reparieren zu lassen. Manche aber, die sehen konnten und die Sehnsucht hatten, kamen um des Geheimnisses willen. Sie wussten, dass der Duft des Leders, der Leim, die Sohlen, nur das Vehikel waren. In diesem Sinne bin ich im Basar der Welt mit meinem Schreiben und den Schreibwerkstätten eine ganz traditionelle Sufi – um des zeitlosen, ewigen Geheimnisses willen.«

Mit Ende 20 hatte **Anna Platsch** (Jahrgang 1949) alles – Karriere, einen Mann, den sie liebte, Geld. Doch das Kartenhaus stürzte jäh in sich zusammen, als sie merkte: Das ist es nicht. Die Sehnsucht, die sie schon seit Jahren in sich trug, wurde durch all das Äußere nicht gestillt. Es war eben jene Sehnsucht, die ihre Suche weiter antrieb und sie schließlich auf den Weg der Sufis führte – zunächst zu ihrem Lehrer Salah Eid, später zu ihrer Lehrerin Irina Tweedie. Heute lebt sie zusammen mit ihrem zweiten Mann im Chiemgau und arbeitet als Autorin und Leiterin von kreativen Schreibwerkstätten.
www.annaplatsch.de

»Schaue links und rechts von deinem Weg, ob dort Freudeblumen wachsen. Wenn nicht, dreh' unverzüglich um und suche
diesen Weg.«

Jwala Gamper –
Das Leben hat immer recht

Konzentriert wandert Jwala Gampers Blick über das Papier, während ihre Hand mit geübten Bewegungen das Wort *Danke* schreibt. Der Pinsel mit schwarzer Tusche huscht von links nach rechts, die Buchstaben fügen sich mühelos aneinander. Dankbarkeit erfüllt jede Zelle der spirituellen Künstlerin, während sie hier, mitten in der Nacht, in ihrem Atelier im *Claudiaschlössl* sitzt und eines ihrer *Signs* schreibt.

Signs, eine Wortschöpfung aus dem englischen Wort *Sign* (Zeichen) und dem deutschen Wort *Sein*. *Signs*, so sagt Jwala Gamper, sind essenzielle Botschaften des Seins, hervorgebracht in einem schöpferisch-kreativen Akt, die uns an unser eigenes Licht, unseren Wesenskern erinnern und unsere Seele berühren. Worte wie *Danke, Freude, Stille*. Oder auch Sätze wie *Ich vertraue dem Himmel, der mich trägt, Alles ist gut* oder *Ich bin ein Meister, der übt* – geschrieben in einer Kalligraphie, die sie selbst entwickelt hat.

Signs sind der authentische Ausdruck ihres Lebens und es hat viele Jahre gedauert, bis sie ihn gefunden hat. Mehr als zwei Jahrzehnte einer Suche, die oft eine Übung in Geduld war: »Ich habe immer fest daran geglaubt, dass sich das Eigene irgendwann zeigen wird«, sagt Jwala Gamper, deren Vorname aus dem Sanskrit kommt, Flamme bedeutet und *Dschwala* gesprochen wird. Manchmal wurde sie ungeduldig und fragte sich, wie lange es denn noch dauern würde. Doch der feste Glaube, dass es so sein wird, hat sie all die Jahre nie verlassen. Denn sie wusste: »Die Bedeutung des Namens Jwala schickt mich auf eine Reise – auf die Suche nach meinem inneren Licht.« Die Flamme habe all die Jahre in ihr gebrannt. »Oft war sie sehr klein, doch ich habe geschaut, dass sie nie ausgeht«, sagt sie. Heute habe sie das Gefühl, »mitten in meinem Licht zu stehen und zu strahlen«.

Ein Strahlen, das sich in jeder Begegnung mit ihr zeigt, das mitreißt und nicht selten ein Strahlen auf das Gesicht ihres Gegenübers zaubert. Jwala Gamper lebt ganz im Jetzt, und ist dabei meist »in Liebe, in Freude, in tiefer Dankbarkeit, grenzenlosem Frieden und in Stille«. Sie lebt das, was sie in ihren *Signs* zum Ausdruck bringt. Diese Stimmigkeit ist wohl das Geheimnis der Wirkung ihrer *Signs*.

Signs sind nicht nur authentischer Ausdruck ihres Lebens, sie sind zugleich auch ihr beruflicher Ausdruck. *Signs by Jwala* heißt die Marke, die Jwala Gamper kreiert hat, die als Schriftkünstlerin auch eine erfolgreiche Unternehmerin ist. Die »Einsichten aus meinem Leben« und die »Texte von mir, die unmittelbar ins *Sein* führen«, zieren heute viele verschiedene Produkte – von Badetüchern über Sign-Schmuck, Gläser, Kuscheldecken und Laptophüllen bis hin zu Kerzen, Karten, Büchern und Textilien. Eines davon, das sie selbst auch als T-Shirt trägt, bringt die Freude und Dankbarkeit über das, was sie am Ende dieser langen Suche gefunden hat, besonders gut zum Ausdruck: *Ich bin die, auf die ich so lange gewartet habe.*

Geboren wurde Jwala Gamper 1959, mit sechs Geschwistern wächst sie in der Nähe von Bingen auf. Getauft auf den Namen Gisela, legte sie diesen vor 30 Jahren ab, als er ihr so fremd geworden war, dass sie sich nicht mehr mit ihm identifizieren konnte. Jwala wurde fortan ihr neuer Ruf- und Künstlername.

Während ihre Brüder auf Wunsch der Eltern das Abitur machten und anschließend einen bodenständigen Beruf erlernten, wurde die Berufswahl der Tochter eher in Richtung Haushalt und Erziehung gelenkt. Es waren die 1970er-Jahre. Ihre Eltern gingen davon aus, dass sie später einmal heiraten und dann den Haushalt führen würde. Ihre Tochter entschied sich dafür, Erzieherin zu werden. Sie selbst sei als Kind sehr verträumt und verspielt gewesen – ein Wesenszug, den sie auch als Heranwachsende nicht verlor – und hatte erlebt, dass sie im Zusammensein mit Kindern sie selbst sein durfte und so akzeptiert wurde, wie sie war.

Nach ihrem Hauptschulabschluss machte sie die mittlere Reife, die sie brauchte, um Erzieherin zu werden. Sie schloss die Ausbildung ab und zugleich wurde eine Sehnsucht immer lauter, die seit einiger Zeit anklopfte. »Ich habe gespürt, dass mich das Leben ruft«, erzählt sie. Ein Leben, das größer ist, als das von ihr bis dahin erträumte. Soviel war ihr klar. Gleichwohl hatte sie keine Vorstellung davon, wohin es sie zog; sie spürte nur die immense Kraft, die zog. Eine Kraft, die sie heute als eine »ungeheure Sehnsucht nach einer ehrlicheren, liebevolleren, schöneren Welt« bezeichnet. Diese Sehnsucht entsprang jedoch keineswegs aus einem Mangel. Ihr Elternhaus sei liebevoll und schön gewesen. Aber sie wusste tief in ihrem Inneren, »dass es da draußen etwas gibt, was von mir gefunden werden will. Vielleicht ist es die gleiche Kraft, die einen jungen Vogel dazu bringt, aus dem Nest zu springen, um zu fliegen?«. Noch etwas wurde ihr nach Abschluss der Ausbildung klar: Dass sie unbewusst auf der Suche nach ihrem eigenen inneren Kind und nach Heilung gewesen war und eigentlich gar nicht unbedingt als Erzieherin arbeiten wollte.

»Aus dem Nest zu springen und zu fliegen«, bedeutete damals für Jwala Gamper zu studieren. Am liebsten Bildende Kunst oder Psychologie. Aber dafür musste sie zunächst das Abitur nachholen. Sie geht also weiter zur Schule und entdeckt parallel die Lust, ihr Leben selbst zu gestalten. Und zwar anders, als sie es bisher kannte. Mit 18 zieht sie von Zuhause aus – ohne den Segen ihrer Eltern. Das hat sie sehr erschüttert, doch sie ließ sich nicht davon abhalten, aus dem Nest zu fliegen und ihrem Weg zu folgen. Mit im Gepäck trug die junge Frau auch die unkonkrete Sehnsucht, die sie nun schon einige Jahre lang begleitete.

Ihre neue Dachwohnung in Mainz ist eng, es fällt kaum Licht durch die winzigen Fenster, die Dusche ist im Flur und das Wasser so gut wie immer kalt. Doch ihr Freund – mit dem sie die Wohnung teilt – und sie gestalten sie einladend und gemütlich – noch heute macht der Künstlerin das Einrichten von Räumen besonders viel Freude. Sie hat das Nest also verlassen, aber es ist nicht alles rosig in ihrer neuen Welt. Ihr fehlen die vertraute Umgebung, ihre Eltern und Geschwister sowie die Unterstützung ihrer Familie. Sie fühlt sich manchmal einsam, doch selbst in schwierigen Momenten denkt sie nicht daran, wieder zu den Eltern zurückzuziehen. Denn sie weiß: »Das hier muss ich jetzt alleine durchstehen.«

Kraft gegeben in dieser Zeit hat ihr vermutlich auch die Erinnerung an ihren Urlaub auf Kreta ein Jahr zuvor. Der ursprüngliche Plan bei dieser Reise war es gewesen, gemeinsam mit einer Freundin sechs Wochen lang herumzufahren und die Insel zu erkunden. Aber das Leben hatte anderes im Sinn mit ihr. Als sie einen Strand entdeckt, an dem jeder unter einem eigenen Baum lebt, der sich über ihn wölbt wie ein schützendes Dach, beschließt sie: *Hier will ich bleiben.* Damit ist klar, dass sich die Wege der beiden Freundinnen für die kommenden Wochen trennen werden. Ihre Freundin reist weiter, Jwala Gamper selbst bleibt am Strand zurück und lebt die verbleibenden Wochen unter einem Baum mit Blick auf das Meer. Eine Erfahrung, die sie prägte und veränderte. Wie stark, ist auf zwei Fotos dokumentiert – eines vor und eines nach dem Urlaub aufgenommen: »Auf dem ersten Foto bin ich noch sehr gestylt, auf dem zweiten ist es, als hätte ich mich komplett gewandelt. Ganz entspannt und natürlich sitze ich auf dem Sofa und es sieht aus, als sei ich endlich mitten im Leben gelandet.«

Ein Leben auf einer Insel, das dem in einer Hippiekommune ähnelte und das die Tochter aus einer Großfamilie mit dem All-Eins-Sein in Berührung brachte. »Ich war damals zum ersten Mal längere Zeit allein und in Stille. Ich habe viel meditiert unter meinem Baum ohne zu wissen, dass es sich dabei um Meditation handelt«, erinnert sie sich. Und noch eine Erfahrung nahm sie mit aus Kreta. Dort erfährt sie zum ersten Mal, was es heißt, ohne Angst zu leben. Ob Schlangen oder Taschendiebe – sie hatte einfach keine Angst, dort am Strand von Kreta.

Aber nun lebt sie in Mainz, in der Zweier-WG, und beginnt wie geplant, sich auf das Abitur vorzubereiten, dem Schlüssel zu ihrem Traum vom Studieren. Das Lernen fällt ihr jedoch schwer, der Unterrichtsinhalt interessiert sie oft nicht, vermutlich ist ihr Herz nicht wirklich dabei. Dieses wird unverhofft von etwas ganz anderem angesprochen. Es ist ein Satz von Osho, dem indischen Philosophieprofessor und Begründer der Neo-Sannyas-Bewegung, der den bislang größten Wendepunkt auf ihrem Weg auslöst. Er lautet *Ich bin gekommen, um euch zu verwirren* und steht auf einem Bild, das den Mystiker zeigt und im Zimmer des Bruders einer Freundin hängt, der gerade aus Indien zurückgekehrt ist. Als Jwala Gamper diesen Satz liest, weiß sie, *ja, das ist es* und hat zugleich ihren Lehrer und Meister gefunden – ohne jemals nach ihm gesucht zu haben. Was sie an diesem Satz so tief berührt hat? »Es war der enorme Widerspruch zwischen *um euch zu verwirren* und der unbeschreiblichen Klarheit, die aus den Augen dieses Mannes direkt mein Herz berührte. Mir wurde augenblicklich klar: Nichts verwirrt mich. Im Gegenteil. Mein Wesen wusste, ich bin angekommen.«

Sie erklärt in der Folge dem Direktor des Gymnasiums und ihren Eltern, dass ab sofort *das Leben* ihr einziger Lehrer sei und verlässt das Kolleg und damit ihr altes Leben mit den Plänen von Abitur und Studium. Ein weiterer Schritt, den ihre Eltern nicht verstehen konnten.

Sie war durchdrungen von dem Wunsch, mehr über den Mann auf dem Bild zu erfahren, dessen Satz ihr Leben so grundlegend auf den Kopf gestellt und gleichzeitig eine nie zuvor gekannte Ordnung in ihrem Inneren geschaffen hatte. »All die Zeit war da ja diese Sehnsucht gewesen. Ich wusste, meine Seele ist auf der Suche, aber ich wusste lange nicht wonach. Osho hat mich aus diesem Chaos herausgeholt«, ist sich Jwala Gamper heute sicher.

In einer Studentenkneipe in Mainz trifft sich Ende der 1970er Jahre regelmäßig eine Gruppe von Sannyasins, wie die Schüler von Osho genannt werden. Es ist eine Gruppe aus Menschen mit strahlenden Gesichtern, gekleidet in leuchtend orangefarbener Kleidung. Menschen, die sich umarmen, sich berühren und zwischen denen eine unglaubliche Liebe zu fließen scheint. »Diese Menschen haben mich damals angezogen wie das Licht eine Motte«. Sie wollte dazugehören, wusste aber nicht, wie sie das anstellen sollte. Es ist Jörg, ein Sannyasin aus der Mainzer Gruppe, der sich in sie verliebt und später ihr fester Freund werden soll, der ihr den Weg in diese Gruppe öffnet. Sie beginnt Bücher von Osho zu lesen und was sie darin liest, ist immer wieder wie eine Offenbarung für sie: »Ich merkte, da sagt jemand genau das, was ich fühle. Es war wie ein Volltreffer.«

In dieser Zeit jobbt sie bei der Post für ihren Lebensunterhalt und zieht mit Jörg zusammen. Die Beziehung ist intensiv und herausfordernd. Beide sind davon durchdrungen, die Tiefe des Lebens erforschen zu wollen. Diese ernsthafte Suche war für die beiden jungen Leute jedoch alles andere als leicht. Ihre Wege trennen sich, als Jörg für unbestimmte Zeit nach Südfrankreich aufbricht und Jwala Gamper daraufhin ihren Job kündigt und sich in den Zug setzt, um auf eine griechische Insel zu fahren. Sie landet schließlich auf Naxos und lebt, wie einst auf Kreta, nun wieder unter einem Baum am Strand. Hier lernt sie einen Mann kennen, der sein Geld mit Schmuck verdient und ihr zeigt, wie sie selbst aus Muscheln und Draht Schmuck herstellen kann, um diesen am Strand zu verkaufen.

»An meinem zwanzigsten Geburtstag überkam mich plötzlich die Sehnsucht, mit Jörg zu sprechen«, erzählt sie. Also ruft sie ihn an. Zwei Tage später ist er bei ihr auf Naxos. Sie setzen ihre Beziehung fort und beschließen, eine Familie zu gründen. Ihr Traum ist, später auf Naxos ein Haus zu bauen und dort als Familie zu leben – doch das Leben hat einmal mehr etwas anderes mit ihr vor.

Wieder zurück in Deutschland beginnt eine harte Zeit für Jwala Gamper. Sie ist schwanger, lebt mit ihrem Freund bei dessen Mutter, da die beiden keine eigene Wohnung finden konnten. Sie hat keinen Job und Jörg ist beruflich meistens im Ausland. Zudem weigern sich ihre Eltern, die Tochter mit dem unehelichen Enkelkind im Bauch zu unterstützen. Eine Belastung auch für die Liebesbeziehung. Erst drei Wochen vor der Geburt des Babys gelingt es ihr, zwei Zimmer in einer Wohngemeinschaft zu finden.

Als Lena 1982 zur Welt kommt, ist die Beziehung zwischen Mutter und Kind von Anfang an sehr eng. »Muttersein war das Größte für mich. Ich habe unglaublich viel von Lena lernen dürfen. Sie war immer absolut in ihrer Mitte und dabei so natürlich. Das hat mich sehr beeindruckt.«

So glücklich sie mit dem Kind ist, die Beziehung zu dessen Vater ist letztlich nicht mehr zu retten. Lena ist ein Jahr alt, als ihre Eltern sich trennen. Jwala Gamper zieht Lena fortan alleine groß, lebt von Sozialhilfe und muss ihre Tochter und sich irgendwie über Wasser halten. Wie immer, wenn es auf dem einen Weg nicht weiterging, hat sie aber auch dieses Mal geschaut, welchen Weg sie stattdessen nehmen könnte. Einen neuen *Freudeblumen-Weg*, wie sie ihren Weg bezeichnet. »Es ist der Weg, an dessen Rand Freudeblumen wachsen. Diese im Auge zu behalten und – falls diese Freudeblumen einmal weniger werden oder sogar ganz verschwinden – sofort und auf der Stelle einen neuen *Freudeblumen-Weg* zu suchen, das heißt für mich, dem eigenen Herzensweg zu folgen«, sagt Jwala Gamper, die sich selbst auch *Freudeblumengärtnerin* nennt.

Die junge Mutter beschließt, voll und ganz die Verantwortung für sich und ihre kleine Tochter zu übernehmen und entwickelt in diesen Jahren ein existentielles Vertrauen in das Leben. Von dem Geld, das sie nach ihrem Umzug nach Wiesbaden in unterschiedlichen Firmen durch Marktforschung verdient, kann sie nicht nur sich und ihre kleine Tochter ernähren, sondern sich auch Reisen nach Amerika und Indien leisten, um dort Diskurse von Osho zu hören und Land und Leute kennenzulernen.

Jahre sind ins Land gegangen, als sich ein neuer Wendepunkt abzeichnet. Die nunmehr fast 30-Jährige ist zwischenzeitlich mit Lena von Wiesbaden in eine Münchner Wohngemeinschaft gezogen. Am 25. Februar 1989 – ein Tag, der sich in ihr Herz gebrannt hat – sitzt sie wie jeden Morgen in der Küche, nachdem sie ihre Tochter in die Schule gebracht hat. Gleichwohl ist es ein besonderer Tag: Ein österreichischer Unternehmensberater wurde von der Wohngemeinschaft eingeladen, ein Seminar über zukünftige Marktentwicklungen und Chancen, die sich daraus ergeben, zu halten.

Er trifft kurz vor neun Uhr ein und setzt sich zu ihr in die Küche, was Jwala Gamper jedoch erst einmal gar nicht behagt. »Ich mag es, morgens meine Ruhe zu haben und da kommt er an und setzt sich einfach neben mich.« Ein schlechter Anfang für eine Liebesbeziehung, ebenso wie der Witz über Wiener, den sie ihm dann am Küchentisch erzählt. Vielleicht ja aus Verlegenheit. Denn sie spürt im Grunde sofort, dass irgendetwas, was sie sich nicht erklären kann, sie zu diesem Mann – Karl – hinzieht, der kurz darauf im Wohnzimmer verschwindet, um das Seminar zu starten.

Nachdem er die Zimmertür geschlossen hat, möchte sie unbedingt weiter in seiner Nähe sein. Aber sie ist keine der Seminarteilnehmerinnen. Was also tun? »Ich fing an, die Blumen im Wohnzimmer zu gießen. Als ich schon die dritte Runde gedreht hatte und das Wasser zentimeterhoch in den Untertöpfen stand, wusste ich, ich muss mir etwas anderes einfallen lassen. Ich habe mich dann zu den Seminarteilnehmern gesetzt und gesagt, dass ich nur ein bisschen zuhören möchte.« Was dann geschah, war außergewöhnlich. »Es war eine geradezu magische Anziehung zwischen uns beiden. Es war richtig heftig. Ein spürbarer Magnetismus. Er sprach nur noch zu mir, als wären wir ganz alleine. Irgendwann bin ich rausgegangen, es wurde mir einfach zu heiß«, erinnert sie sich an den Morgen, der ihrem Leben seine heutige Richtung gab.

Als sich Karl am späten Nachmittag von ihr verabschiedet, umarmt sie ihn, und während sie dies tut, bricht sie augenblicklich in Tränen aus: »In mir sagte eine Stimme, du bist angekommen. Das hat mich schier überwältigt.« Karl fährt nach dem Seminar wieder zurück nach Österreich, bereut, kaum zuhause gelandet, sich von ihr überhaupt getrennt zu haben. Sie telefonieren stundenlang und verabreden sich gleich für den nächsten Tag. Ihre beiden Kinder – sieben und acht Jahre alt – sind nach dem ersten gemeinsamen Treffen unzertrennlich – und Jwala und Karl Gamper ebenfalls.

Charakterisiert sie heute ihre bald 25 Jahre andauernde Beziehung, so fallen immer wieder Worte wie *Seelenpartner* oder *ko-kreatives Paar*. »Karl liebt es, forschend immer tiefere Schichten des Lebens auszuloten, ich bin mehr intuitiv und erfasse Zusammenhänge ganzheitlich. Wir ergänzen uns in vielem wunderbar und sind stets die ersten Ansprechpartner für einander.« Mehr noch: Bis heute umarmen sie sich jeden Tag mehrmals, pflegen bewusst ihre Liebe, sind dankbar für einander und ihre Seelenpartnerschaft.

Nach kurzer Zeit ziehen sie zusammen in Tirol in ein schönes Haus und heiraten einige Jahre später. Er arbeitet als selbstständiger Unternehmensberater mit Schwerpunkt strategische Visionsarbeit und Neue Wirtschaft, sie managt Haushalt und Familie, unterstützt ihren Mann und hält ihm den Rücken frei. Obwohl sie die tradierte Rollenaufteilung leben, sind sie in ihrem Denken und Sein, in ihrem Inneren unkonventionell. Und sie haben Träume und die Vision, als Paar für eine neue, menschlichere Zukunft einzutreten.

Die Basis dafür ist in den ersten zwölf Jahren ihrer Partnerschaft entstanden. In jener Zeit, als die beiden jahrelange gemeinsame Ausbildungen machten zu Themen wie transpersonale Psychologie und Therapie, essentielle Ritual- und Energiearbeit und multidimensionale Bewusstseinsschulung. Sie erwarben, wie sie sagen, dabei die Kompetenz, im Bewusstsein zu navigieren und von dort aus bewusst zu handeln. In diesen Jahren entwickelten sie Workshops für eine pragmatische Spiritualität und meinen damit eine im Alltag anwendbare Spiritualität, die das Leben grundlegend leichter und erfolgreicher macht.

Die beiden beginnen, einen Platz zu suchen, an dem sie ihre Träume verwirklichen können, bevorzugt in Tirol. Einen Ort, an dem sie arbeiten und gleichzeitig leben können. Statt Immobilienanzeigen zu lesen, fokussieren sie ihre Aufmerksamkeit, erzählen Freunden von ihrer Suche, und machen Fotos von allen Häusern, die ihnen gefallen. »Der Stil war immer gleich. Es waren alles große Villen, alle mit altem Baumbestand. Und wir wussten, wir wollen die Kraft des gefühlten, fokussierten Gedankens nutzen.«

Es ist schließlich ein Freund, der sie anruft und vorschlägt, sich das *Claudiaschlössl* in Kramsach anzuschauen, ein altes Jagdschloss mit denkmalgeschütztem Bauernhaus und vielen alten Bäumen inmitten eines parkähnlichen Geländes. Er selbst habe Jwala Gamper in einer Vision im Garten dieses Hauses stehen sehen. Allerdings sei das Objekt nicht zu verkaufen, sondern nur zu mieten. Doch als Jwala Gamper es zum ersten Mal sieht, spielt dies keine Rolle mehr. Sie selbst hatte ebenfalls einige Zeit zuvor eine Vision und erkennt Haus und Umgebung wieder. Sie war es auch, die bei der Besichtigung ihrem Mann ins Ohr flüsterte:»Das ist es! Das nehmen wir.« Er hingegen war»innerlich zerrissen«, wusste als Betriebswirt, dass sich das Projekt nicht rechnet, und doch folgten sie beide dem Ruf des Herzens.

Seit 2000 leben die beiden nun dort. Das *Claudiaschlössl* ist Lebens-, Arbeits- und Urlaubsort für sie und andere Menschen geworden. Das ehemalige Bauernhaus haben die Visionäre inzwischen in ein Gästehaus umgewandelt, im Schlössl selbst leben und arbeiten sie. Die kleine, angrenzende Sommerhütte – die sie sich kreativ gestalten – dient als Raum für Auszeiten und Rückzug.»In meiner Umgebung brauche ich viel Raum, in dem sich meine Seele ausdehnen kann und der mir hilft, groß zu denken und zu handeln. Manchmal muss ich den Computer für einen Tag herunterfahren. Dann ziehe ich mich zurück in mein Schneckenhaus: Im Sommerhäusl ist die Welt ganz klein. Dort ruhe ich mich aus von den vielen, vielen Dingen, Themen, Aufgaben und Fäden in meinem Leben, die mich ständig mit der Außenwelt vernetzen«, sagt Jwala Gamper.

Denn sich mit anderen Menschen zu vernetzen, diese an ihr eigenes Licht zu erinnern und ein neues Wir zu pflegen, ist ihr heute wichtig.»Je lichtvoller, desto besser.« Sie ist achtsam, schaut, welche Gedanken sie denkt, wie deren Qualität ist und ob sie gut für sie und andere sind. Sie überprüft, ob sie verbunden ist»mit dem Größeren« und ob genügend *Freudeblumen* am Wegesrand wachsen. Zurückgelassen hat sie alles, was ihr und ihrer Umwelt nicht gut getan und ihre Seele nicht genährt hat, so zum Beispiel Fernsehen, Tageszeitungen und Situationen, die Stress auslösen. Hinzugekommen sind Gelassenheit,

Vertrauen, mehr Liebe und Selbstliebe sowie wesentlich mehr Kreativität. »Mein innerer Kompass ist auf Freude ausgerichtet, die sich in vielen Farben und Formen zeigt«, sagt sie. In ihrem Verständnis ist das Leben ein Fest, das sie voller Dankbarkeit und Freude feiert.

Das *Claudiaschlössl* ist für Jwala Gamper ein Kraftplatz. Es ist der Ort, an dem sie ihre *Signs* gefunden hat. Es ist aber auch der Ort, an dem sie und ihr Mann durch die dunkle Nacht der Seele gingen. Denn die beiden haben aus eigenen Mitteln das Anwesen von Grund auf saniert und dafür einen beachtlichen Kredit aufgenommen. Aber die dadurch entstandene finanzielle Belastung drohte in den Anfangsjahren ihren Traum zum Platzen zu bringen. Es folgte eine jahrelange existenzielle Prüfung, die sie gemeinsam bestanden. Die Umstände forderten sie heraus, all das anzuwenden, was sie gelernt hatten. »Über Monate hing das Sign *Im Vertrauen üben* bei uns an der Wand. Es war genau das, worum es in all den Monaten ging. Damals haben Karl und ich verstanden, wie zerstörerisch es sein kann, wenn man in der Angst steckenbleibt und ihr nachgibt. In dieser Zeit haben wir gelernt: Freude und Angst können nicht im selben Raum miteinander existieren – und wir selbst können uns immer wieder bewusst an die Freude andocken«. Ihre Reise »vom Mangel in die Fülle, von der Angst in die Freude, von der Einzelanstrengung in ein Neues Wir« beschreibt das Paar in ihrem Buch *Karawane der Freude*, das den Untertitel *Wie aus Enge Weite wird* trägt.

Damit hat sich die Vision anders erfüllt, als die beiden ursprünglich dachten. Aus dem *Claudiaschlössl* wurde ein *Laboratorium NeuLand*, wie sie es nennen – ein Ort, der in ihren Augen als Beispiel steht für die Kraft der Manifestation, für die Kunst, Gedanken und Gefühle zu lenken und Träume auf den Boden zu bringen.

Mich meinen Träumen zu stellen heißt:

*Ihnen – meinen Träumen – in die Augen zu sehen
und diesem Blick standzuhalten,
bis sie nicht mehr anders können,*

als einfach wahr zu werden.

Wahr in ihrer eigenen Wahrheit.

Die herausfordernden Jahre haben bei Jwala Gamper die innere Entwicklung und ihr Wachstum enorm gefördert. Letztlich
ist daraus ihr beruflicher Ausdruck entstanden. Die Essenz ihrer Ausbildungen und des spirituellen Lebens, das sie seit vielen
Jahren führte, zeigte sich in Sätzen, die in wenigen Worten eine
Seelenbotschaft transportieren. In Sätzen, die wie Durchsagen
waren, die sie empfing. Sie begann zu schreiben und »immer öfter kamen all diese Worte und Botschaften durch mich hindurch«.
Schnell ergibt sich der Name *Signs* für jene essenziellen Botschaften, die Menschen im Innersten berühren können. In einem von Karl Gampers Seminaren zum Thema *Manifestation*
wagte sie sich 2004 zum ersten Mal damit in die Öffentlichkeit. Jwala Gamper, die schon zu Schulzeiten eine ausgeprägte

Handschrift und die japanische Kalligraphie Jahre zuvor gelernt hatte, schreibt mit Tusche und Pinsel *Signs* in leere Mappen, die als Begrüßungsgeschenke und als Notizbücher für die Seminarteilnehmer dienen. Am ersten Seminartag liegen die Mappen sorgfältig verschlossen auf den Plätzen der Teilnehmer, die eingeladen werden, sich von ihrer Mappe intuitiv *rufen* zu lassen. Dann kommt der spannende Moment: Alle öffnen gleichzeitig die Mappen und sehen ihre Botschaft. »Es war unglaublich. Zehn der 15 Teilnehmenden brachen augenblicklich in Tränen aus. Etwas tief in ihnen wurde berührt und statt der anfänglichen Unsicherheit machte sich eine feierliche Stimmung der Leichtigkeit und der Freude breit, die auch in den kommenden neun Tagen nicht mehr verschwinden sollte.«

Ihr wird in diesem Moment bewusst: Sie hat offenkundig ihren eigenen, ganz authentischen Ausdruck gefunden, mit dem sie zugleich die Herzen anderer berühren kann. Sie entwickelt die *Signs* weiter, arbeitet mit verschiedenen Materialien, verfeinert den Ausdruck und richtet sich im *Claudiaschlössl* ein Atelier mit vielfältigen Papieren und Tuschen ein.

Zunächst kommen die Botschaften nur in den Seminarmappen zum Einsatz. Dies ändert sich, als das Paar für einen Vortrag bei einer Bank, an dem 500 Unternehmer teilnehmen, Analogien zwischen Ballonfahren und Neuer Wirtschaft entwickeln. Am Ende des Vortrags sind *Ballon-Signs* zu sehen und zu hören. »Es war ein magischer Moment. Denn nach dieser Präsentation war es absolut still im Raum, sekundenlang, bis plötzlich ein frenetischer Applaus losbrach.« Eine Zuhörerin kommt zu Karl Gamper und sagt: »Durch Ihren Vortrag bekam ich eine Vorstellung von einer Neuen Wirtschaft. Durch die *Signs* Ihrer Frau habe ich verstanden – da!« – und legt die Hand auf ihr Herz. An diesem Abend beschließen die beiden, dass die *Signs* hinaus in die Welt sollen.

Jwala Gamper gestaltet ihr erstes Produkt, die *Sign-Mappe*. Nach wenigen Wochen ist die erste Auflage verkauft, heute ist sie ein Klassiker. Die folgenden Jahre sind von Wachstum geprägt, es entstehen verschiedenste Produkte mit *Signs* wie zum Beispiel ein Kartenset mit Botschaften wie *Alles ist gut* oder *Jeden Moment neu sein*, kombiniert mit vertiefenden Texten, den *Fingerzeigen*, die Jwala Gamper über die Jahre hinweg geschrieben hat. 2008 entwickelt sie einen Onlineshop, der kontinuierlich wächst.

Jwala Gamper geht es bei den *Sign*-Produkten auch um eine schöpferische Verbindung von Spiritualität und Wirtschaft. Durch ihre Arbeit und ihr Sein will die Schriftkünstlerin gemeinsam mit ihrem Mann dazu beitragen, einen der hartnäckigsten Glaubenssätze der spirituellen Szene aufzulösen. »Es gibt tief sitzende Überzeugungen, die eine Verbindung von Liebe und Wohlstand, von Spirit und Business, von Freude und Erfolg fast unmöglich machen. Das aufzulösen und in ein gut gelebtes und geglücktes Leben zu integrieren, halte ich für eine Aufgabe unserer Zeit.« Sie findet es wichtig, das Materielle nicht länger zu verdammen und Geld zu verpönen, sondern damit ins Reine zu kommen und Frieden zu schließen. »Wir müssen diese Widersprüche in uns auflösen, wenn wir unseren inneren Reichtum auch äußerlich sichtbar machen und damit in eine Balance bringen wollen.« So, wie sie es als Schriftkünstlerin und Unternehmerin nun seit Jahren beispielhaft vorlebt.

Sie bringt ihre Erkenntnisse auf ureigene Art in die Welt. Das macht sie heute aus. Doch die Samen für bestimmte Talente und Fähigkeiten seien in jedem angelegt. »Es liegt an uns, sie zu nähren, zu wässern, ihnen Aufmerksamkeit und Liebe zu schenken, damit wir zu Mitschöpfern unseres Lebens werden.«

Viele Jahre hat **Jwala Gamper** (Jahrgang 1959) nach ihrer beruflichen Erfüllung gesucht. Stets begleitete sie das Vertrauen darein, das Eigene irgendwann zu finden – auch wenn sie oftmals nicht erkennen konnte, wohin die Reise gehen und welches Bild sich zeigen wird. Es ist ihr rebellisches Wesen, das sie schon in jungen Jahren dazu bringt, das Leben selbst zu ihrem einzigen Lehrer zu erklären. Viele Jahre später kann sie die Früchte ihrer Entwicklung ernten, die sie zu den unterschiedlichsten Ausbildungen und vor allem auf ihren authentischen Weg geführt haben. Ihre *Signs* sind essenzielle Botschaften, geschrieben mit Tusche und Pinsel. 2004 geht sie mit ihnen zum ersten Mal an die Öffentlichkeit. Heute sind *Signs by Jwala* eine internationale Marke. Sie lebt mit ihrem Mann im *Claudiaschlössl* im österreichischen Kramsach.
www.sign.ag

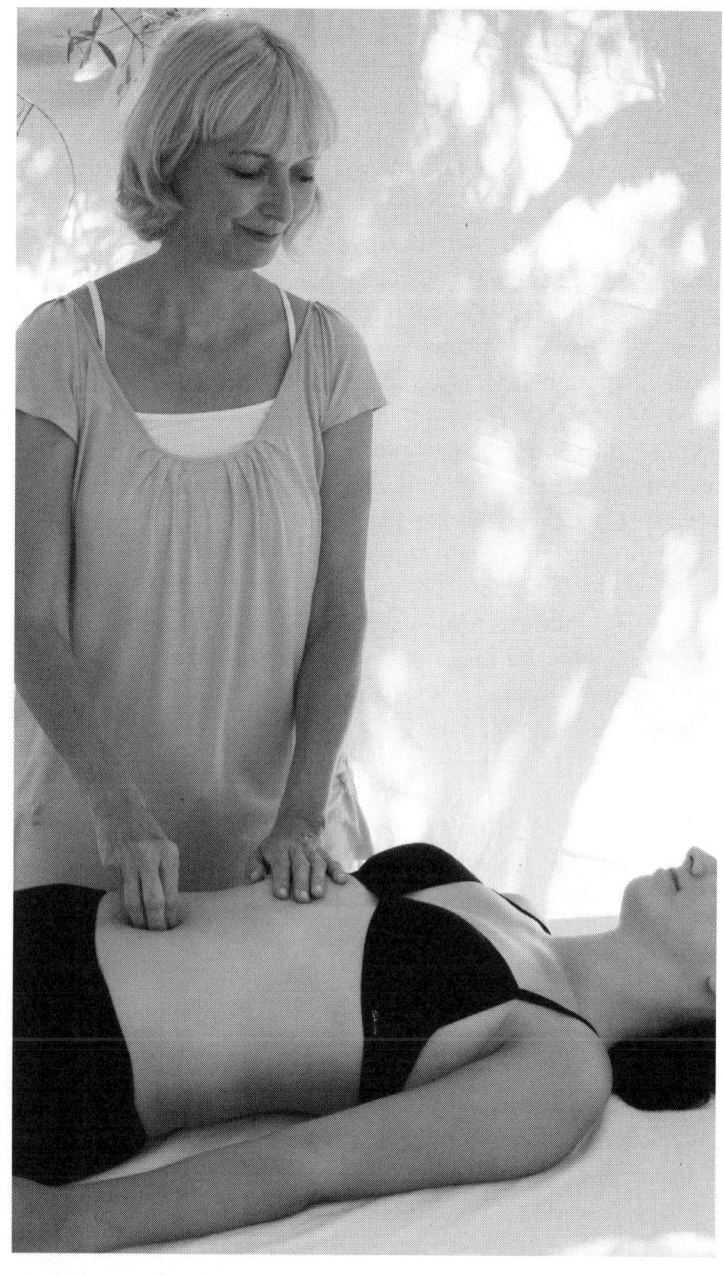

»Finde den Funken in dir und folge deinem weiteren Weg mit Leichtigkeit und Freude!«

Anando Würzburger –
Die Kraft aus der Mitte

Während Anando Würzburger im *Osho's Place* sitzt und einen Yogi-Tee trinkt, rauscht draußen auf der Hauptstraße der Verkehr vorbei. Im Café mit Blick auf den begrünten Innenhof des *Osho UTA Instituts für spirituelle Therapie und Meditation* in Köln ist von Lärm und Hektik indes keine Spur. Hier und da unterhalten sich Menschen miteinander, andere sitzen allein oder zu zweit am kleinen Teich und genießen die Sonne.

Anando Würzburgers Leben ist geprägt vom Suchen und Finden, von vielen Umbrüchen und Reisen. Indien, Amerika, Frankreich, England und verschiedene Orte in Deutschland – die Liste ihrer ehemaligen Wohn- und Lebensorte ist lang. Inzwischen hat die gebürtige Oberhausenerin mitten in Köln ihre Heimat gefunden. Zugleich ist die Stadt für sie zum Übungsfeld der Achtsamkeit geworden. Hatte sie früher feste Meditationszeiten, so versucht sie heute, in jedem Augenblick achtsam zu sein. Achtsamkeit im Alltag, statt *Dynamischer Meditation* mit Hüpfen und Schreien in der Mietswohnung.

Auf den Markt gehen, einen Kaffee im Straßencafé trinken, am pulsierenden, innerstädtischen Leben teilnehmen: All das gehört genauso zum Alltag für sie, wie tägliches Innehalten, um ihr inneres Kraftzentrum zu spüren, das Hara, oder das Leiten von Seminaren wie *Who is in?* im *Osho UTA Institut*, bei dem sich zwei Menschen drei Tage lang gegenüber sitzen und immer wieder fragen: *Who is in? Wer bist du?*.

Anando Würzburger, seit 1982 als freie Mitarbeiterin im *UTA*-Therapeuten-Team tätig, ist von ruhigem Wesen, aufmerksam und doch zurückhaltend. Fast wirkt sie ein wenig unnahbar, wenngleich immer wieder eine gewisse Kraft, Belustigung und Heiterkeit durch ihre Art, anderen zu begegnen, und ihre Worte scheint. Nicht direkt sichtbar und doch da sind auch die kraftvollen Schritte, die Sturheit und der starke Wille, mit denen sie bis heute stets dem Eigenen auf ihrem Lebensweg gefolgt ist. So zum Beispiel, als sie mit 23 Jahren beschließt, mit ihrem damaligen Freund für immer nach Indien zu gehen. Sie will den Mann, von dem sie ein kleines Heftchen, das sie nachhaltig beeindruckt hat, gelesen hat, persönlich kennenlernen und bei ihm im Umfeld seiner Kommune leben. Der Mann ist Osho, indischer Mystiker, Guru und Begründer der Neo-Sannyas-Bewegung, der sich damals noch Bhagwan Shree Rajneesh nannte. Der Mann, der sich stets selbst widersprach und damit die Menschen ermutigte, ihre eigene Wahrheit zu finden, statt ihnen ein Glaubenskorsett überzustülpen. Der, der Anando Würzburgers Interesse an der Philosophie verstärken und ihr eine neue Sicht auf sie bieten sollte. Der, bei dem die Formen frei waren, beispielsweise in seiner *Dynamischen Meditation*, bei der getanzt, gehüpft, geschrien, geweint und gelacht wird. Und schließlich der, dem es um freie Liebe ging – etwas, was der damals jungen Frau wichtig war, »mit starren Richtungen und Formen konnte ich noch nie etwas anfangen, das hat mich einfach nicht angesprochen«.

Die Sannyasins, so der Name für die Anhänger Oshos, lebten seinerzeit entweder individuell, lose miteinander verbunden oder in Kommunen. Wohn- und Arbeitsgemeinschaften, in denen sie alles teilten, von der Meditation über das Essen bis manchmal auch hin zum Liebespartner. Neben dem indischen Ashram in Pune, wo sich auch Osho aufhielt, als Anando Würzburger 1978 nach Indien aufbrach, entstanden einige Jahre später auch in anderen Ländern erste Kommunen der Bhagwan-Anhänger, in den USA ebenso wie in Deutschland. Nach 1985 wurden die Strukturen jedoch geändert, da es mit der Zeit statt friedlichem Zusammenleben immer wieder »Lernerfahrungen mit Machtstrukturen« gab, wie Anando Würzburger sagt, »über die wir hinausgewachsen sind zu mehr Individualität und Eigenverantwortung«. Ab da lebten die Sannyasins wieder mehr in eigenen Wohnungen und Häusern, das Zentrum war fortan ausschließlich dem Zusammensein und Arbeiten am Tag vorbehalten. Die neuen Strukturen sollten das Individuelle stärker widerspiegeln und Machtübernahmen durch einzelne Personen künftig verhindern. Denn die schlagzeilenträchtigen Konflikte und Entwicklungen der Bhagwan-Stadt Rajneeshpuram – die von 1981 bis 1985 im amerikanischen Oregon existierte – und die in der Verhaftung von Teilen des Führungsteams gipfelten, hatten dem Ruf Oshos schwer geschadet.

Anando Würzburger, deren gesamtes Leben eng mit dem des 1990 gestorbenen Mystikers verknüpft ist, war hautnah dabei. Sie hat in Rajneeshpuram ein halbes Jahr als Freiwillige mitgearbeitet, miterlebt wie die Streitereien und Intrigen immer heftiger wurden. »Als dann der ganze Komplott aufgeflogen ist, habe ich erst einmal gelacht«, erinnert sie sich. Geblieben war sie, weil sie wissen wollte. »Ich hatte schon länger das Gefühl, dass hier irgendetwas nicht mehr stimmte, aber ich wollte dann auch wissen, was es ist.« Sie ahnte, dass der Komplott nicht von Osho selbst ausging und blieb um zu schauen, wer wirklich dahinter steckte. All die Intrigen haben ihren Wunsch, Oshos Schülerin zu sein, nie gemindert.

Rajneeshpuram war eine der Stationen, die auf ihre erste, unfreiwillige Rückkehr aus Pune, da ihrem Freund und ihr die Ersparnisse ausgegangen waren, ein Jahr nach ihrem Aufbruch nach Indien folgte. Zurück in Deutschland arbeitet sie zunächst in einem Osho Meditationszentrum in Berlin mit, gibt dort Shiatsu-Massagen. Darauf folgen Zeiten in Paris, nochmals Pune und Köln, wo sie 1981 hinzog und heute, nach weiteren Zwischenstationen in London und Oregon, wieder lebt. Und obwohl sie Osho noch immer als ihren Meister und Lehrer bezeichnet, sagt sie im selben Atemzug, sie sei immer nur sich selbst gefolgt. »Das ist vielleicht ein etwas komisches Verhältnis zu einem Meister, aber es ging mir immer darum zu schauen, was meins ist und was wirklich zu mir passt. Ich hatte nie das Gefühl, Osho *gefolgt* zu sein. Diese Freiheit war Teil des Weges.« Anando Würzburger spricht aber auch freimütig über den Suchtfaktor, den die Beziehung zu einem Erleuchteten – wie sie Osho nennt – entwickeln kann: »Wenn man einmal bei einem Menschen solch eine Kraft, Unterstützung und spirituelle Präsenz erfahren hat, will man gar nicht mehr weg aus diesem energetischen Feld um diese Person.« Auch sie wollte nicht mehr weg von ihm und glaubte, nach ihrer ersten Zeit in Indien, sie könne sich »nur bei ihm so meditativ und kraftvoll spüren«. Nach und nach begriff sie jedoch, dass es im Endeffekt darum geht, genau diesen Zustand in den Alltag zu integrieren, ihn zum Beispiel auch in einem Supermarkt zu erfahren. »Es brauchte aber Zeit, bis ich das verstanden hatte und auch umsetzen konnte. Erst sobald dieser Zustand nicht mehr an einen Meister gebunden ist, ist man selbst frei.« So wie sie heute.

Aber damals, als junge Frau, ist sie bereit, alles für die Reise zu Osho aufzugeben. Sie verkauft ihren gesamten Hausstand, um die Reisekosten zu finanzieren. Denn nach Indien möchte sie auf jeden Fall – und dort erleuchtet werden. Es sind jedoch nicht nur die Kosten, die diese Reise nicht leicht machen. Sie ist bereits im dritten Monat schwanger. Sowohl ihre Familie als auch Freunde halten sie für »verrückt«, dass sie trotzdem alles aufgeben und nach Pune reisen will. »Doch das Gefühl, dass dies der richtige Weg für mich ist, war viel stärker als all die Zweifel, die von außen an mich herangetragen wurden. In keinem Moment habe ich mit dem Gedanken gespielt, doch nicht zu gehen. Es war eine Entscheidung, die sich ihren Weg vom Unterbewusstsein an all den Zweifeln und Gedanken vorbei gebahnt hat, eine Herzensentscheidung«, sagt Anando Würzburger heute über diesen Schritt.

Reisen in ein fremdes Land war ihr zudem bereits vertraut. Ein Jahr zuvor war sie nach Amerika gereist, um für ihre Abschlussarbeit an der Freien Universität Berlin, wo sie Anglistik, Russistik und Pädagogik auf Lehramt studierte, zu recherchieren. Anglistik und Russistik hatte sie nicht zufällig als Studienfächer gewählt. Zu dieser Zeit war sie sich noch sicher, dass entweder der amerikanische Traum oder der Kommunismus die Antwort auf ihre Suche nach einem für sie passenden Lebensmodell sein würden. »Wenn man ein Land verstehen will, muss man seine Sprache sprechen, dachte ich mir.« Beide Modelle erwiesen sich allerdings als nicht tauglich. Bei einem Austauschbesuch ihrer Berliner Universität in der Sowjetunion war sie richtiggehend schockiert: »Die Menschen dort wurden unterdrückt und bespitzelt. Das war nicht das, was ich unter der Gleichberechtigung aller Menschen verstanden hatte.« Blieb der American Dream von gleichen Chancen für jeden das persönliche Glück zu verwirklichen, so wie es in der Verfassung verankert ist und in vielen schönen Hollywood-Filmen dargestellt wurde. Er hielt der Realität, auf die sie in Amerika traf, jedoch nicht stand: »Statt in Freiheit lebten viele Menschen und vor allem Schwarze in New York in Armut und Gewalt. All die Filme, die ich in Deutschland gesehen hatte, hatten mit dem Geschehen vor Ort nichts zu tun.« Die Frage nach einem Lebensmodell, in dem Menschen frei und gleichberechtigt zusammenleben konnten, blieb also. Antworten suchte Anando Würzburger, wenn die politischen Systeme schon nicht das hielten, was sie ihr versprochen hatten, nun bei amerikanischen Kommunen. Inspiriert von B.F. Skinners Roman Walden Two, in dem dieser die Vision einer besseren Gesellschaftsform in Form des Zusammenlebens in einer Großkommune skizziert, machte sie sich auf die Suche. Aber immer wieder stieß sie dabei auf Menschen, die sie auf der Straße ansprachen, in ihre Kommune einluden, sie aber zugleich zu einem bestimmten Glauben überreden wollten. »Ich habe jedoch nach einem Zusammenleben gesucht, das nicht durch eine Ideologie geprägt ist, sondern bei dem der Austausch, die spürbare Erfahrung, wichtiger sind, als der reine Glaube an etwas.«

In der legendären, 1967 gegründeten *Twin Oaks Community* in Virginia, wurde sie schließlich fündig: Hier gab es Menschen, die Yoga praktizierten, andere meditierten. Die einen aßen koscher, die anderen vegetarisch, manch einer war spirituell, der andere politisch oder im Umweltbereich aktiv – »jeder konnte so sein und bleiben, wie er war, ganz nach dem Leitgedanken von Toleranz und Miteinander. Das war endlich etwas, was mir entsprochen hat«. Sie knüpft an einen Massagekurs an, den sie bereits einige Zeit zuvor absolviert hatte, und vertieft ihre Yogapraxis, die sie ursprünglich nur von ihren Rückenschmerzen, hervorgerufen durch langes Sitzen am Schreibtisch, befreien sollte. Im Rückblick sieht sie, dass sie durch Yoga gelernt hat, sich selbst besser zu spüren. »Ich fühlte mich immer stärker mit mir verbunden, meine Wahrnehmung veränderte sich. Das war neben der Massage der erste Schritt Richtung Körperarbeit.«

So kehrte sie nach ihrer Zeit in *Twin Oaks*, wo sie hin und wieder andere Menschen massiert und gute Rückmeldungen bekommt hatte, mit dem Plan nach Berlin zurück, bald das *Esalen Institute* im kalifornischen Big Sur zu besuchen, das sich der Förderung der »harmonischen Entwicklung der ganzen Person« verschrieben hat, und dort ihr Wissen von Massage zu vertiefen. Ihr Studium war inzwischen unwichtig geworden. Der Duft der Freiheit, der ihr auf der USA-Reise um die Nase geweht war und sie betört hatte, war zu stark. Außerdem hatte sie gemerkt, dass es ihr auf die drängende Frage nach dem Wesentlichen keine Antwort geben konnte. »Nachdem ich in Amerika ein halbes Jahr das getan hatte, was mir wirklich entsprach, war mein Interesse am Studium verschwunden. Mein Wunsch, mehr über Massage und Körperarbeit zu erfahren, war stärker als die Stimme im Kopf, die sagte, in zwei Semestern wäre ich ja schon fertig mit dem Studieren«, erinnert sie sich.

Ihr Weg sollte sie in den kommenden Jahren noch an viele Orte führen, nach Big Sur jedoch nicht.

Zurück in Berlin verdiente sich die Ex-Studentin nun ihr Geld mit Jobs – als Kellnerin oder Aushilfe im Krankenhaus zum Beispiel –, die restliche Zeit verbrachte sie im Berliner Osho-Zentrum. »Ich wollte so viel wissen, doch musste ich den Menschen im Zentrum jede Information aus der Nase ziehen. Hier wollte mich niemand überzeugen, niemand wollte mir ein neues Glaubenssystem überstülpen oder sagte mir, wie ich zu sein hatte. Das hat mir gefallen.« Oshos Meditationen bereiteten ihr allerdings zunächst Kopfzerbrechen. Denn vom Yoga war sie Disziplin und Konzentration gewohnt, statt freiem Tanz, dynamischer Meditation oder das bloße Beobachten des Geistes.

Zu Beginn dachte sie in dieser Zeit oft *Was ist das denn? Das funktioniert ja gar nicht!*. Hauptsächlich ihr Verstand stand ihr anfangs im Weg. »Aber nach und nach habe ich erfahren: Es geht doch. Wenn ich die Bewegung am Beginn der Meditation geschehen lasse und einfach nur beobachte, dann kann nach und nach ein natürlicher Weg in die Stille entstehen«. Mit Osho hatte sie ein Gesamtpaket gefunden, das ihr entsprach: Hier wurde der Mensch als Ganzheit erkannt, kritisches Denken war erwünscht. Statt sich meditierend zurückzuziehen, fand die Meditation mitten im Alltag statt, Begegnungen mit anderen und Spiritualität gingen miteinander einher, Liebe und Sexualität waren frei – »alles hat sich einfach stimmig angefühlt bei ihm«.

Während ihres ersten Aufenthalts in Pune kommt dort 1979 ihre Tochter Ruho zur Welt, neben dem Entschluss nach Indien zu gehen eine weitere Herzensentscheidung, die Anando Würzburger im Laufe ihres Lebens auf neue, ungeplante Pfade führte. »Ich wollte nie Kinder haben«, erzählt sie. Wie für viele durch die erstarkende Umweltbewegung geprägte Menschen erschien es ihr Ende der 1970er Jahre unverantwortlich, Kinder in eine mehr und mehr zerstörte Umwelt zu setzen. Aber dann stand die Energie und Präsenz eines Kindes auf einmal ganz stark im Raum. »Auch, wenn ich es vorher nicht geplant hatte, so fühlte ich in diesem Moment das *Ja* dazu, dieses Kind zu empfangen. Es wurde zu einem Teil meines Herzensweges, eine Tochter zu bekommen. Sie hat mich sehr viel gelehrt und mir immer wieder gespiegelt, in welchen Bereichen ich selbst noch im Denken oder in alten Glaubensmustern verhaftet war.« Sie aufzuziehen war indes nicht einfach. Nach der zweiten Rückkehr aus Indien trennten sich ihr Mann, mit dem sie abermals nach Pune gereist war, und sie; Anando Würzburger war nun 26 Jahre alt, alleinerziehende Mutter mit sehr wenig Geld und ohne abgeschlossene Ausbildung. Arbeit findet sie im Berliner Osho-Zentrum, wo sie Shiatsu-Sitzungen gibt und damit das tut, was sie liebt und in Pune gelernt hat. Ihre Tochter ist immer mit dabei. »Das ist etwas, was ich auf meinem Weg gelernt habe: Flexibel zu bleiben. So schön der Gedanke auch war, für immer in Indien zu bleiben – es hilft nichts an ihm festzuhalten, wenn die Realität anders aussieht.«

Ihr damaliger Job im Berliner Osho-Zentrum ist keiner, der ihr viel Geld einbringt. Manchmal bleibt das Portemonnaie leer, doch Anando Würzburger will damals schauen, wie weit sie auf ihrem Herzensweg gehen kann. »Ich wollte wissen, ob ich verhungere oder nicht, wenn ich weiter das mache, was mir Freude bereitet und Sinn gibt.« Sie stellt fest, es funktioniert der Freude zu folgen. Von irgendwoher kam immer dann, wenn es am engsten war, ein neues Jobangebot oder finanzielle Unterstützung. »Zwar gab es manchmal auch längere Durststrecken, doch dann habe ich mich einfach auf das konzentriert, was im Moment wirklich wichtig war: Wohnung, Essen. Oft sehen wir unser Leben schon in den dramatischsten Farben, dabei ist jetzt, in diesem Augenblick, eigentlich alles noch ziemlich in Ordnung. Auch mir haben sich lange Zeit Existenzängste in den Weg gestellt, doch je mehr ich mich selbst und meinen Anschluss an die Existenz gespürt habe, umso mehr konnte ich mich innerlich entspannen.«

Die Rückkehr nach Berlin und das Leben dort bedeuteten zugleich einen herben Bruch mit dem Leben, das sie in Indien gelebt hatte: »Als ich wieder zurück war, kam es mir zunächst vor, als sei ich auf einem anderen Planeten gelandet. Berlin war hektisch, wuselig, ein ganz anderes energetisches Feld als Indien. Dort hat die Spiritualität eine lange Tradition und die Menschen sind insgesamt entspannter, selbst, wenn sie noch so arm sind.« Sie drohte in dem Großstadtgewusel unterzugehen. Denn obwohl sie sich in Meditationen gut höheren Sphären öffnen konnte, war sie damals meist ungeerdet. Die Beschäftigung mit dem Hara, das japanische Wort für Quelle des Lebens, die im unteren Bauchraum zu finden ist, half ihr zu jener Zeit, sich bewusst im Körper zu spüren und zu erden. Es war ein Satz von Osho, der sie auf den Weg des Haras geführt hat. Er lautete: *In deinem Zentrum bist du heil und unberührt.* »Diese Worte haben mich auf eine lange Reise geschickt – auf die Suche nach meinem inneren Zentrum, nach dem Ort, an dem ich meine ursprünglichen Qualitäten würde finden können, die nicht durch von außen kommende Ideen und Ideale beeinflusst wurden.«

Auf dem Weg tief in ihr eigenes Hara, in ihre eigene Mitte hinein, auf der Suche nach dem heilen inneren Kind, das frei ist von jeder Konditionierung, von emotionalen Verletzungen und Traumata, begegnete Anando Würzburger aber zunächst ihrem verletzten inneren Kind mit seinem Schmerz und seiner Wut. Erst als sie durch immer tiefere Meditation auf die Stille in ihrem Zentrum traf, begann der Prozess der Heilung. »Das Gefühl von Verbunden- und Einssein mit der Existenz hat mir Vertrauen in mich und in das Leben gegeben. Plötzlich entdeckte ich die in meinem Inneren schlummernde Kraft der Selbstheilungskräfte meines Körpers und meiner Psyche. Immer mehr habe ich gelernt, auf die Weisheit meines Körpers und auf seine Stimme zu achten, denn es ist mein Körper, der das Geheimnis von Heilung kennt.« Nicht nur Gesundheit, sondern auch den Zugang zu einer Kraft, die sich kreativ entfalten möchte, findet sie an diesem inneren Ort. Heute sagt sie, spüre sie sich in allem, was sie tue. Und dennoch ist es kein statischer Zustand, sondern ein sich immer wieder neu finden. »Wenn wir im Alltag mit unserem Hara verbunden sind, bekommt unser Tun eine ganz neue Kraft und Stärke. Dann sind wir bewusst an die Quelle des Lebens und unser eigenes Zentrum angebunden«, so Anando Würzburger, die ausgehend von ihrer eigenen Erforschung dieses inneren Kraftortes die *Hara Awareness Massage* entwickelt hat. Sie nimmt mittlerweile einen zentralen Platz in ihrem Leben und ihrer Arbeit ein. *Hara Awareness* – zu Deutsch *Bauch Bewusstsein* – setzt sich zusammen aus verschiedenen Meditationen, Massage und Körperübungen. Es ist ein Weg zu einer inneren Haltung von Klarheit, Stille und Zentrierung. Das Ziel: Das Eigene besser spüren und die eigene Kraft entwickeln, die aus der universellen Quelle des Lebens schöpft.

Für sie ist der Weg, zur Spiritualität über den Körper zu gelangen, der gesunde Weg: »Ich halte nichts von Esoterikrichtungen, bei denen man nur noch in höheren Sphären ist, ohne mit dem Körper und dem Hier und Jetzt in Verbindung zu bleiben. Der Dreh- und Angelpunkt meiner Arbeit ist es, Spiritualität mit Lebendigkeit zu verbinden – und das über den Körper.« Es ist die Erfahrung der eigenen Kraft und des Bewusstseins für den eigenen Körper, die sie mit Beginn ihrer Körperarbeit so sehr fasziniert und bis heute nicht mehr losgelassen hat. Sie ist davon überzeugt, dass »der, der mit sich selbst gut in Kontakt und innerlich erfüllt ist, keine Macht und keine Ersatzbefriedigungen braucht und auch mit Mitmenschen besser umgeht«.

Die jahrelange Arbeit mit dem Hara hilft Anando Würzburger auch dabei, wirklich eigene Entscheidungen zu treffen: »Wenn die Energie im Bauch stärker wird, ist es leichter, das Eigene zu spüren. Viele von uns nehmen die Impulse, die von unserem Bauch ausgehen, gar nicht mehr wahr, sondern folgen nur einem angelernten Handeln.« Immer wieder bewusst am Tag in den Bauch zu atmen, diesen zu massieren oder den Boden unter den Füßen wahrzunehmen – all das sind für sie gute Möglichkeiten, das Spüren zu trainieren. So macht sie es auch selbst: Legt oder setzt sich regelmäßig hin, um zu spüren, wie es ihrem Bauch gerade geht. Ein Ritual, durch das sie mehr von dem wahrnimmt, was um sie herum passiert und gleichzeitig zentriert in ihrer eigenen Kraft bleiben kann.

Hara ist auch ihr Thema für die kommenden Jahre. Und sowieso alles, was mit der Verbindung zwischen östlich-meditativer Körperarbeit und westlich-psychologischem Verständnis zu tun hat. »Mein Forschergeist ist immer noch da, wenn vielleicht auch etwas milder als früher. Immer wieder entdecke ich neue Facetten an alten Themen, dringe mehr in die Tiefe vor, entwickele mich weiter.«

Dieser Forschergeist, der auch rebellische Züge annehmen kann, und ein starker Wille zeichneten Anando Würzburger, die als Kind noch mit Freunden in den Ruinen rund um ihr Elternhaus in Oberhausen spielte, schon früh aus. Mit zehn Jahren erkämpfte sie sich mithilfe ihrer Mutter einen Schulplatz an einem altsprachlichen Jungengymnasium, etwas, was Mitte der 1960er Jahre nur mit einer Sondergenehmigung möglich war. Ihre Mutter, die den Geist der Rebellion in der Familie verkörperte, ging dafür den ganzen Behördenweg bis zum Kultusminister. Die Tochter hatte zu dieser Zeit schon viel gelesen: Bücher über

Gottheiten, die Anfänge der Demokratie, über Griechenland und die Philosophie. Interessen, die durch ihren früh verstorbenen Vater, Doktor der Philosophie, geprägt wurden. Alte Kulturen faszinierten sie, wie vieles, mit dem sie in Berührung kam. Ihre Mutter arbeitete bei den Oberhausener Kurzfilmtagen, bei denen Anando Würzburger als Teenager schon hochpolitische Film sah, die eigentlich erst ab 18 Jahren zugelassen waren. Freie Liebe, Natürlichkeit und ein Lebensstil von Take-it-easy – die Themen der 1968er Jahre – gehörten auch in der Familie Würzburger ganz selbstverständlich dazu. Als Jugendliche beschäftigte sie sich mit der Rolle der Frau. »Als ich Geschichten aus der Zeit von Julius Cäsar gelesen habe, habe ich plötzlich gemerkt, dass die Frauenrolle auch ganz anders aussehen kann, als damals, in den 1960er Jahren in Deutschland. In den Geschichten gab es starke Frauen, Kriegerinnen, die ganz selbstverständlich für das Leben ihres Stammes gekämpft haben, wie die nackten germanischen Kriegerinnen zu Pferd.« Sie selbst setzte sich immer wieder für ihr Recht, ihren Willen und eine eigene Meinung ein. Unkritische Lehrer wurden von ihren Mitschülern und ihr regelrecht in die Mangel genommen. Wer zu zimperlich war, hielt es nicht lange aus in dieser Klasse. Diskussionen und Revolte – Alltag in Anando Würzburgers Jugend. Heute lässt sie es ruhiger angehen, aber der Geist von damals schimmert immer noch durch.

Vom wuseligen Berlin aus folgte sie ihrem in den kommenden Jahren unsteten Lebensweg, der sie letztlich nach Köln, weg von dort und wieder hin führt. Zwar hätte sie nie gedacht, dass sie einmal in dieser Stadt wohnen würde, »aber als ich damals die Menschen aus der Kölner Osho-Kommune kennengelernt habe, hatte ich gleich das Gefühl: *Das ist es, so möchte ich leben.* Und dem bin ich gefolgt – wie auch sonst immer in meinem Leben.« Auch die Gründung des *Osho UTA Instituts* ergibt sich aus solch einem Gefühl der Stimmigkeit heraus, einem Zusammenspiel von Herz und Bauch. Gemeinsam mit anderen ehemaligen Kommune-Mitgliedern möchte sie das weitergeben, was sie selbst von Osho gelernt und bei ihm erfahren hat: seine Kraft und Lebendigkeit, die Meditationen und seine Lehre. Was vor rund 30 Jahren als kleines Institut mit zwei Seminarräumen begonnen hat, ist heute ein großes Seminarzentrum mit angegliedertem Café und Buchhandlung. Es gibt Wochenendseminare, Ausbildungen, Einzelsitzungen und regelmäßige Meditationen, so zum Beispiel am Morgen die *Dynamische Meditation* von Osho. Aber auch Angebote, die nicht in der Tradition Oshos stehen, haben hier ihren Platz gefunden. »Am Anfang waren wir oft froh, wenn wir drei Teilnehmer bei einem Seminar hatten«, erinnert sich Anando Würzburger. »Mit der Zeit wurden es dann immer mehr. Ich glaube, das ist ganz normal. So ein Zentrum braucht einfach Zeit, um sich zu entwickeln. Gerade am Anfang muss man Durchhaltevermögen und Ausdauer beweisen.«

Durchhaltevermögen und Heiterkeit – das sind zwei der Eigenschaften, die sie ebenso wie ihr Forschergeist und ihre Willensstärke seit jeher durchs Leben begleiten. Früher hat die Heiterkeit ihr Einträge ins Klassenbuch eingebracht – *Würzburger lacht im Unterricht* war da zu lesen –, heute schätzen die Menschen in den Seminaren und Sitzungen ihre Fähigkeit, auch schwierigen Themen mit einer Leichtigkeit und Heiterkeit zu begegnen. »Manche Dinge im Leben brauchen eine gewisse Ernsthaftigkeit, doch ich bin immer dafür, die Dinge nur so schwer und ernst zu nehmen, wie nötig. Ein gewisses Maß an Heiterkeit kann sehr befreiend sein«, meint sie. Diese Einstellung hat ihr schon oft durch schwierige Zeiten geholfen. Zum Beispiel damals, Anfang der 1980er Jahre, als sie Koordinatorin des sogenannten Gruppen-Departments und des Body-Centers in der damaligen Kölner Osho-Kommune war. Solange, bis Oshos Sekretärin Sheela auftauchte, die zu der Zeit versuchte, die Macht der Kommunen an sich zu reißen. Jene Sheela, die ein paar Jahre später für die negativen Schlagzeilen aus Oregon und der Bhagwan-City mitverantwortlich war. Anando Würzburger wurde abgesetzt, kritische Stimmen waren nicht erwünscht.

Statt in einer Kommune lebt Anando Würzburger heute in einer Wohnung mitten in Köln, nur wenige Straßen vom *Osho UTA Institut* entfernt. Als freie Mitarbeiterin des Therapeutenteams bietet sie im Institut unter anderem die *Hara Awareness Massage* an. Hauptsächlich leitet sie jedoch Seminare und Trainings, etwas, in dem sie mittlerweile viel Erfahrung hat. Denn 14 Jahre lang, von 1987 bis 2001, hat sie Kurse an der *Osho School for Centering and Zen Martial Arts* im indischen Pune geleitet und ist während dieser Zeit immer zwischen ihrem Wohnort in Köln und Pune gependelt. Ihr ist es besonders wichtig, die Seminarteilnehmer dabei zu unterstützen, das Eigene zu finden. »In unserer Gesellschaft ist das Leben unglaublich verschult. Es gibt selbst in Schulen oder in der Universität kaum mehr Leerraum, der sich mit Eigenem füllen könnte«, kritisiert sie. »Viele von uns sind regelrecht verkrustet in ihrem von außen vorgegebenen Leben. Manch einem mögen vielleicht Zweifel kommen an dem Leben, das er führt. Doch die wenigsten folgen diesen Zweifeln oder sprechen sie laut aus.« Sie wird nachdenklich, fast traurig, wenn sie darüber spricht, wie bei diesen Menschen die innere Flamme der Begeisterungsfähigkeit häufig schon fast erloschen sei und es wird klar, wie sehr ihr Antrieb, stets dem Eigenen zu folgen, auch ihre Arbeit mit anderen Menschen prägt. Andere darin zu unterstützen, ihren eigenen Weg zu finden und zu gehen. Eine Herzensangelegenheit für Anando Würzburger.

Ihre eigene Antwort auf die Frage danach, wer oder was sie wirklich ist – *Who is in?* – hat sie inzwischen gefunden: »Nach drei Tagen mit dieser einen Frage hat der Verstand alle Antworten gegeben. Was bleibt sind Stille und Präsenz. Du bist bei dir angekommen«, sagt sie und wirkt, wenn sie entspannt im Café sitzt und ihren Tee trinkt, als gäbe es nichts mehr, was sie wirklich erschüttern könnte.

In ihrem Leben ist **Anando Würzburger** (Jahrgang 1955) stets dem gefolgt, was sich in Herz und Bauch stimmig für sie angefühlt hat. Dabei änderte sich die Richtung ihres Weges immer wieder: Statt Lehrerin zu werden, entschloss sie sich, dem indischen Mystiker und Guru Osho zu folgen. Statt für immer bei ihm in Indien zu bleiben, kehrte sie nach einem Jahr nach Berlin zurück. Sie folgte dem Fluss des Lebens, machte stets das Beste aus dem, was gerade anstand. Heiterkeit, Durchhaltevermögen und die Fähigkeit, flexibel mit dem umzugehen, was das Leben ihr gibt, sind drei der Eigenschaften, die ihr Kraft geben. Heute lebt sie in Köln und leitet Seminare in Europa und vor allem am Kölner *Osho UTA Institut für spirituelle Therapie und Meditation*, das sie in den 1980er Jahren gemeinsam mit anderen aufgebaut hat. Besonders intensiv beschäftigt sie sich mit dem Hara und bietet Trainings in der von ihr entwickelten *Hara Awareness Massage* an.
www.hara-awareness.eu

»Lerne auf deinen eigenen Füßen zu stehen und
alles wird kommen.«

Marie-Luise Stiawa –
Im Einklang mit den Rhythmen
der Natur

Heute, sagt Marie-Luise Stiawa, fühle sie sich wie ein Fisch im Wasser. Frei, tun und lassen zu können, was sie wolle und sich so zu zeigen, wie sie ist. Sei es beim Tanzen mit einem fremden Mann oder beim Schreiben ihres Blogs, einem Internettagebuch. Ihr ist es wichtig, öffentlich zu machen, was sie bewegt. Haben ihr doch in ihrer eigenen Vergangenheit als damals junge, unglückliche Ehefrau – ihre erste Ehe lief weit weniger gut als erhofft, Streit und Stress prägten den Alltag – vor allem die Lebensberichte anderer Frauen geholfen, sich nicht mehr alleine und unverstanden zu fühlen. Lebensberichte, die heute zu den Klassikern feministischer Literatur der neuen Frauenbewegung zählen – *Ich bin ich* von Judith Jannberg, *Die Scham ist vorbei* von Anja Meulenbelt oder auch *Schattenmund* von Marie Cardinal. Bücher, in denen es darum geht, die eigene Identität als Frau zurückzugewinnen, sich frei zu machen von der Abhängigkeit vom eigenen Ehemann. Es geht in ihnen um sexuelle Selbstbestimmung und die Chancen der Psychotherapie, um den Mut, sich den eigenen Problemen zu stellen. Heute ist es Marie-Luise Stiawa, die in einem kleinen Dorf in der Holsteinischen Schweiz nahe der Ostseeküste lebt, selbst, die andere Frauen mit ihrer Offenheit Mut macht und als Reaktion auf ihren Blog immer wieder E-Mails von Frauen bekommt, die sich von ihren Texten inspiriert fühlen. Texte wie dieser:

»*Ich bin gerade von meiner Reise zum Frauen-Kongress und dem anschließenden Frauen-Männer-Kongress im Hof Oberlethe bei Oldenburg in Niedersachsen zurück. Drei Tage Frauenkongress mit spannenden Referentinnen: Mira Michelle ließ uns die Ahnenlinie zurück bis zur Göttin vom Hohle Fels nachvollziehen und in einem schönen Ritual die Frau der Zukunft tanzen. Astrid Brinck aus Chile lud mit uns gemeinsam singend die Richtungen ein und ließ uns einen Mondtanz tanzen. Ich genoss ihre lebensfrohe lateinamerikanische Art und ihre Warmherzigkeit. Deborah Sundahl belehrte uns*

theoretisch und praktisch über die Themen
G-Punkt und weibliche Ejakulation.
Am Freitagabend wurde im Café des Seminarhauses von eini-
gen Männern und Frauen mit Gitarren, Trommeln und Stim-
men Musik gemacht. Da packte mich der Sing- und Tanzvirus,
und jede Scheu fiel von mir ab. Ich musste einfach tanzen, es
ging gar nicht anders, und ich hatte ungeheuer viel Spaß mit
mir und den anderen. Das wurde noch getoppt am Samstag:
Den ganzen Tag hatten wir den Männern gegenüber gesessen
und ihnen gesagt, was zu sagen war – endlich mal!
Abends wurde wieder getanzt. Und hier geschah etwas Magi-
sches: Ich tanzte mit einem Mann, und dabei ereignete sich so
viel in mir und zwischen uns beiden. Es war ein Spiel, es war
ein Ausprobieren, es war ein gemeinsames Fließen, ein Sich-An-
nähern und Auseinanderdriften und Wieder-Zusammenkommen.
Tanzend konnte ich mich halten und wirbeln lassen, bis mir
schwindelig war, dann wieder spielerisch vor ihm herumhüpfen,
mich berühren lassen und wieder für mich tanzen. Und die
ganze Zeit sahen wir uns in die Augen. Das war sehr aufregend
und sehr schön, und ich bin so glücklich über diese Begeg-
nung! Mit einem anderen Mann hatte ich einen minutenlan-
gen intensiven Augenkontakt, an den ich mich mit warmen
Gefühlen erinnere. Und dann die vielen guten Gespräche, die
zärtlichen Kontakte mit Frauen. Im Grunde kann ich gar nicht
ausdrücken, was ich in den letzten Tagen erlebt habe: Es war
so groß und ich bin gespannt, wie es sich auf mein Leben
auswirkt. Ich spüre, dass wir tatsächlich in eine neue Zeit
gehen, die wir mit den Männern, die das wollen, gemeinsam
gestalten.«[1]

Freiheit und Gleichberechtigung sind die tonangebenden Themen seit ihrer Jugendzeit, die in die 1968er-Ära fiel. Als 1968
in vielen Universitätsstädten Deutschland, auch in ihrer Heimatstadt Hannover, Studierende auf die Straße gingen und *Un-*
ter den Talaren Muff von tausend Jahren! riefen, war Marie-Luise
Stiawa 15 Jahre alt. Obwohl sie zunächst gar nicht verstand,
worum es bei der Studentenbewegung überhaupt ging, begann
auch sie zu rebellieren. 1969 geht sie zu einer Sitzung des So-
zialistischen Deutschen Studentenbundes (SDS) an der Leibniz
Universität und was sie dort erlebt, wird zu einem Initial für die

Schülerin. Ganz tief in ihr wird etwas angesprochen und weckt das Gefühl, auch auf die Straße gehen zu müssen. Sie beginnt, für ihre Freiheit zu kämpfen. Auch die sexuelle Freiheit, die sie persönlich als stark eingeschränkt empfand. Denn seit sie in der Pubertät war, machte ihr Vater ihr strenge Vorgaben:»Er bestimmte, wann ich abends nach Hause zu kommen hatte, trichterte mir ein, dass ich mich als Frau keinem Mann hingeben dürfe, dass dies verwerflich sei und man das als Frau nicht tue.« Mittlerweile ist ihr bewusst, dass ihr Vater sie nur schützen wollte. Doch damals fühlte sie sich»auf einmal viel zu eingeengt – schließlich waren die Themen Sexualität und Jungs ja gerade das, was mich zu dieser Zeit bewegte!«.

Als ihre Eltern berufsbedingt nach Münster ziehen, bleibt Marie-Luise Stiawa noch ein Jahr in Hannover bei einer Bekannten wohnen, um dort die Schule zu beenden. Nach ihrem Abitur 1972 zieht sie ebenfalls nach Münster. Sie möchte Medizin studieren, muss aber auf einen Studienplatz warten und überbrückt die Wartezeit mit einem Job als Stationshilfe im Krankenhaus – was Anfang der 1970er Jahre noch ohne Ausbildung möglich war. Aus dem geplanten Studium wird jedoch nichts. Ein Jurastudent war es, der ihre damalige Lebensplanung über den Haufen warf, denn eigentlich waren heiraten und Kinder bekommen zum damaligen Zeitpunkt überhaupt keine Optionen für sie. Sie änderte ihre Meinung allerdings ziemlich schnell, als sie *ihn* kennenlernte.»Plötzlich stand da meine große erste Liebe, er wollte gerne heiraten und da habe ich einfach *Ja* gesagt.« Ihr Sohn wird geboren, 1980 wird ihm eine Tochter folgen. Sie ist nun 20 Jahre alt, verheiratet und Mutter, was sie aber nicht hindert, ihren Idealen weiter nachzugehen und sich politisch zu engagieren. Das junge Paar ist bei den Maoisten aktiv, ultralinken Studentengruppen, die sich zu den marxistisch-leninistischen Ideen des chinesischen Politikers Mao Zedong bekennen. Und Marie-Luise Stiawa wollte damals nichts Geringeres als»die Freiheit der gesamten Menschheit erreichen«. Die linke Ideologie wird ihr, die vor ihrem Austritt aus der Kirche evangelisch gewesen war und sich seit ihrer Kindheit mit der Natur und den Pflanzen eng verbunden fühlt, zur neuen Religion. Alles andere tritt zurück.

Das politische Engagement bleibt nicht folgenlos. Jedoch in ganz anderer Hinsicht als gedacht und erhofft. Der sogenannte Radikalenerlass, der seit 1972 die»Beschäftigung von rechts-

und linksradikalen Personen im öffentlichen Dienst« regelte, bringt auch ihrem Mann ein Berufsverbot ein. Eine Beschäftigung als Rechtsreferendar war nicht mehr möglich und es war nun ihre Aufgabe, für ihre kleine Familie zu sorgen. Im Gesundheitswesen, in dem sie zuvor als Stationshilfe ja schon erste Erfahrungen gesammelt hat, werden seinerzeit vor allem Krankenschwestern für Psychiatrie gesucht und so beginnt Marie-Luise Stiawa 1975 ihre Ausbildung zur Krankenschwester. Später wird sie noch eine Ausbildung zur Heilpraktikerin für Psychotherapie und zur Körperpsychotherapeutin (HPG) absolvieren. »Tatsächlich habe ich aus finanziellen und nicht aus Herzensgründen mit der Krankenschwesterausbildung angefangen. Dass ich aber seit über 30 Jahren dabei bin und in den 1980er Jahren auch noch eine Ausbildung zur Fachkrankenschwester für Psychiatrie gemacht habe,

war nur möglich, weil ich diese Arbeit mit dem Herzen mache«, ist sie sich sicher. »Ich habe durch sie sehr viel über Menschen gelernt und genieße es, im Team zu arbeiten. Unterm Strich gehört der Krankenschwesternberuf zum Fluss meines Lebens und hat mich dahin geführt, wo ich jetzt bin.« *Dahin* heißt auch, neben ihrer 30-Stunden-Stelle in einer psychiatrischen Klinik im 30 Kilometer entfernten Kiel, ohne Existenzängste in ihrer restlichen Zeit das tun zu können, was ihr besonders am Herzen liegt: Kräuterkurse leiten, Heilpflanzen erforschen, bloggen, verschiedene Themen – wie Weiblichkeit oder die Wechseljahre – zu erkunden und sich weiterzubilden, zum Beispiel im Schamanismus.

Als sie ihre Krankenschwesterausbildung anfing, bekam sie noch einmal ganz deutlich zu spüren, was es in jenen Jahren hierzulande hieß, eine Frau zu sein. Ihr Ehemann musste ihrer Arbeit zustimmen, ihr quasi erlauben, zu arbeiten – und er hätte sogar jederzeit ihren Arbeitsvertrag ohne ihr Einverständnis kündigen können. Ebenso wenig war es ihr möglich, ein Bankkonto zu eröffnen, auf das sie alleinigen Zugriff gehabt hätte. Außerdem habe es in der Gesellschaft eine regelrechte Gehirnwäsche gegeben, was das Thema Frau betraf: Frauen seien schwach, könnten nicht logisch denken und die meisten Berufe nicht ausüben, sei allerorten zu lesen und zu hören gewesen. »Empörende Zustände waren das damals!« Noch heute ist spürbar, wie wütend es sie gemacht hat, sich als Frau wie ein Mensch zweiter Klasse zu fühlen. Damals lenkte sie ihre Wut um in weiteres Engagement. »Aus Notwendigkeit heraus bin ich Feministin geworden«, sagt Marie-Luise Stiawa. Feministin zu sein, das heißt für sie aber nicht, Männer kategorisch abzulehnen oder zu hassen – schließlich hat sie selbst jahrelang in ihren beiden Ehen mit einem Mann zusammengelebt. Vielmehr bedeutet es für sie, dass beide Geschlechter frei sind, einander zuhören, den anderen wertschätzen und gemeinsam daran arbeiten, die Art der Beziehung zu leben, die für beide stimmig ist. Aber sie ist auch überzeugt, dass »solange es sexuelle Gewalt gibt, der Feminismus eine Notwendigkeit ist«.

Marie-Luise Stiawa hat nach wie vor keine Scheu davor, sich für das einzusetzen, was ihr wichtig ist. Klar, sagt sie, manche Dinge behalte auch sie für sich und veröffentliche sie zum Beispiel nicht in ihrem Blog. Doch ob es um den Verkauf eines ökologisch, sozial und fair ausgerichteten Bekleidungsunternehmens an einen Investor oder den Einsatz für gentechnikfreies Saatgut geht – sie ist auf den unterschiedlichsten Internetportalen mit ihrer Stimme vertreten. Allerdings ist sie realistischer geworden in Bezug darauf, was sie womit bewirken kann. Die Freiheit der gesamten Menschheit auf einmal zu erreichen, wie es als junge Maoistin ihr Ansinnen gewesen ist, strebt sie heute nicht mehr an. Sie weiß inzwischen: »Ich kann nur vor der eigenen Haustür beginnen.« Und zum Beispiel über das bloggen, was sich bei ihr bewegt. Darüber, dass sie immer mehr selbst Gemüse anbaut und gerne ganz von Subsistenzwirtschaft leben würde. Darüber, dass auch sie als Feministin einen Schritt auf die Männer zugehen kann und auch darüber, wie der Blick auf invasive Pflanzen, die die ursprüngliche Vegetation zu verändern scheinen, erweitert werden kann.

Während sie über all diese Themen, die sie bewegen, spricht, sitzt sie aufrecht und entschlossen in ihrem Wohnzimmersessel. Innere Kraft und Ruhe, Sturheit und Mut zum Eigenen scheinen aus dieser Haltung genauso zu sprechen wie eine authentische Art des Seins.

Authentizität. Das ist eine der Eigenschaften, die vor allem mit den Wechseljahren in Marie-Luise Stiawas Leben getreten ist, die bei ihr mit Mitte 40 begannen. Sie wusste: Es würde einen anderen Weg für sie geben als zu leiden und diese Zeit der Veränderung nur mit Hilfe von Hormonen durchzustehen. Von der amerikanischen Kräuterfrau Susun Weed, deren Bücher sie alle gelesen und ein Seminar bei ihr besucht hat, lernte sie, dass die Wechseljahre die größte Metamorphose einer Frau sein können, wenn sie bewusst und eben ohne Hormonzugabe durchlebt werden. Sie ließ sich auf dieses Experiment ein – und war begeistert: »Die Hitzewallungen habe ich als sehr kraftvoll empfunden. Wie eine unglaubliche Energie, die von meinem Becken aus hochsteigt, einem inneren Feuer gleich«. Heute kommt es ihr vor, als habe diese Kraft, dieses Feuer, alles Überflüssige verbrannt: Falsche Hemmungen, Enge, Ängste. »Wie eine Transformation von der Raupe zum Schmetterling!« Früher hätte sie es zum Beispiel nie gewagt einfach so drauflos zu tanzen. Zwar fragt sie sich manchmal bei solchen Gelegenheiten immer noch *Was wohl die anderen denken?*, aber derlei Gedanken haben nun ihre Kraft verloren und ziehen im Grunde einfach nur noch vorbei. »Sie sind einfach nicht mehr wichtig«, sagt Marie-Luise Stiawa. Nicht nur Überflüssiges wurde *verbrannt*, die Wechseljahre haben darüber hinaus eine große Gelassenheit, innere Ruhe und tiefes Vertrauen ins Leben mitgebracht. Sie wird in diesem Jahr 60, ist bei sich angekommen und lebt, wie sie gerne sagt, selbstübereinstimmend. Inzwischen weiß sie auch, dass sie das Glück letztendlich nur bei sich selbst finden kann. Sie ist glücklich mit und auf ihrem Weg und übt sich weiterhin jeden Tag darin, »dem Fluss des Lebens nichts entgegenzusetzen«.

Noch ist ihre Sicht auf die Wechseljahre eine, die kaum Einzug in die Gesellschaft, den Mainstream, gefunden hat. Deshalb ist es ihr wichtig, ihre Erfahrungen in Seminaren zum Thema *WandlungsWeisen* an andere Frauen weiterzugeben. Ein Angebot, das noch nicht so etabliert ist wie ihre Kräuterspaziergänge oder *Holles Blog*, wo man erleben kann, wie sie am Tag der Wintersonnenwende ihren Bienen eine Oxalsäurebehandlung zukommen lässt, wie sie Holz im Schuppen stapelt oder in ihrem Wohnzimmer, beobachtet von der Katze, tanzt. Der Blog ist auch ein Medium, über das sie sich mit anderen Frauen vernetzt. Gerade das Vernetztsein mit anderen Frauen ist etwas, das Marie-Luise Stiawa immer wieder Mut und Inspiration gibt, sie trägt und berührt auf ihrem Weg. Frauen unterstützen, sich mit ihnen austauschen, in Gesprächen Weisheit, Geschichten und Mythen am Leben erhalten – all das ist ihr ein Anliegen. So engagiert sie sich zum Beispiel im Gode-Netzwerk. Gode, ein Begriff, der so viel bedeutet wie Begleiterin oder Beschützerin eines Kindes im Laufe seines Wachstums zu sein, als auch *All-Mutter* oder *Göttin*. »Ich glaube, dass ich als Gode dazu beitrage, dass die tiefe Verletzung des Weiblichen und ihre Folgen für unsere Kultur heilen können.« Das *Goden Netz* ist ein deutschlandweites Netzwerk von Frauen, die altes Wissen bewahren wollen, ein Netz, das seelische und geistige Räume öffnen will, in denen matriarchale Werte erinnert und neu belebt werden.

Matriarchale Werte sind für Marie-Luise Stiawa und die anderen Goden unter anderem zyklisches Denken, ein Leben im Einklang mit der Natur, Fülle und Dankbarkeit, alles, was dem Lebenskreislauf dient, Herzenswärme und Fürsorglichkeit. Ihr Leben in einem kleinen Dorf mit 35 Einwohnern, das aus einem Gutshof und angehörigen Gebäuden besteht, kommt ihrem Eingebundensein in den Rhythmus der Natur sehr entgegen. Blickt sie von ihrem kleinen Garten aus in die Weite, sieht sie nur Felder und Wald – eine Aussicht, die sie liebt. »Ein Leben ohne Natur in der Nähe kann ich mir nicht vorstellen. Hier kann ich nachts den ganzen Sternenhimmel sehen und die Sonne vom Auf- bis zum Untergang beobachten. Oft kommt es mir vor wie das Leben im Paradies.«

Zyklisches Denken und ein Leben im Einklang mit dem Rhythmus der Natur zelebriert sie selbst zudem seit mehr als 20 Jahren mit den Jahreskreisfesten. Manchmal feiert sie alleine, dann wieder mit anderen Frauen zusammen, früher auch mit ihrem zweiten Ehemann. Über das Jahr verteilt gibt es vier Sonnen- und vier Mondfeste, jedem davon werden bestimmte Themen und Energien zugeschrieben. An Wintersonnenwende wird beispielsweise am 21. Dezember die Rückkehr der Sonne, des Lichts, gefeiert und sich daran erinnert, dass alles wiedergeboren wird. Zum Zeitpunkt der Herbst-Tag-und-Nachtgleiche rund um den 21. September sind Licht und Dunkel im Gleichgewicht und es heißt Abschied nehmen von der hellen Jahreszeit. Es ist die Zeit, in der Rückschau gehalten wird auf die Zeit des Wachsens und des Reifens, geerntet werden die Früchte der äußeren und inneren Arbeit, es wird Dank gesagt.

»Gestern feierten wir zu viert die Herbst-Tag-und-Nacht-Gleiche an einem schönen Platz im Wald an der Schwentine. Es war warm und trocken, und so konnten wir auf dem Waldboden sitzend im Ritualkreis die Leckereien verspeisen, die jede mitgebracht hatte. Die Herbst-Tag-und-Nacht-Gleiche ist das Tor in die dunkle Jahreszeit – eine merkt es an den deutlich kürzeren Tagen – und gleichzeitig ein Dankfest für die Geschenke der Natur. Die Kirche hat daraus später das Erntedankfest gemacht. Die acht Jahreskreisfeste zu feiern bedeutet

für mich, mich bewusst an die natürlichen Zyklen anzubinden,
den Wechsel der Jahreszeiten mit ihren unterschiedlichen
Qualitäten zu würdigen und mich immer wieder als Teil des
großen Ganzen zu erkennen.«[2]

Das Feiern der Jahreskreisfeste ist nicht nur eine persönliche Angelegenheit im Heute. Marie-Luise Stiawa folgt damit zugleich alten Spuren, auch denen der weisen Frauen, von denen viele während der Zeit der Hexenverfolgung erbarmungslos ermordet wurden. »Der Vernichtungszug, den Karl der Schreckliche – andere nennen ihn Karl den Großen – um 800 gegen die alten Kulte begonnen und die die Inquisition um 1500 mit unglaublicher Grausamkeit fortgesetzt hat, hat Wirkung im Denken und Fühlen von uns allen gezeigt«, sagt sie. Gleichwohl ist

sie davon überzeugt, dass »letztendlich nichts endgültig aus der Welt geschaffen werden und alles Wesentliche wieder erinnert werden kann«. Wie viele Frauen, die sich auf alte matriarchale Spuren begeben haben, hat auch sie sich mit dem Hexenthema intensiv auseinandergesetzt. »Jemand sagte mir mal, heute sei die Zeit, in der all die Frauen, die um 1500 als Hexen verbrannt wurden, wieder auf die Erde kommen würden. Das fühlt sich auch für mich stimmig an.« Auch sie ist davon überzeugt, dass sie in einem ihrer früheren Leben eine dieser Frauen gewesen ist. Eine Erkenntnis, die mit viel innerer Arbeit verbunden war. Anfangs war es ihr wichtig, jedem zu erzählen, dass sie eine Hexe sei. Heute muss sie das nicht mehr so explizit sagen. Geblieben ist und einfach gelebt wird das Gefühl »an etwas anzuknüpfen, was vor langer Zeit gewaltsam unterbrochen wurde«.

Hexe zu sein heißt für sie vor allem, sich das Wissen um Gesundheit und Heilen wieder zurückgeholt zu haben. Kräuterkundig und damit selbst in der Lage zu sein, sich zu heilen. »Der Begriff Hexe bedeutet, mit einem Auge auf Wildnis und mit dem anderen auf kultiviertes Gelände schauen zu können. Diese Frauen, die wilden Weiber, können in beide Richtungen sehen.« Bei ihr als *Zaunreiterin*, wie moderne Hexen sich auch nennen, steht der *normale* Job in der Klinik gleichwertig neben dem Feiern von Jahreskreisfesten, ihrem Morgenritual oder Gesprächen mit Pflanzen und Tieren.

Man kann sich Marie-Luise Stiawa, wie sie dasitzt mit ihrem Faltenrock und den hohen Stiefeln, dem rötlich schimmernden langen Haar und dem Pentagrammamulett um den Hals – einem altem Schutzsymbol, das mitunter auch als Erkennungszeichen unter heutigen Hexen gelten kann –, gut vorstellen in der Rolle der Hexe, die sich ganz unbeschwert in den verschiedenen Welten bewegt und sich mit den sie umgebenden Wesenheiten unterhält.

Als sie jung war, haben die Bücher feministischer Autorinnen sie unterstützt und beeinflusst. Aber auch später haben einige Frauen, *Wegbegleiterinnen*, wie sie sagt, denen sie im Laufe ihres Lebens in ihren Werken oder persönlich begegnet ist, die Richtung ihres Lebens besonders geprägt. Bei Luisa Francia, einer der bekanntesten Vertreterinnen der magischen Seite des Feminismus, waren es vor allem deren Bücher, die sie faszinierten und von der sie, wie Marie-Luise Stiawa heute sagt, vor allem das Frechsein gelernt hat. Susun Weed, die bereits erwähnte amerikanische Kräuterfrau, hat ihr neben dem Wissen über die Wechseljahre vieles über Wildpflanzen mit auf den Weg gegeben. Und schließlich Ute Schiran, die seit mehr als 30 Jahren schamanische Seminare für Frauen und speziell für Lesben anbietet, eine Schriftstellerin, Performance-Artistin, Subsistenzbäuerin und lesbische Schamanin, wie sie sich selbst bezeichnet, von der Marie-Luise Stiawa drei Jahre lang in Schamanismus unterwiesen wurde.

Überhaupt ist die spirituelle Frauenbewegung zu ihrer neuen Heimat geworden, nachdem sie sich von der linken Politik abgewandt hatte. Auch wenn sie in den 1980er Jahren schwere Zeiten, geprägt von Trennungen und Krankheiten, durchleben musste, sieht sie im Rückblick, dass es in diesen Jahren wohl immer etwas gegeben haben muss, was sie getragen hat. »Auch wenn ich mir dessen nicht bewusst war.« Ein *kleiner Funke*, vielleicht ein inneres Licht. In Selbsthilfegruppen und einer Körpertherapie, die sie von ihrer Depression, die sie schon von Kindheit an begleitete, befreite, machte sie darüber hinaus Erfahrungen, die ihr neuen Mut und Vertrauen auf ihrem Weg schenkten und gewann die Überzeugung, dass ab dem Moment, in dem sie sich aus ihrer Opferrolle herauswagt, Verantwortung für ihr Leben übernimmt und sich fragt, was *jetzt* möglich ist, Hilfe da sein wird. Eine Erfahrung, aus der sich auch die Essenz ihres Weges speist: *Lerne auf deinen eigenen Füßen zu stehen und alles wird kommen.*

So wie der Studiengang bei *Alma Mater*, einer feministisch-matriarchalen Akademie für Kultur, Ethik, Religion und Spiritualität, an der unter anderem auch Ute Schiran lehrt, und den sie von 2006 bis 2009 absolvierte. »Bei Ute Schiran habe ich gelernt, dass Magie etwas ist, was alltagstauglich sein muss. Sie sagte immer, *Magie, die du nicht beim Zwiebelschneiden machen kannst, ist nichts wert*«, sagt Marie-Luise Stiawa und gibt als leidenschaftliche Köchin inzwischen selbst Obacht auf die Stimmung, in der sie ein Essen zubereitet. »Ich bin sicher, dass das darüber entscheidet, wie das Essen hinterher schmeckt und wirkt«.

Als junge Frau hingegen war Magie für sie etwas Nicht-Alltägliches, so wie ein Liebeszauber, den sie einmal ausprobiert hat und der zwar in gewisser Weise funktioniert habe – »doch letztendlich unbefriedigend verlief und nach kurzer Zeit gezeigt hat, dass da viel Konstruiertes im Zusammensein war«. Heute schickt sie ihre Wünsche deshalb auf eine andere Weise in die Welt. »Wenn ich mir heute etwas wünsche, dann versuche ich es eher mit Visualisieren oder konkretem Aufschreiben. Anschließend stelle ich mich in den Wald und rufe meine Wünsche laut in alle Richtungen aus.« Eine Methode, die zu funktionieren scheint, ist sie schließlich doch auf diese Weise zu ihrer Wohnung auf dem Land gekommen – mit eigenem Garten, Holzofen, Nähe zur Stadt, alles *Sonder*wünsche, die letztlich erfüllt wurden, auch wenn es dafür fünf Monate der Suche gebraucht hat.

Dass sie aus den schamanischen Unterweisungen bei Ute Schiran weit mehr als bloßes Wissen mitgenommen hat, wird in einem ihrer Blogbeiträge besonders deutlich:

»Zehn Tage schamanische Unterweisung durch Ute Schiran in Portugal an der Algarve. Wie immer kann ich nicht wirklich beschreiben, was wir dort gemacht haben. Auf jeden Fall bin ich sehr dankbar, Ute als Lehrerin gehabt zu haben. Die Unterweisungszeit ist vorbei, aber ich bin mir sicher, dass wir uns wiedersehen, auch die Frauen, mit denen ich die Erfahrung eines Gruppenkörpers machen durfte.
Die Tage waren nicht nur angefüllt mit Arbeit unter Utes Anleitung, Strandgängen, Baden im Atlantik, saugutem ayurvedischen Essen, leckeren portugiesischen Natas und massenweise Galaos (eine Art Latte macchiato), sondern auch mit viel Körperkontakt, Zärtlichkeit und Sitzen am Kamin. Wir haben

gelacht und uns zu dritt in Löffelposition auf ein Bett gelegt, wir haben uns massiert und erzählt, sind im Mietwagen an den Strand und am letzten Tag an das Cabo de Sao Vicente gefahren, um den Sonnenuntergang anzuschauen, beobachtet von ein paar wilden Hunden.«[3]

Schon viele Jahre vor ihrem ersten Kontakt mit Lehrerinnen wie Ute Schiran, haben Trommeln und Rasseln, mit denen Schamanen weltweit arbeiten, Einzug in Marie-Luise Stiawas Leben gehalten und schmücken heute ihren Altar im Wohnzimmer. Ein Altar, der sich je nach Jahreskreisfest wandelt. Im Herbst zeigt er sich beispielsweise mit bordeauxfarbenem Deckchen, der Haut einer Ringelnatter, Federn, Rassel, Kerzen, Steinen und einem Kelch. Der Platz erinnert sie im Alltag daran, dass es mehr im Leben gibt als das, was man sehen kann. Hier vollzieht sie auch ihr Morgenritual, bei dem sich im Laufe der Jahre immer mehr eine feste Form herauskristallisiert hat. Inzwischen dauert es 30 bis 40 Minuten und besteht aus einer Mischung von Körper-, Zentrierungs- und Atemübungen, die ihr helfen, gut in den Tag zu starten. Manchmal bekommt sie in dieser Zeit auch Antworten auf Fragen, die sie aktuell beschäftigen. »Außerdem bedanke ich mich jeden Morgen für alles Schöne, was ich im Laufe der vergangenen 24 Stunden erlebt habe. Das kann so etwas Kleines sein wie ein singender Vogel vor meinem Fenster oder ein Mensch, der mich auf der Straße angelächelt hat.« Ein Ritual, das ihr hilft, auch in schweren Zeiten außer dem Schmerz auch noch das Schöne in ihrem Leben wahrzunehmen.

Wichtig in ihrem Leben ist zudem ihre *Traumzeit* geworden – jeden Tag eine halbe Stunde des Nichtstuns, einfach nur da sein, lauschen und spüren. »In dieser Zeit nehme ich wahr, was die nicht-menschlichen Wesen um mich herum so machen. Am Anfang sind oft noch viele Gedanken da, doch je stiller es mit der Zeit in mir wird, umso mehr kann ich von dem wahrnehmen, was um mich herum passiert.« Es ist eine Zeit, die sie am liebsten draußen in ihrem Garten neben den beiden Bienenstöcken verbringt. Eine Zeit, die ihr heilig ist – nur im Urlaub lässt sie sie mal ausfallen.

Ein weiteres Thema, das sie schon sehr lange begleitet, ist der Körper. Der Körper, sagt Marie-Luise Stiawa, sei für sie ein einziges faszinierendes Universum – »Körper und Erde sind für mich eins. Wer das, was in seinem Körper passiert, bewusst mitbekommt, der weiß etwas über die Welt: Dass sich alles selbst reguliert, wenn man es lässt. Ebenso verbindet uns der Körper mit unserer kompletten Ahnenlinie. Alles, was jemals in der Welt geschehen ist, ist in jeder einzelnen kleinen Zelle gespeichert – faszinierend«. Sie selbst hat erlebt, wie bei ihr während einer Körpertherapiesitzung scheinbar längst vergessene Kräfte freiwurden:

> »In meiner damaligen Körpertherapie begegnete mir der Wolf, als in einer Sitzung ein mächtiger Schrei aus mir herausbrach. Nie zuvor habe ich so geschrien und danach auch nie wieder. Ich wusste bis dahin nicht, dass ich zu solchen Geräuschen fähig bin. Es war ein Moment von Befreiung und Kontakt mit dem wilden Wesen, das in mir unter all den zivilisatorischen Schichten immer noch lebendig ist. Und dieses wilde Wesen tauchte damals als Wolf im Wald vor meinem inneren Auge auf.«[4]

Der Wolf, der auch ein schamanisches Krafttier ist. Manchmal wollen Freunde und Bekannte wissen, ob sie nicht einsam sei, so ganz alleine in einer Wohnung auf dem Lande. Doch die Zaunreiterin hat ihre ganz eigene Sicht darauf:

> »Nein, ich bin nie allein. Ob ich auf meinem Hügel sitze und in die Weite schaue, ob ich im Wald oder im Haus bin, ich bin umgeben von lebendigen Wesen. Ich habe als sehr kleines Kind, das im Gipsbett lag, gelernt, gut mit Alleinsein klarzukommen. Wenn ich AllEinSein so schreibe, wie Ute Schiran es macht, dann wird deutlich, was es wirklich bedeutet: verbunden sein mit allem, was ist. Ich glaube, das geht nur, wenn eine ganz und gar bei sich selbst zu Hause ist.«[5]

Dieses Wissen um ein bewusstes Angebundensein an alles, was um sie herum existiert, ist Marie-Luise Stiawas spirituelle Heimat. Sie ist sich sicher, dass alles eine Seele hat – ob Mensch, Pflanze, Computer, Tisch oder Auto. »Ich denke, alles um mich herum ist belebt – und es gibt Kräfte, die wir nicht sehen können, die aber da sind. So wie zum Beispiel die drei Nornen, die

Schicksalsgöttinnen in der germanischen Mythologie. Manchmal wende ich mich mit einem Problem an sie und spüre dann ihre Präsenz.« Wie machtvoll unsichtbare Kräfte und Wesen sein können, hat sie beispielsweise auch in den schamanischen Seminaren erlebt:

>»Damals, 2007, hat Ute Schiran uns mit den vier Winden experimentieren lassen. Ich wählte Louhi, die Nordwindin und Vogelfrau, die einige vielleicht aus der finnischen Kalevala [Erzählung finnischer Mythologie] kennen. Ich kannte sie nicht, fühlte mich nur zu ihr hingezogen und erfuhr im Nachhinein, dass sie die große Zerreißerin ist.
>Ja, und es sieht so aus, als hätte sie dann im gleichen Jahr meine Ehe zerrissen und damit für eine längst überfällige Klarheit gesorgt. Die Klarheit, dass dieser schwere Schritt unausweichlich geworden war. Das hat mich auch mal wieder darin bestätigt, dass eine nicht unverbindlich mit den unsichtbaren Energien spielen kann. Was gerufen wird, kommt und manchmal auf unberechenbare Weise.«[6]

Schon öfter hat sie Hilfe von unsichtbaren Kräften und Energien erfahren. Zum Beispiel zog es sie, als sie einmal mit dem Fahrrad unterwegs war, plötzlich ganz stark zu einer Pflanze am Wegesrand hin. »Ich hielt an und sah, dass es das Johanniskraut war.« Eine der wenigen Pflanzen, die die Kräuterkundige zu jenem Zeitpunkt kannte. Ganz fremd war ihr die Pflanzenkunde jedoch nicht – ihr Großvater hatte sie und ihren Bruder häufig mit in den Wald genommen und ihnen die Pflanzen erklärt, Krankheiten waren in ihrem Elternhaus stets mit Heilpflanzen behandelt worden –, aber sie hatte trotz aller Naturverbundenheit lange Zeit keine Rolle mehr in ihrem Leben gespielt. Die Begegnung mit dem Johanniskraut sollte dies allerdings wieder ändern. »Ich stand einfach da und habe gespürt, wie die heitere und sonnige Ausstrahlung des Johanniskrauts in mich übergegangen ist. In diesem Moment ist mir regelrecht das Herz aufgegangen und tief drin erinnerte ich mich wieder: *Ja, das ist es. Die Pflanzen sind es, die alles heil machen.*« Sie wurde damals von der Heilpflanze, die gegen Depressionen hilft, aus ihrer depressiven Stimmung geholt und gleichzeitig tief berührt und angestupst. Dass Pflanzen direkt Kontakt mit ihr aufnehmen, hatte sie bereits zuvor erlebt, als sie noch in Münster lebte und einen gepachteten Garten hatte. »Einmal stand ich abends zwischen den Reihen und spürte plötzlich eine unglaubliche Präsenz hinter mir. Gleichzeitig wusste ich, dass es kein Mensch war. Ich blickte hinter mich und sah die Bohnen. Es ist nicht so, dass sie etwas gesagt hätten. Aber ich hatte das Gefühl, als wollten sie sich freundlich bemerkbar machen, so, als würden sie *Hallo, hier sind wir*, sagen. Es wundert mich nicht, dass es ausgerechnet die Bohnen waren – schließlich mag ich die besonders gerne.«

Nach dem intensiven Erlebnis mit dem Johanniskraut, bildet sich Marie-Luise Stiawa autodidaktisch in der Heilpflanzenkunde aus, sie liest sich in das Gebiet der Heilpflanzen ein, experimentiert viel mit Kräutern und nimmt an einem Seminar von Susun Weed teil. Und sie beginnt, Kräuterkurse zu geben. Heute bietet sie von Frühjahr bis Herbst Wildkräuterspaziergänge bei sich im Dorf an. Hier lernen die Teilnehmenden verschiedene Kräuter kennen und stellen anschließend Heilmittel aus diesen her. »Manche Menschen kommen schon seit Jahren immer wieder. Die meisten haben den Wunsch, eigenmächtig mit ihren Krankheiten umgehen zu können. Viele haben schlechte Erfahrungen mit der Schulmedizin gemacht und hoffen auf Hilfe durch die Pflanzen. Es gibt aber auch ein großes Bedürfnis nach Rückverbindung mit der freien Natur.«

Sie selbst hat inzwischen wieder ein sehr enges Verhältnis zu Pflanzen und Kräutern. Sie fragt sie, was diese benötigen, und sucht nach Antworten auf persönliche Fragen bei ihnen. Doch nicht nur bei den Pflanzen findet sie Antwort, sondern auch bei Steinen. Mehrfach war sie in den *Alignements von Carnac* in der Bretagne – einer Megalith-Anlage mit tausenden, größerer und kleinerer, fein säuberlich, vor rund 6.500 Jahren nebeneinander aufgestellter Steine – und hat die Energie an diesem Ort auf sich wirken lassen. »Wenn ich zwischen den Steinen gestanden habe, war es, als würde ich einen besonderen energetischen Raum betreten«, erzählt Marie-Luise Stiawa. »Ich habe dort auch einige Male unerklärliche Phänomene erlebt, wie einen Blitz direkt über meinem damaligen Freund und mir ohne nachfolgenden Donner oder eine totale Windstille, während gleichzeitig im Wäldchen direkt nebenan die Bäume vom Wind bewegt wurden.« Heute sucht sie immer wieder Megalith-Anlagen rund um ihren Wohnort in der Holsteinischen Schweiz auf. »Hier gibt es viele so genannte Langbetten, die Archäologen als Grabstätten ansehen, obwohl es in vielen gar keine Hinweise auf Bestattungen gibt. Für mich haben sie viel Ähnlichkeit mit einer Gebärmutter«, deshalb geht sie davon aus, dass es Orte für Initiationen und Visionssuchen gewesen sind.

Dafür, wie sich ihr Leben – und die Gesellschaft insgesamt – bestenfalls weiterentwickeln soll, hat sie ihre ganz eigene Vision: »Ich würde gerne zusammen mit anderen ein Stück Land kaufen und einen Ort schaffen, an dem jeder seinen eigenen Raum hat, aber man dennoch verbunden zusammenlebt und sich selbstversorgt. Ein herrschaftsfreier Raum, wie es ihn bislang kaum gibt«, sagt Marie-Luise Stiawa. Ob ihre Vision realistisch ist, werden die kommenden Jahre zeigen müssen. Dass sie sich mit ganzer Kraft dafür stark machen wird, dessen kann man sich sicher sein.

Pflanzen haben **Marie-Luise Stiawa** (Jahrgang 1953) schon von Kindesbeinen an fasziniert. War es früher der Großvater, der sie mit in die Natur genommen und ihr dort alles erklärt hat, so ist sie es heute selbst, die ihr Wissen über Heil- und Wildpflanzen in Seminaren an andere Menschen weitergibt. Als gelernte Krankenschwester für Psychiatrie arbeitet sie 30 Stunden in der Woche in einer psychiatrischen Klinik in Kiel, die restliche Zeit nutzt sie, um das zu tun, was ihr am Herzen liegt: In der Natur sein, Freundinnen treffen, sich vernetzen mit anderen Frauen, Jahreskreisfeste feiern oder Zeit alleine verbringen. Eine Körpertherapie in den 1980er Jahren befreite sie von ihrer Depression, die sie schon von Kindheit an begleitete. Das Thema Körper fasziniert sie seither und so bildete sie sich selbst in einer Form der Körperpsychotherapie weiter. Später folgten ein Studium an der Feministischen Akademie *Alma Mater* sowie schamanische Unterweisungen. Nach zwei langjährigen Ehen lebt Marie-Luise Stiawa, Mutter zweier erwachsener Kinder, heute alleine auf dem Land in einem kleinen Dorf in der Holsteinischen Schweiz. *www.hollesgarten.de*

»Auch wenn man ganz tief unten war, kann man den Weg aus
all dem vergangenen Schmerz heraus hin zur Freude und dem
eigenen Herzensweg finden.«

Sandra Franz –
Geborgen in der Stille

Manchmal, sagt Sandra Franz, sei es fast erschreckend, wie gut im Rückblick alles zusammenpasse, wie sich ein ganzes Bild ergebe. Das Tattoo auf ihrem rechten Arm – auf Sanskrit –, mit dem Beginn des Sonnenmantras, das sie sich vor Jahren hat stechen lassen, einfach so, ohne einen Bezug zum Buddhismus zu haben. Und das ihr in einem Gespräch mit Wolfgang Seifert, ihrem späteren Meditationslehrer, im *Waldhaus am Laacher See* wiederbegegnet. Überhaupt ihr Weg in dieses buddhistische Seminarzentrum in der Eifel, wo sie heute als Köchin arbeitet.

Schaut sie auf ihren Lebensweg zurück, so ist sich Sandra Franz sicher:»Alles war gut, wie es gekommen ist.« Und sie würde »alles wieder so machen«. Sie strahlt Ruhe aus, während sie in der Küche des *Waldhauses* das Abendessen für die Seminarteilnehmer zubereitet. Sie wirkt angekommen, wenn sie achtsam die Suppe rührt und hier und da noch ein paar Gewürze und Kräuter hinzufügt. Wenn man dabei zusieht, wird spürbar, wie sehr sie ihre Arbeit liebt und diese sie erfüllt.

Dabei war ihr Start ins Leben nicht leicht. Ganz im Gegenteil. Alkoholmissbrauch und Gewalt prägten den Alltag in ihrem Elternhaus im Westerwald. Ein echtes Kindsein war nicht möglich. Erinnert sie sich an Szenen aus ihrer Kindheit, ist noch heute ihre damalige Verzweiflung spürbar, und ihr Überfordertsein.

Als sie 16 Jahre alt ist, geht Sandra Franz von zuhause weg und zieht in ein evangelisches Stift, das in einem Kloster im hessischen Wetzlar ansässig war, wo sie eine Lehre als Hauswirtschaftlerin beginnt. »Ich dachte damals, alles, was ich in der Ausbildung lerne, kann ich sicher auch später noch gut gebrauchen.« Sie kocht, arbeitet im hauseigenen Café, im Service, an der Kasse, als Bedienung. Zur Ausbildung gehören auch Bereiche wie die Arbeit in der Wäscherei oder das Nähen. Sie eignet sich so grundlegendes Wissen an, das ihr noch »bis heute immer wieder weiterhilft«. Die Ausbildung und der Aufenthalt im Kloster sind stark reglementiert, feste Zeiten müssen eingehalten werden, sonst stehen intensive Gespräche über das Fehlverhalten an. Die Auszubildende lernt, worauf es im Alltag und in der Arbeitswelt ankommt. Die Schwestern vermitteln ihr

Werte und Disziplin. »Es war damals meine Rettung, in diesem Kloster zu landen«, sagt sie heute. Trotzdem blieb sie auch nach ihrer Ausbildung noch viele Jahre unstet. »Nicht nur im beruflichen Bereich, sondern auch im Privaten.«

Sie hat mehrere Partner gleichzeitig – kurze Beziehungen, *schnellen Sex*, wie sie sagt. Um Geld zu verdienen, arbeitete sie damals zeitweise auch bei einer Sexhotline. Warum auch nicht? Die Hürde *Sex* sei in jenen Jahren für die Anfang bis Mitte 20-Jährige sehr niedrig gewesen. »Eigentlich habe ich immer nach Liebe und Anerkennung gesucht, beides aber nie gefunden«, sagt Sandra Franz. Unbewusst habe sie in dieser Zeit oft Männern bevorzugt, die sie schlecht behandelt haben. Einerseits wiederholte sie damit, ohne sich dessen gewahr zu sein, Muster, die ihr von ihren Eltern vorgelebt worden waren.

Andererseits sind ihr inzwischen auch andere Gründe für ihr Verhalten bewusst. »Ich habe mich ja selbst nicht gut behandelt und dachte, ich sei es gar nicht wert, mit jemandem zusammen zu sein, der gut zu mir ist.«

Dieses Leben hinterlässt Spuren, körperlich ebenso wie seelisch. Lange Jahre konnte sie mit niemandem über das sprechen, was sie in ihrer Kindheit erlebt hatte. Sie ritzte sich, versuchte sich umzubringen, litt an einer Essstörung und an Depressionen, verbrachte viele Jahre in Kliniken. »Es war immer ein Überlebenskampf. Ob zuhause oder in der Schule, wo ich gegen jede Art von Autorität rebelliert habe. Früher hatte ich keine Beziehung zu meinem Körper, er sollte einfach funktionieren«. Heute weiß sie, dass sie die meiste Zeit Raubbau an ihrem Körper betrieben hat, durch viel Sport, bis an ihre Grenzen und weit darüber hinaus, durch viele Männer, durch ständig wechselnde Projekte, denen sie sich ganz verschrieb, um dann, nach Beendigung, ohne jede Kraft weiterzuziehen.

Ihr Leben war von Extremen geprägt. »Ich war viel unterwegs. Kaum war ich an einem Ort angekommen, hatte ich das Gefühl, wieder weg zu müssen. Ich war immer in Bewegung und im Tun. Heute weiß ich, dass ich vor mir selbst und meiner Geschichte davongelaufen bin. Es erschien mir viel zu schmerzhaft, sie anzuschauen.« Auch ihre Narben vom Ritzen versteckt sie jahrelang. Bis sie auf eine Krankenschwester trifft, die ihr während eines Klinikaufenthalts zum ersten Mal in ihrem Leben ein Gefühl von Vertrauen gibt. »Sie sagte, das Ritzen sei einfach ein Ventil für mich, um mit all den aufgestauten Gefühlen und Erlebnissen klar zu kommen. Sie war der erste Mensch, dem ich mich traute, meine Narben zu zeigen, denn sie gab mir das Gefühl in Ordnung zu sein, auch, wenn ich mich selbst verletzte.«

Hinter der Köchin des *Waldhauses am Laacher See* liegt bereits auch eine gescheiterte Ehe. Sie war 26, als sie heiratete und ganz klassisch mit ihrem Ehemann ein Haus baute. Sie wollte das traditionelle Modell von Haus, Heirat und Geld ausprobieren, dachte, es würde ihr Sicherheit geben. Schnell merkte sie jedoch, dass auch diese Art zu leben sie nicht erfüllte und sich für sie letztendlich nur leer anfühlte – wie früher der schnelle Sex. Heute sind Sandra Franz und ihr Mann geschieden, stehen aber weiterhin in gutem Kontakt zueinander, worüber sie sehr froh ist. »Bei der Scheidung haben wir uns umarmt, das hat die Scheidungsrichterin sichtlich irritiert«, erzählt sie. Mit 30 ist sie dann von Hessen in die Eifel gezogen – der Liebe wegen. Aber dieser Schritt sollte viele weitere Veränderungen nach sich ziehen: Die Versöhnung mit ihrem Vater – ihre Mutter ist bereits 2002 gestorben –, die Übernahme eines Bioladens, der erste Besuch im *Waldhaus*, die Erfahrung von tiefer Liebe und heilsamer Stille, die Geburt ihres Sohnes.

Der Umzug markiert einen bedeutsamen Wendepunkt in ihrem Leben, den sie selber vorher nicht im Mindesten erahnt hat. Den Beginn ihres Herzensweges markiert jedoch nicht dieser Ortswechsel, sondern die Übernahme des Bioladens in Mayen 2006. Gemeinsam mit einer Freundin wollte Sandra Franz den Bioladen weiterführen, in dessen Café sie bereits seit einiger Zeit arbeitete. Das Vorhaben schien anfangs allerdings undurchführbar. Die beiden Frauen hatten nicht genug Kapitel, um den Laden zu übernehmen, wegen fehlender Sicherheiten, wie es in der Bankensprache heißt, wollte ihnen die Bank keinen Kredit geben. Die Türen zur Bank öffnete ihnen erst Andrea Nahles. Denn als die heutige Generalsekretärin der SPD – die öfters im Café des Bioladens zu Gast war – wieder einmal vor Ort war, war Sandra Franz kurzentschlossen zu ihr hingegangen, hatte ihr von dem Vorhaben erzählt – und die Politikerin offenbar überzeugt, den beiden Frauen zu helfen.

Nachdem alles geregelt ist, übernehmen sie und ihre Freundin den Bioladen. Das erste eigene Unternehmen nachdem die gelernte Hauswirtschaftlerin zuvor vor allem in Küche und Service von Restaurants und Pflegeheimen gearbeitet hatte. Die Jungunternehmerinnen wollen jedoch nicht nur Bioprodukte verkaufen, sie wollen zugleich etwas Positives bewirken, Transparenz schaffen und den Kunden vermitteln, was sie durch ihr Kaufverhalten selbst alles bewirken können. Sandra Franz arbeitet sich in die Biobranche ein, spricht mit Zulieferern und Firmen, geht auf Messen. Und macht Erfahrungen, die ihr Bild von der Biobranche ändern. »Seit der Zeit im Bioladen betrachte ich die Biobranche kritischer.« Etwa, weil es auch dort immer mehr konventionelle Ansätze gebe. Das ambitioniert gestartete Vorhaben endet bereits anderthalb Jahre später. Zum einen weil der Laden sich zwar trägt, aber das Einkommen langfristig nicht als Lebensunterhalt für beide Frauen reicht. Zum anderen tauchen immer wieder Streitigkeiten zwischen den befreundeten Geschäftspartnerinnen auf.

Rückblickend hat Sandra Franz erkannt, dass diese Konflikte letztendlich immer ein Spiegel ihrer eigenen, noch ungelösten Konflikte aus der Vergangenheit waren. Muster, bei denen sie sich bis in die Gegenwart ertappt. »Auch in der Beziehung zu meinem Freund merke ich immer wieder, wie sich Schuldzuweisung in Form von *Du, du, du* einschleichen. Mittlerweile lande ich aber viel schneller als früher beim *Ich* und werde auf mich selbst zurückgeworfen«, sagt sie. Letzten Endes sei sie vor allem an den Begegnungen mit schwierigen Menschen am meisten gewachsen. »An dem Satz *Dein Feind ist dein größter Zen-Meister* ist wirklich etwas Wahres dran.« Aus ihrer Zeit als Bioladenbesitzerin hat Sandra Franz noch mehr Erkenntnisse für ihr Leben mitnehmen können: »Ich habe sehr viel gelernt in dieser Zeit, auch, wo meine körperlichen Grenzen sind. Ebenso habe ich gemerkt, dass ich mit Kritik und Vorwürfen an Kunden im Bezug auf ihr Einkaufsverhalten nicht weit komme, sondern vielmehr durch mein Vorleben und meine Begeisterung für biologische Nahrungsmittel andere mitreißen und überzeugen kann.«

Auf die Aufgabe des Bioladens folgt eine Zeit, in der die Frage, wie ihr Weg jetzt weitergehen soll, ihr ständiger Begleiter ist. Eine Freundin rät ihr, doch mal ins *Waldhaus am Laacher See* zu gehen. Und so lernt Sandra Franz das Seminarzentrum kennen, in dem sich heute ein wichtiger Teil ihres Lebens abspielt. Das Haus wird getragen vom Verein *Buddhismus im Westen* und ist in seiner Ausrichtung dem Theravada und ursprünglichem Buddhismus verbunden. Die Gemeinschaft fühlt sich, wie sie auf ihrer Website schreibt, auch den Zen-Traditionen, den tibetischen Richtungen und besonders Thich Nhat Hanh sehr verbunden. Gemeinsames Band sei die Übung der Achtsamkeit und die Offenheit für alle buddhistischen, religiösen, philosophischen und therapeutischen Richtungen. Als Sandra Franz 2010 zum ersten Mal das *Waldhaus* besucht, sagt ihr weder *Theravada* noch *Zen* etwas. Auch Meditation und spirituelle Themen sind ihr bis dahin fremd. Evangelisch getauft, war sie als Anfang 20-Jährige aus der Kirche ausgetreten, ihre kritischen Fragen waren bei den Kirchenvertretern in Schule und Heimatgemeinde nicht gut angekommen. Die christliche Lehre, so wie sie damals vermittelt wurde, befriedigte sie nicht, sie sah keinen Sinn in all den Vorschriften und Ritualen des Kirchenalltags. Nach dieser Erfahrung hatte sich die nun Konfessionslose keiner anderen Religion mehr angeschlossen. Da sie jedoch ihrer Freundin vertraute, die das Seminarzentrum aus eigenem Erleben kannte, meldete sie sich dort, um neugierig eine Woche lang als Helferin in der Küche und im Haus mitzuarbeiten – das, was sie gelernt hat und kann.

143

Doch schon bei ihrer Ankunft überkommt sie das Gefühl zuhause zu sein. Ganz so, als würde sie diesen Ort schon lange kennen. Sie fühlt sich wohl, putzt, schnipselt Gemüse, räumt Tische ab und beschließt an der offenen Meditation teilzunehmen, die einmal in der Woche abends im *Waldhaus* stattfindet. Es ist ihre erste Meditation überhaupt und sie wird zu einem weiteren Wendepunkt auf ihrem Weg. Während des Sitzens in der Stille spürt Sandra Franz plötzlich ein inneres Gefühl der Wärme und Liebe. Eine Liebe, die mit der irdischen Liebe nicht vergleichbar ist. Die Gefühle überwältigen die Helferin, der Liebe und Geborgenheit solange fremd gewesen sind. Zwei der anderen Meditierenden bemerken ebenfalls, dass gerade etwas Bedeutsames geschieht. Nach der Meditation sagen sie in die Runde: »Heute ist hier etwas ganz Besonderes passiert, was so nicht sehr häufig vorkommt.« Worte, an die sich Sandra Franz gut erinnert, denn dieses Erlebnis ist für sie aus heutiger Sicht eine göttliche Erfahrung – »auch, wenn ich das Wort *Gott* sonst eher meide, da es für mich durch die Kirche negativ belastet ist«.

Diese Erfahrung bestärkt sie in ihrem Gefühl, richtig zu sein an diesem Ort. Mehr noch: Sie spürt, dass hier noch etwas auf sie wartet, etwas, das sie noch erleben soll. Also bittet sie darum, ihre Zeit als Helferin verlängern zu dürfen und meldet sich gleichzeitig für ein achttägiges Schweigeseminar an, das vier Tage später beginnen soll. Es ist eines der härtesten Schweigeseminare im *Waldhaus*, beginnend mit einer dreistündigen Meditation noch vor dem Frühstück. Aber weder das lange Sitzens noch das Schweigen können sie schrecken. »Es fühlte sich einfach richtig an.«

Noch immer wird ihr ganz warm ums Herz, wenn sie über ihre Erlebnisse während dieses Schweigeseminars spricht. Es ist vor allem eine Begegnung am Rande des Seminars, die bis heute nachklingt und ihr auch in schwierigen Situationen auf ihrem Weg immer wieder neuen Mut gibt. Es ist nachts, Sandra Franz möchte noch einmal auf die Toilette und kommt auf dem Weg dorthin durch die große Halle, die die Schlafräume und den Toilettentrakt miteinander verbindet. Dort sitzt ein junger Mann – ein Buddhist, wie sie später erfährt – und liest. Er winkt sie zu sich und sagt, er würde ihr gerne eine Geschichte erzählen. Die Geschichte handelt von seiner Herkunftsfamilie, davon, welch schwieriges Verhältnis er zu seinem Vater hatte. Sie hört zu und kann es nicht glauben – so viele Parallelen zu ihrer eigenen Geschichte, das konnte doch kein Zufall sein! Die beiden reden bis in die Morgenstunden, merken gar nicht, wie die Zeit vergeht. Zum Abschied bedankt sich Sandra Franz bei ihm, sie umarmen sich, er geht meditieren, sie möchte noch etwas schlafen. »Dann lag ich im Bett, mein Körper war müde, doch der Geist war ganz wach. Ich spürte wie immer mehr Wärme und Liebe in den Körper flossen. Gleichzeitig begannen die Tränen zu fließen. Es waren keine Tränen der Trauer, sondern der Erleichterung. Ich erlebte ganz intensive Freude, Euphorie und ein Gehaltenwerden.« Mehrere Stunden lang hielt dieser, wie sie sagt, *wunderbare Zustand* an. »Es war gigantisch und erschöpfend zugleich«, erinnert sie sich an diese Erfahrung, die für sie ein Erleuchtungserlebnis war, das ihr geschenkt worden ist.

Nach diesen extremen Gefühlswechseln hat sie sich erst einmal hingelegt und »geschlafen wie ein Stein«. Als sie später am Tag dem Mann, der ihr seine Geschichte geschenkt hat, von dem Erlebten erzählt habe, sei dieser voller Mitgefühl gewesen. Die Intensität des Erlebten prägt Sandra Franz bis heute: »Es war wie eine Umprogrammierung in tiefen Ebenen.« Vorbei sind die »starken Gefühlsabstürze und Tiefen«, die lange Zeit ihr Leben prägten. Denn nun ist da stattdessen stets die Gewissheit, gehalten und geliebt zu sein. Ein Gefühl, das »an nichts im Außen gekoppelt« ist und das ihr in schwierigen Momenten immer wieder Mut und Kraft gibt.

Vielleicht haben die Erfahrungen, die Sandra Franz vor ihrem ersten Aufenthalt im *Waldhaus* bei einigen Familienaufstellungen gemacht hatte, sie geöffnet für dieses intensive Erleben von Liebe und Geborgenheit. Denn dort hatte sie zum ersten Mal »gespürt, dass es in meiner Herkunftsfamilie auch Liebe gegeben hat«. Der Hass auf ihre Eltern, den sie bis dahin mit sich getragen hatte, konnte langsam gehen. Seitdem hat sich das Verhältnis zu ihrem Vater stark gewandelt: »Nachdem wir uns viele Jahre nicht gesehen hatten, stehen wir uns jetzt sehr nahe. Wenn wir uns sehen, umarmen wir uns einen Moment lang fest. Dieser Augenblick des Gehaltenwerdens fühlt sich wunderbar an.« Mittlerweile kann Sandra Franz, die heute im Reinen ist mit ihrer Herkunftsfamilie, auch das sehen, was der Vater für die Familie getan hat: »So hat er uns zum Beispiel alle ernährt. Dafür bin ich ihm sehr dankbar.«

Bevor sie selbst mir ihrer Kindheit und Herkunftsfamilie in Frieden kam, war es für sie undenkbar gewesen, eigene Kinder zu bekommen. Zu groß war ihre Angst, »gewalttätig und hysterisch« zu werden, so wie sie es bei ihren Eltern erlebte. Doch während einer der Familienaufstellungen, an denen sie teilnahm, sprach sie jemand auf das Thema Kinder an und fragte sie, »ob da nicht eine Seele sehr hartnäckig anklopfe bei mir, die unbedingt auf diese Welt wolle«. Von da an lässt sie das Thema Kinder nicht mehr los. Sie setzt die Verhütungsmittel ab und wird kurze Zeit später schwanger. »Zwei Tage lang habe ich gespürt, wie die Seele gewandert ist und sich schließlich in meinem Körper eingenistet hat. Da war so ein intensiver Lebenswille bei ihr.« Im Januar 2012 kommt ihr Sohn Jonathan zur Welt. Eine Beziehung, die die schwerste überhaupt sei, so Sandra Franz, denn sie bringe alles zutage, was sie selbst immer noch gerne verdrängt habe – alte Probleme und Muster, Themen und Ungelöstes. Daneben aber auch neue Sichtweisen, Präsenz, Achtsamkeit – denn auch dies fordere ihr Sohn jeden Tag aufs Neue von ihr.

Achtsamkeit für das Leben und für dessen unabwendbares

Ende. »Nie zuvor war mir meine eigene Vergänglichkeit so bewusst. Seit Jonathans Geburt habe ich mich oft gefragt, wo die Zeit geblieben ist. Ich weiß es einfach nicht. Er wird immer größer und gleichzeitig weiß ich, seit er auf die Welt gekommen ist, wird er auch wieder vergehen. Genau so, wie ich vergehen werde.«

Sandra Franz, die mit ihrem Freund und ihrem Sohn in einer Wohngemeinschaft in einem kleinen Dorf in der Eifel lebt, hat gelernt, sich professionelle Hilfe und Unterstützung zu holen, wenn ihr alles zu viel wird: »In diesen Gesprächen wird mir immer wieder bewusst, dass mein Freund und ich es anders machen dürfen als damals unsere Eltern. Auch er hat schwierige Phasen in seiner Familie erlebt. Und doch: Es liegt an uns, diesen Kreislauf zu durchbrechen und auf eine gesündere Art zu handeln und zu leben.« Ein gesundes Umfeld ist heute mit das Wichtigste in ihrem Leben: Baubiologische Wohnung, biologisches Essen, ökologische Kleidung, Fragen danach, wo ihr Strom herkommt. Es geht ihr darum, im Kleinen etwas zu verändern, dort, wo sie kann. Auch das *Waldhaus* ist ein Ort, an dem Nachhaltigkeit und eine gesunde Lebensweise greifbar werden. So gibt es ausschließlich biologisches Essen und beispielsweise auch eine eigene biologische Kläranlage vor Ort. »Heute kann ich mir nicht mehr vorstellen, in einem normalen Restaurant oder Pflegeheim zu arbeiten«, sagt sie. »Es ist einfach etwas ganz anderes – die besondere Energie und Atmosphäre hier im *Waldhaus* und auch die ganzen biologischen Lebensmittel. Ich liebe es, in den Gemüsekeller zu gehen und all das Gemüse anzuschauen und zu riechen. Mein Lieblingsgemüse ist übrigens der Hokkaidokürbis – wegen seines tollen Namens und seiner kräftigen orangen Farbe.«

Sie kocht für Seminare und Gästegruppen, manchmal für zehn, manchmal für fünfzig Personen. »Je mehr, desto besser. Ich liebe es für viele Menschen zu kochen, die Berge unterschiedlicher Farben an Obst und Gemüse zu sehen und nachher zu spüren, wie gut es allen schmeckt.« Die langen Essenstische im *Waldhaus*, die großen Gruppen, all das erinnert sie oft an Ferien in ihrer Kindheit in Italien, an ihre Großmutter und deren italienischen Mann, an glückliche Momente in all dem Elend. Das Essen hatte in der italienischen Familie einen sehr hohen Stellenwert und war der Mittelpunkt eines jeden Tages. Es gab riesige Essenstafeln mit verschiedenen Gängen. Die Enkelin spürte, wie viel Herzblut ihre Großmutter in die Mahlzeiten und das Zusammensein steckte. Dieses Bild von der großen Familie, die gemeinsam um einen Tisch sitzt, begleitet Sandra Franz heute auch oft im *Waldhaus*.

Beim Kochen selbst folgt sie vor allem ihrer Intuition: »Ob ich für 15 oder 45 Personen koche, ich wiege nie etwas ab. Ich greife die Menge und es passt immer. Oft koche ich sehr experimentell, probiere verschiedene Gewürze aus und kreiere neue Gerichte. Das Kochen im *Waldhaus* ist für mich pure Lebenslust, ganz lebendig.«

Große Dankbarkeit, Demut und Wertschätzung empfindet die *Waldhaus*-Köchin den biologischen Lebensmitteln gegenüber. »Den Satz *Alles ist eins* oder *Alles ist mit allem verbunden* finde ich eigentlich immer noch sehr abstrakt. Bei den Lebensmitteln wird er aber greifbar für mich. Dann sehe ich vor meinem inneren Auge all die Menschen, die dazu beigetragen haben, dass zum Beispiel diese Karotte heute hier in der Küche liegt. Ich sehe die, die den Samen in die Erde gelegt haben, ihn gegossen und schließlich als Gemüse geerntet haben. Die Menschen, die ihn weiterverarbeitet und transportiert haben, bis er hier im *Waldhaus* angekommen ist.« Wer sie beim Kochen beobachtet, wer sieht, wie sie noch ein paar Kümmelkörner über die fertigen Pellkartoffeln gibt oder ein paar Kräuter in einen frischen Salat rieseln lässt, spürt ihre Liebe und Begeisterung für das Kochen, das für sie ein bewusster Akt ist. Auch Nahrungsmittel sind für Sandra Franz weit mehr als die bloße Zusammensetzung verschiedener Inhaltsstoffe. Mit Nahrung verbindet sie Lebensenergie, die je nach Entstehungsweg in unterschiedlicher Menge in den Lebensmitteln steckt. »Beim Kochen ist es mir wichtig, eine gute Energie mit ins Essen zu geben. Durch Achtsamkeit und Präsenz während der Zubereitung der Speisen kann ich diese Qualitäten auch an die Essenden weitergeben. Ich genieße es zu essen und zu kochen, da bin ich mit ganzem Herzen dabei. Das Kochen im *Waldhaus* macht mich satt auf allen Ebenen!«

Das *Waldhaus* ist nicht nur ihr Arbeitsplatz. Es ist für Sandra Franz außerdem ein »Ort der Stille. Ein Ort, wo ich so sein darf, wie ich bin, mit allem, wie es gerade ist. Ein Ort, an dem ich mir selbst begegnen darf und aufgefangen werde mit den Themen, die sich zeigen wollen«. Ein Ort, an dem Spirituelles neben Alltäglichem steht, ein Lernort. Denn es biete die Möglichkeit, das, was man erlebe, zu hinterfragen und neu zu erkunden, was das Eigene sei und welche Themen andere auf einen selbst projizierten. Theoretisches, angelesenes Wissen, sei es zum Buddhismus oder zu anderen Themen ist etwas, das in ihrem Leben keine Rolle spielt: »Ich bin ein praktischer Mensch und wenn ich mich zu einem Meditationsretreat anmelde ohne Sitzerfahrung zu haben oder alles über den theoretischen Hintergrund zu wissen, ist das für mich vollkommen in Ordnung. Ich will vorher gar nicht alles wissen. Ich habe nicht studiert, doch ich fühle mich so – vielleicht, weil ich das Leben selbst so intensiv erfahren habe.« Es ist ihr wichtig, auf die eigenen Bedürfnisse zu achten. Zum Beispiel in der Meditation die Sitzposition achtsam zu verändern, wenn sie merkt, dass sie nicht länger auf eine Art und Weise sitzen kann. Gleichzeitig versucht sie aber auch immer, zunächst genau hinzusehen und zu erkunden, was der Anlass für die unangenehme Situation ist, ehe sie sie verändert. In der Meditation ebenso wie im alltäglichen Leben.

Die Stille, die sie in ihrem ersten Schweigeseminar erfahren hat, möchte Sandra Franz heute nicht mehr missen. »Die Stille ist das Wichtigste in meinem Leben geworden. Auch, wenn es momentan nicht so viele stille Momente darin gibt. Aber ich merke, dass ich durch die Erfahrung der Stille heute insgesamt viel mehr wahrnehme von dem, was in mir und um mich herum passiert. In ein paar Monaten werde ich wieder an einem Schweigeseminar teilnehmen, nachdem ich das letzte hochschwanger absolviert habe. Ich könnte mir auch vorstellen, später für einige Zeit schweigend in einem Kloster zu leben. Wer weiß, wo das Leben mich noch hinführt.« Die Stille gebe ihr Frieden und Raum, sich ganz auf sich selbst zu besinnen und zu erkunden, was sie aktuell bewege. »Ich finde schweigen sehr heilsam, es schaltet den Kopf aus und verlagert unsere Aufmerksamkeit nach innen, wo wir doch so häufig im Außen sind.« Vor der Geburt ihres Sohnes gab es bei ihr regelmäßige Meditationszeiten, oft am Morgen. Doch mit Jonathan hat sich vieles verändert und momentan bleiben ihr meist nur die achtsamen Momente im Alltag. »Das Sitzen in wirklicher Stille hat für mich aber nochmals eine ganz andere Qualität und Tiefe, die ich so, mit der Achtsamkeit im Alltag, nicht erreiche.«

Am Ende ihres Lebens möchte sie gerne mit nur einem Koffer dastehen: »So weit möchte ich loslassen können. Das ist mein endgültiges Ziel.« Ein Buch ist ihr dabei zu ihrer persönlichen Bibel geworden. Es handelt vom Tod und davon, wie ein Mann seine Krankheit, Krebs, bedingungslos annimmt und im Angesicht des Todes erfährt, wie er alles loslassen muss, was ihm bis dahin so wichtig erschien: Geld, Anerkennung, Familie, der Beruf. Es ist die Lebensgeschichte von Tiziano Terzani, einem italienischen Schriftsteller und Journalisten, die sein Sohn in *Das Ende ist mein Anfang* aufgeschrieben hat. Die Dinge so anzunehmen und stehenzulassen, wie sie einem begegnen, ist auch Sandra Franz wichtig geworden in ihrem Leben.

Achtsam im Moment zu leben und ihm immer wieder neu zu begegnen, das lernt sie vor allem von Wolfgang Seifert, bei dem sie ihr erstes Schweigeseminar im *Waldhaus* besucht hat. Heute ist er ihr Vorbild und Lehrer geworden, wie sie sagt, sowie einer der wichtigsten Menschen auf ihrem Weg. »Alles, was er sagt, kann ich zu hundert Prozent unterschreiben. Er sieht sich weder als Buddhist noch als Christ. Bei ihm fließen ganz viele Richtungen zusammen. Er nimmt sich selbst nicht so ernst, begegnet jedem auf Augenhöhe und hat ein sehr weites, großes Bewusstsein. Innerlich frage ich mich oft *Was würde Wolfgang tun?*, wenn ich selbst nicht weiter weiß. Wolfgang erzählt viele Weisheiten, betont aber auch immer wieder, dass er wisse, dass er nichts weiß«, sagt sie. »Wir können wild spekulieren, uns den Kopf über das Karma oder andere Dinge zerbrechen, aber letztendlich wissen wir doch nicht, was davon stimmt. Oft bläst Wolfgang am Ende des Kurses Seifenblasen in die Luft. Wenn diese dann platzen sagt er *Und dafür sind wir hier.* Ich mag diese Einfachheit und Klarheit. Bei ihm gibt es nur die Stille und das Sitzkissen, keinen zusätzlichen Hokuspokus. Seine Meditationen dauern mindestens 50 Minuten und ich habe selbst erfahren, dass es oft eine halbe Stunde braucht, bis ein bislang gut verborgenes Thema aus dem Inneren aufsteigen und sich an der Bewusstseinsoberfläche zeigen kann.«

Für Sandra Franz grenzt es heute noch an ein Wunder, dass sie immer noch lebt: »Nach allem, was ich erlebt habe und all dem, was ich mir danach selbst angetan habe, denke ich oft, dass es wirklich nicht schlimmer kommen kann. Mit dem Erzählen meiner Geschichte möchte ich auch anderen Menschen

Mut machen. Ich war ganz unten, war in geschlossenen Kliniken, habe jahrelang an Depressionen gelitten und Medikamente nehmen müssen und doch darf ich all diese Dinge heute loslassen. Sie sind nicht das, was mich ausmacht. Auch ich darf heute in die Freude kommen und all die wunderbaren Dinge annehmen, die mir begegnen.«

Die Essenz ihres bisherigen Weges ist für sie, dass alles gut so ist, wie es bisher war: »Rückblickend würde ich nichts anders machen.«

Im Rückblick passt in ihren Augen alles erschreckend gut zusammen. Der Weg von **Sandra Franz** (Jahrgang 1976) führte sie mit Ende 20 in die Eifel und von dort zu ihrem ersten Kontakt mit Buddhismus, Spiritualität und Meditation. Seit 2009 arbeitet sie im buddhistisch orientierten Seminarzentrum *Waldhaus am Laacher See* als Köchin, wo sie mit diesen Themen in Berührung kam. Seitdem durften sich viele der seelischen Verletzungen, die sie durch eine Kindheit und Jugend in einem Elternhaus voller Gewalt erlebt hat, lösen. Zum ersten Mal in ihrem Leben erfuhr sie tiefe Liebe und tiefes Vertrauen – etwas, wonach sie ihr Leben lang gesucht hatte. Sie lebt mit ihrem Sohn, der Anfang 2012 geboren wurde, in einem kleinen Dorf in der Eifel.
www.buddhismus-im-westen.de

»Der eigene Weg findet sich, wenn man es ernst meint und wahrhaftig ist.«

Annette Kaiser –
Leben mit dem Unnennbaren

Wenn Annette Kaiser spricht, ist das, was sie sagt, so präzise, klar und auf den Punkt genau, dass alles Nebensächliche wegfällt. Schaut sie einen dann beim Erzählen direkt an, scheint ihr Blick in Bruchteilen einer Sekunde durch alle Formen hin zum innersten Kern ihres Gegenübers vorzudringen. Kraftvoll, lebendig, freudig, ganz präsent. Im selben Atemzug spricht sie davon, dass wir uns auf andere Menschen einschwingen, sie von Herz zu Herz anschauen können. Vielleicht ist es genau dieser Blick, der so sehr zu berühren vermag und auch noch Tage später nachschwingt.

Annette Kaiser wurde 1948 geboren und lebt heute in der *Villa Unspunnen* in der Schweiz, einem von zwei Seminarzentren dessen spirituelle Leiterin sie ist – das andere Zentrum ist die *Windschnur* in Deutschland. Ihr Weg hat sie vom Christentum über den tibetischen Buddhismus schließlich auf den Sufipfad der *Naqshbandiyya Mujaddidiyya* und damit zur englisch-russischen Sufilehrerin Irina Tweedie gebracht. Heute führt Annette Kaiser diesen Pfad mit der Erlaubnis ihrer Lehrerin fort und begleitet andere Menschen, die ihn ebenfalls gehen wollen. Doch ihre Arbeit ist nicht nur auf die Weitergabe des Pfades begrenzt, sondern umfasst noch andere Ausbildungen, Seminarangebote und Aktionen, die weit darüber hinausgehen.

Die *Villa Unspunnen*, am Rande des alten Dorfkerns von Wilderswil gelegen, ist der Dreh- und Angelpunkt ihres Wirkens. Hier gibt sie Seminare zu Themen wie *Ein Tag in Stille für EINE Welt*, *Tore ins Sein* oder *Erwachen: Sein und Werden*. Hier ist auch die Tai Ji Do-Schule angesiedelt, in der sie Interessierte zu Tai Ji-Lehrern ausbildet und Menschen tief in Tai Ji und Qigong einführt, die diese alten Kampfkünste in ihr eigenes Leben integrieren wollen. *DO* heißt namenlos und ist eine weitere Ausbildung, die die Schweizerin seit dem Jahr 2000 anbietet. Es ist ein integraler Übungsweg mit dem Ziel, ein Bewusstsein dafür zu schaffen, dass alles Leben in der Welt untrennbar miteinander verbunden ist. Ein Weg, der sich aus verschiedenen Richtungen und Strömen zusammensetzt, wie dem Sufipfad Irina Tweedies, dem integralen Yoga von Sri Aurobindo, dem Ansatz einer integralen Spiritualität von Ken Wilber oder auch Annette Kaisers eigenen Lebenserfahrungen. Und schließlich gibt es seit 2013 noch das Studium generale – genannt *Menschen in Spirit*. Sein Ziel ist es, Menschen in einer zweijährigen Ausbildung eine integrale, evolutionäre Spiritualität als Lebensweise zu vermitteln. Es ist eine Art Schule, welche Lehrkräfte aus unterschiedlichsten spirituellen Bereichen zusammenbringt. Zusammen formen sie eine *Metasangha*, eine Gemeinschaft, wie es sie so bislang noch nicht gegeben habe.

Annette Kaiser lebt diese Verbundenheit Tag für Tag. Die Grenzen von *Ich hier – Du da* scheinen über die Jahrzehnte ihres Weges gänzlich verschwunden zu sein aus ihrem Bewusstsein. »Jeder Moment ist für mich eine Einladung, in die Einheitserfahrung mit dem Göttlichen einzutauchen. Was macht es, wenn ich mal herausfalle? Ich kann ja jederzeit wieder in die Einheit eintauchen«, sagt sie. Rituale oder Wiederholungen gibt es nicht in ihrem Leben – »in diese Richtung denke ich gar nicht« –, vielmehr gilt es ihr, jeden einzelnen Augenblick als neu zu begreifen und dabei heiter und gelassen den *einen* Geschmack zu kosten. Konkret heißt das, dass für sie jeder Moment spirituell ist – ob im Café sitzend, meditierend oder Kartoffeln schälend: »Spiritualität ist dieser Moment, die eine Wirklichkeit, in der Sein und Werden in der Stille tanzen.« Heute sagt sie solche Dinge ganz selbstverständlich und es klingt, als habe es nie etwas anderes gegeben. Doch der Weg bis hierhin war lang und kurvenreich. Er hat häufig seine Richtung gewechselt und Annette Kaiser auf hohe Berge und in tiefste Täler geschickt, aus denen es keinen Ausweg zu geben schien.

Ihr spiritueller Weg beginnt im Alter von 14 Jahren – unverhofft und ungeplant – und ein innerer Drang, ihm zu folgen, bestimmt fortan ihr Leben. Damals, 1962, Annette Kaiser geht noch zur Schule in Zürich, folgt sie ihrer älteren Schwester nach Paris in ein Kloster, um dort die französische Sprache zu lernen und als Au-pair zu arbeiten – konkret hieß dies vor allem im Kloster zu putzen. Eigentlich will die Schwester alleine nach Frankreich, doch Annette Kaiser kann sich ein Leben ohne sie nicht vorstellen und so willigen ihre Eltern ein, dass ihre jüngste Tochter, von der sie hoffen, dass sie dereinst die elterlichen Geschäfte weiterführen wird, mitgehen darf nach Paris, auch wenn sie erst acht Schuljahre absolviert hat.

Der Initiationspunkt für ihren weiteren Weg ist einer dieser Morgende im Kloster, als sie, wie schon häufiger, eine der dortigen Messen besucht. Sie lauscht dem Gesang der Novizen und etwas darin sprengt ihr Herz weit auf: »Es war diese Reinheit der Stimmen, die Hingabe an das Göttliche. Eine Musik, die meine Seele zutiefst berührt hat. Es war der Moment, der den Lebensfaden, das Thema meines Lebens, aufgenommen hat.« Ab da ist sie sich sicher: *Ich will Nonne werden!*.

Doch als 14-Jährige ist sie noch zu jung für den Schritt ins Kloster, ein Eintritt ist erst mit 16 Jahren möglich. So lernt sie zunächst zu beten, zu kontemplieren, spricht mit den Nonnen vor Ort über den Glauben. Ebenso beginnt sie Schriften von Mystikerinnen zu lesen. So sehr die Schriften der Mystikerinnen sie auch ergreifen – Gott war zum damaligen Zeitpunkt noch etwas von ihr Getrenntes: »Ich war hier und er irgendwo da oben. An ein Einssein mit dem Göttlichen habe ich nichtmals zu denken gewagt.« Gleichzeitig habe sie ein sehr inniges Verhältnis zu Gott gehabt. »Irgendwo in mir gab es diese Ahnung – nicht bewusst –, dass es mehr Möglichkeiten geben musste als nur das Nonnendasein, um Gott nahe zu kommen. Doch ich wusste nicht, wie es aussehen könnte.« Über die Jahre, sagt Annette Kaiser, habe sich ihr Gottesbild immer weiter entbildert. War es zu Beginn ihres Weges, in dem Kloster in Paris, noch der Gott Vater in Person, an den sie glaubte, so ist Gott für sie heute zugleich alles und nichts.

»Es ist wichtig, dass der Mensch versteht, dass er das, was er sucht, nur in sich selbst finden kann. Dass er versteht, es gibt nichts zu erreichen, nichts zu suchen, weil das, was der Mensch sucht, er selbst ist.«[1]

Nach dem Jahr in Frankreich wird sie von den Nonnen und im Einverständnis mit ihren Eltern in ein Kloster in England geschickt, um dort zu arbeiten, Englisch zu lernen und somit das Jahr bis zu ihrem möglichen Eintritt ins Kloster sinnvoll zu nutzen. Das englische Kloster liegt fernab von jeder Ortschaft, mehrere junge Mädchen sind dort eingesetzt, um zu putzen und alte Menschen zu pflegen. Es sind Arbeiten, die keine von ihnen gelernt hat, Tod und Krankheit bestimmen die Tagesordnung. Annette Kaiser ringt lange mit sich, ob sie diese Arbeit durchhalten kann, betet viel, um Antworten zu bekommen, und hält den Ort schließlich doch nicht mehr aus. Sie packt ihre Koffer und zieht zu Freunden ihrer Eltern, die ebenfalls in England wohnen, und ihr eine neue Stelle als Putzkraft in einer Schule besorgen. Der Glaube an ihren weiteren Weg als Nonne ist gleichwohl ungebrochen – solange, bis sie den Sohn der Familie kennenlernt, der ungefähr so alt ist wie sie. »Ich habe ihn nur kurz angesehen und er hat mir gefallen. Da wurde mir klar, dass ich keine Berufung als Nonne haben kann, wenn ein kurzer Blick auf einen Jungen für eine Sekunde solch ein Gefühl in mir auslöst.« Ihr sei auch klar gewesen, dass dies nicht nur eine Phase war. Außerdem sei sie schon als junger Mensch konsequent gewesen. »Wenn ich mich einmal gegen etwas entscheide, dann mache ich diese Entscheidung nachher nicht mehr rückgängig.« Das galt damals ebenso wie es heute gilt.

Sie schreibt ihren Eltern einen Brief und erklärt, dass sie zurückkommen, die Handelsschule besuchen und die Geschäfte der Eltern – Restaurants und Friseurläden – übernehmen wird, statt ins Kloster zu gehen. So wie es sich die Eltern ursprünglich erhofft hatten. Für die nun knapp 16-Jährige war es ein logischer Schritt, zurückzugehen nach Zürich, von wo aus sie knapp zwei Jahre zuvor aufgebrochen war. »Damals habe ich gar nicht weiter darüber nachgedacht. Ich wusste so wenig von der Welt. Ich wusste nicht, was für Möglichkeiten ich eigentlich hatte«, erinnert sich Annette Kaiser. Möglichkeiten, die ihr auf der Handelsschule erst bewusst werden. Sie spürt, dass sie nach Beendigung der Handelsschule doch nicht in die Fußstapfen der Eltern treten möchte – eine Entscheidung, die zu großer Enttäuschung und starken Spannungen in der Familie führt. Stattdessen beginnt sie, als Sekretärin in einer Bank zu arbeiten und geht auf die Abendschule, um dort ihr Abitur nachzuholen, damit ihr noch mehr Wege offen stehen. Mit 20 Jahren verlässt sie schließlich ihr Elternhaus.

In den Jahren nach ihrer Rückkehr aus England entfernte sie sich zugleich immer mehr vom Katholizismus. War doch ihre frühere Klavierlehrerin, bei der sie nun wieder Stunden nahm, zwischenzeitlich sehr religiös geworden und so begann Annette Kaiser auf deren Anregung, die Bibel im Detail zu lesen: »Zum Beispiel stand da gar nichts davon, dass die katholische Kirche die einzige, heilige Kirche ist. Statt wie zuvor nur einzelne Ausschnitte der Bibel zu lesen, las ich nun das gesamte Buch und bekam immer mehr ein erweitertes Bild davon, was das Christentum eigentlich ist.« Es ist eine Zeit, in der Annette Kaiser zwar die Bibel intensiv gelesen und gebetet hat, in die Kirche ging sie allerdings nicht mehr.

Sie will noch tiefer eintauchen in die christliche Religion, das *auserwählte Volk Gottes* kennenlernen und reist als 20-Jährige nach Israel. Dort verliebt sie sich in einen Juden und wird plötzlich ganz direkt mit dem Judentum konfrontiert. Tief steigt sie in die Geschichte des Landes ein, ihr damaliger Freund wünscht sich sogar, dass sie Jüdin wird und sie bereitet sich darauf vor, denn auch sie glaubt, im Judentum ihre spirituelle Heimat gefunden zu haben. Er ist ihre große Liebe, sie wollen heiraten. Bei einem Raketenangriff, den sie während eines späteren Besuchs in Israel miterlebt, spürt Annette Kaiser jedoch, wie etwas zwischen ihr und dem geliebten Mann unwiederbringlich zerbricht. Zu unterschiedlich sind die Kulturen, aus denen beide kommen, als dass sie diese Kluft, die sich nun auftat, würden überwinden können. Zurück bleiben eine große Wehmut, ein Verlust. Auch der einer möglichen spirituellen Heimat. Ihre Sehnsucht danach bleibt vorerst weiter ungestillt – und sie bleibt offen für das, was kommen mag: Sich finden lassen statt suchen. Denn Suchen bringe einen in diesem Fall nicht weiter, so Annette Kaiser. »Vielmehr würde ich sagen, ich habe die Dinge in der Schwebe gehalten, sie ausgehalten. Es war ein waches Dasein, aus dem sich dann weitere Dinge ergeben haben.«

In jenen Jahren muss sie – wie schon zuvor im Kloster in England und Frankreich – erneut viele Dinge mit sich selbst ausmachen. Im Außen sind die 1968er Jahre in vollem Gang. Sie bringen Ideen und Lebensmodelle mit sich, die auch die junge Frau faszinieren. Innerlich jedoch ist da weiterhin die Sehnsucht nach Gott und damit etwas, was mit der 1968er-Generation so gar nicht zusammenpasst. Weder mit ihren Eltern noch mit ihren Freunden kann sie über dieses Gefühl der Zerrissenheit sprechen – »immer wieder fragte ich mich innerlich, wie ich beides irgendwie zusammenbringen könnte«.

1969, die Abendschule hat sie inzwischen erfolgreich beendet, beginnt sie Volkswirtschaft zu studieren, weil sie Antworten auf für sie drängende Fragen sucht. Auf einer Reise, die sie nach dem Abitur durch Mittel- und Südamerika führte, hatte sie so viel Leid und Ausbeutung in der Welt gesehen, dass sie verstehen wollte, »warum all diese schrecklichen Dinge in der Welt geschehen. Warum Menschen so handeln, wie sie es eben tun. Ich hoffte, im Studium der Volkswirtschaft Antworten auf diese Fragen zu bekommen«. An der Universität in St. Gallen beschäftigt sie sich mit theoretischen Wirtschafts- und Gesellschaftsmodellen. Doch die Studentin, deren innere Suche nach einer spirituellen Heimat zu diesem Zeitpunkt ein wenig in den Hintergrund gerückt war, merkt schnell, dass Modelle ihr keine befriedigenden Antworten liefern können. Sie geht für einige Zeit nach Berlin, studiert dort politische Ökonomie, und hofft weiterhin auf Antworten auf ihre Fragen. Sie liest vor allem Karl Marx, Herbert Marcuse und Ludwig Feuerbach, manches wird ihr klarer, »doch mir wurde bewusst, dass auch ein Marx begrenzt war. Niemand von ihnen konnte mir erklären, was Wirklichkeit oder Menschsein im tiefsten Sinne ist«. Aber das »Anliegen des Sozialismus, dass alle Menschen gleichberechtigt sein sollen, das war ein wichtiges Thema« für sie.

Die Studienzeit in Berlin bringt noch einen ganz neuen Aspekt in ihr damaliges Leben ein: Die Frauenfrage. Sie engagiert sich in der Frauenbewegung erst in Berlin, später, als sie dorthin zurückkehrt, initiiert sie die Frauenbewegung in St. Gallen. Und sie trägt die Frauenfrage von der Universität in die Stadt St. Gallen schließlich bis in den Gemeinderat. Bis heute ist ihr das Thema wichtig: »In der Spiritualität ist in den vergangenen Jahrhunderten vieles patriarchalisch gewachsen. Heute ist eine neue Zeit, in der sich die weibliche und männliche Seite im Leben als solches und im spirituellen Verständnis ergänzen.«

Das Geschehen und Tun im Außen überwiegen lange Zeit die innere Suche. Wie sehr diese zurückgetreten war und gleichzeitig drängender wurde als je zuvor, wurde Annette Kaiser eines Abends in einer Berliner Bar klar. Es war 1972, das Studium hatte sie mittlerweile abgeschlossen, eine Promotion begonnen und eine Stelle als Assistentin an der Universität St Gallen inne, als sie plötzlich den Satz *Jetzt ist der Faden hauchdünn* im Kopf hatte. »Da wusste ich, dass die innere Verbindung zum Göttlichen dünn geworden war und ich aufpassen musste, dass sie nicht reißt. Diese Situation wurde zum Wendepunkt für mich« – und ließ die innere Suche wieder mehr in den Lebensmittelpunkt treten.

Rückblickend ist sich Annette Kaiser sicher, dass alle Stationen ihres Lebens sie auf die eine oder andere Weise weitergebracht haben. Sei es das Studium, durch das sie als Gefühlsmensch gelernt hat, sich in dieser Welt klar auszudrücken und auch Religionen erst zu prüfen, ohne ihnen blind zu folgen, oder auch später die Zeit der buddhistischen Praxis, die ihren Geist stabilisiert hat für ihren weiteren Weg auf dem Sufipfad.

Die innere Suche beeinflusst dann auch ihr Promotionsthema. Eigentlich wollte sie im Rahmen ihrer Doktorarbeit erforschen, welche alternativen Lebensmodelle es neben der Kleinfamilie gibt. Zehn namhafte emanzipierte Schweizer Frauen besucht sie hierfür – doch in den Begegnungen merkt sie schnell, dass auch diese Frauen ihr Leben nicht wirklich bewusst gestalten. Deshalb ändert sie ihre Dissertationsfrage und entschließt sich zu untersuchen, was den Menschen daran hindert, sein Leben innerlich und äußerlich frei zu gestalten. Inspirierend ist für sie dabei unter anderem ein Buch des russischen Schriftstellers und Esoterikers P.D. Ouspensky. Sein Werk gibt ihrer Arbeit eine zusätzliche, spirituelle Dimension und beeinflusst auch ihre eigene Suche. Als sie ihre Doktorarbeit schließlich abgibt, die nun neben wissenschaftlichen und psychologischen Elementen auch spirituelle Aspekte enthält, ist sie im Grunde nicht verwundert, dass die Prüfer sie so nicht annehmen wollen. »Es hieß *Streichen Sie dies und das raus, dann geht es.* Doch mir war die Wahrheitsfindung wichtiger«, sagt Annette Kaiser. »Ich konnte nicht einfach Teile streichen, das wäre für mich nicht stimmig gewesen.« Niemand verstand damals, dass sie, konsequent wie sie ist, ohne den Doktortitel ihre Universitätskarriere beendete. Weder ihre Eltern noch die Professoren, hatte sie doch sogar ein Stipendium für die Doktorarbeit bekommen. Viele Jahre später träumt Annette Kaiser, dass ihr der Doktortitel überreicht wird: »Auf dem spirituellen Weg gibt es verschiedene Stufen beim Ausloten des eigenen göttlichen Wesens und Menschseins. Es war, als hätte ich nun eine gewisse Stufe im spirituellen Bereich erreicht. Dieser Traum hat einen Kreis geschlossen.«

Während ihrer Zeit als Assistentin an der Universität St. Gallen hielt sie immer wieder Ausschau nach Menschen, die sich sichtbar in ihrem Sein und Handeln verändert hatten. Ihr fällt damals eine junge Frau in der Mensa auf – statt wie früher unruhig und verärgert in der langen Warteschlange zu stehen, wirkt diese nun ruhig und entspannt. Das interessiert Annette Kaiser. Sie spricht sie an und erfährt: Die junge Frau meditiert regelmäßig, besucht ein buddhistisches Kloster in der Schweiz. Die Doktorandin will mehr wissen, selbst erfahren, und sucht das tibetische Kloster der Gelugpa-Linie – einer von vier Richtungen des tibetischen Buddhismus – in Rikon auf. Sie hört sich Vorträge an, praktiziert. »Bei den Vorträgen habe ich nicht allzu viel verstanden, doch der Meditationsmeister Geshe Rapten hat mich fasziniert. Wie er da saß, präsent, unerschütterlich, ruhig.« Eine Art, die die damals 24-Jährige sehr beeindruckt. Sie begibt sich auf den tibetisch-buddhistischen Weg und wendet sich einige Jahre später der Kagyü-Tradition zu, einer weiteren Richtung des tibetischen Buddhismus, in der mehr die Meditation, der Yoga an sich, als das Studium der Sutren im Vordergrund steht. Doch immer noch fehlt ihr ein passender Lehrer, einer, der eine tiefe Resonanz in ihr erzeugt – und es fehlt ihr eine Möglichkeit, den ganzen spirituellen Weg zu gehen, ohne Nonne werden zu müssen und damit ihr weltliches Leben aufzugeben. Denn das möchte sie schon länger nicht mehr. »Ich suchte nach einem spirituellen Weg, bei dem ich ein ganz normaler Mensch sein konnte, der eine Familie hat, Arbeit, die Miete zahlen muss. Doch damals waren mir nur monastische Wege bekannt, die mit dem Wunsch nach einer Familie nicht vereinbar waren.«

1978 heiratet Annette Kaiser, 1979 wird ihr Sohn geboren. Bald darauf arbeitet sie halbtags in der Entwicklungshilfe, ist zuständig für Frauenfragen in der Entwicklungszusammenarbeit. Erst viele Jahre später wird sie diese Arbeit aufgeben. Nämlich zu dem Zeitpunkt, an dem ihr bewusst wird, dass jede Veränderung zunächst bei einem selbst geschehen muss und dass die Entwicklungshilfe unvollständig ist, das heißt von äußeren Reformen geprägt, ohne dass gleichzeitig ein Bewusstseinswandel bei den Menschen stattfindet. Ein Jahr nach der Geburt ihres Sohnes wünschen sie und ihr Mann sich noch ein weiteres Kind. Vor dessen Geburt aber möchte sich Annette Kaiser noch drei eigene Wünsche erfüllen: Erstens möchte sie Swami Muktananda, dem Begründer des Siddha-Yoga, begegnen; zweitens das renommierte amerikanische *Esalen-Institut* besuchen, das östliche und westliche Philosophien miteinander verbindet und dessen Ziel es ist, die »harmonische Entwicklung der ganzen Person zu fördern«; und drittens Evelyn Eaton treffen, deren Buch *I send a voice* über den indianischen Weg sie sehr angesprochen hat.

Was Annette Kaiser zu diesem Zeitpunkt noch nicht ahnt, ist, dass die Reise einige Überraschungen für sie bereithalten und ihren weiteren Weg maßgeblich mitbestimmen wird. So entschließt sie sich, im *Esalen-Institut* im kalifornischen Big Sur angekommen und zum damaligen Zeitpunkt hochschwanger, statt des schamanischen Kurses, für den sie sich ursprünglich angemeldet hatte, einen Kurs in Tai Ji zu belegen. Mit weitreichenden Folgen: »Plötzlich wusste ich einfach *Das ist es.* Bewegung hat mir schon immer Spaß gemacht und diese in Kombination mit einer spirituellen Komponente, das hat mir absolut entsprochen«, erinnert sie sich. Es ist der erste Schritt auf ihrem Weg zur Tai Ji-Lehrerin und späteren Gründung ihrer eigenen Tai Ji- und Qigong-Schule. Immer wieder wird sie, auch nach der Geburt ihrer Tochter im Jahr 1981, in das Institut zurückkehren, um sich dort unterrichten zu lassen. Von Evelyn Eaton wiederum bekommt sie bei der Begegnung eine Pfeife für das indianische Pfeifenritual überreicht, das sie in Kontakt bringen soll mit der Natur und dem Großen Geist. Es ist eine Arbeitspfeife, die Annette Kaiser noch heute in ganz speziellen Situationen einsetzt. Als sie schließlich Swami Muktananda, den Begründer des Siddha-Yoga trifft, spürt sie unmittelbar *Das ist nicht mein Lehrer* und kehrt wieder in die Schweiz zurück.

Dort stößt sie in einer Buchhandlung auf das Buch *Wie Phönix aus der Asche. Mein Abenteuer der Selbstfindung auf dem Weg der Sufis* von Irina Tweedie, liest es und ist sich plötzlich ganz sicher: *Das ist mein Weg.* »Dieser Weg war so radikal. Das war es, was ich wollte. Ich wollte mein Leben nutzen, alles ausleuchten, wollte auch die größten Ängste ausloten, statt nur an der Oberfläche zu bleiben«, sagt sie. Sehr berührt habe sie auch, dass der Sufipfad mit Liebe zu tun hat. »Liebe war schon immer ein wichtiges Thema für mich. Die Idee, dass es eine Liebesbeziehung zwischen dem Göttlichen und dem Menschen – als Liebender und Geliebter – gibt, fand ich großartig. Und natürlich war es auch Frau Tweedie selbst, die verkörperte, was sie lehrte, die mich in ihren Bann gezogen hat.« In den darauffolgenden Jahren erlebt Annette Kaiser Irina Tweedie immer wieder bei Vorträgen und in Seminaren und spürt jedes Mal, dass diese dem inneren Bild eines Lehrers entspricht, das sie in sich trägt. Irina Tweedie löst diese tiefe innere Resonanz aus, die sie sich von *ihrem* Lehrer immer erhofft hatte.

Ihr Lehrer war nun eine Lehrerin geworden und sie ist zugleich eine Frau, die sie faszinierte und verwirrte. Von deren Vorträgen verstand Annette Kaiser damals nicht viel, vom Sufitum hatte sie bis dahin nie etwas gehört. Aber sie konnte ihr Verwirrtsein einfach so stehen lassen. »Der Geist versucht immer, das Unbekannte in Strukturen einzuordnen, die es manchmal einfach nicht gibt. Immer mehr spürte ich, wie Frau Tweedie mir dort, wo ich versuchte, an etwas festzuhalten, den Teppich unter den Füßen weggezog«, beschreibt Annette Kaiser das Gefühl während ihrer ersten Jahre auf diesem Weg. Trotzdem spürte sie, dass sie mit diesem *Pfad der Liebe* Zuhause angekommen war. »Es war, als hätte ich jetzt einen Faden in der Hand, dem ich folgen kann. Das hatte ich nie zuvor erlebt.« Wie stark ihre Faszination, ihr Verwirrtsein, ihre Gefühle, ihr Erleben zu jener Zeit waren, zeigt sich auch darin, dass sie sich an ihr erstes persönliches Gespräch mit Irina Tweedie nicht mehr erinnern kann. Sie weiß nur noch, dass sie an deren Tür im Hotel geklopft hat. Die anschließend folgenden Stunden fehlen komplett in ihrer Erinnerung: »Ich würde es nicht Blackout nennen, es war vielmehr so, als sei mir das Nichts gezeigt worden.« Eine im Grunde unbeschreibliche Erfahrungen, die sich vielleicht auch deshalb der Erinnerung entzieht.

Nach dreijähriger Beobachtung von Irina Tweedie, während der Annette Kaiser täglich ihre buddhistische Praxis übte, entschloss sie sich, ganz deren *Pfad der Liebe* zu folgen. Es war eine schwierige Entscheidung, denn sie wusste im Innersten, dass es dabei um ein *Stirb und werde* geht. Sie hatte Panik.

1985 bittet Annette Kaiser die Sufilehrerin, die schon viele andere westliche Suchende begleitet hat, ihre Schülerin werden zu dürfen. Und sie gibt ihr dafür das Liebste, was sie zu diesem Zeitpunkt hat – einen silbernen Armreif. »Dieser Armreif stammte von einer meiner Reisen nach Westtibet. Das ist eine Region, in der ich mich zutiefst zuhause fühle, ganz so, als würde ich alles dort aus einer anderen Zeit schon kennen. Meine Reise in den Himalaya hat mich zu tiefen Erlebnissen und Einsichten gebracht, ebenso ging auch meine Hochzeitsreise dorthin. Der silberne Armreif stand für all dies und noch viel mehr.« Irina Tweedie sah, dass Annette Kaiser es ernst meinte und nahm sie als ihre Schülerin an.

Es war dieses klare *Ja* zum Sufipfad, das einen großen Umbruch in Annette Kaisers Leben mit sich brachte. »Plötzlich sah ich immer deutlicher, in welchen Bereichen ich noch nicht wahrhaftig, noch nicht in Frieden war.« Sie kündigte ihre feste Stelle in der Entwicklungszusammenarbeit, gab die Stellvertreterarbeit für ihren Tai Ji-Lehrer und auch ihr Amt als Präsidentin der *Transpersonal Association Switzerland*, das sie seit 1981 innehatte, im äußerlichen Geschehen auf.

Sie will sich mit ihrer ganzen Energie dem Pfad widmen. Ausmisten und Aufräumen stehen nun auf der Tagesordnung. Und dann passiert noch etwas Einschneidendes, etwas, womit sie überhaupt nicht gerechnet hat. Ihre Ehe zerbricht, zu lange schon haben ihr Mann und sie sich immer weiter auseinander gelebt. »Es war wie ein Zusammenbruch aller mir bisher wichtigen Lebensbereiche. Wie ein Abbau der Strukturen, ein freier Fall – innere Sicherheit gab es nicht«, erinnert sie sich. Aber sie vertraut auf ihren Weg, folgt »einfach weiter Frau Tweedie«, heftet sich an deren Fersen. Auch weil sie wusste, dass ihre Lehrerin »durch all das auch durchgegangen« war. »Sie sagte immer, *was ich kann, könnt ihr auch* und so habe ich ihr einfach geglaubt und weitergemacht.«

Nach und nach entsteht Neues aus dieser Nullstunde: Annette Kaiser richtet ihre eigene Tai Ji-Schule ein, schreibt ein Buch über Tai Ji, leitet eine Meditationsgruppe und lernt einen neuen Mann kennen, mit dem sie bis heute verheiratet ist. Alles scheint sich zu fügen, doch die härteste Prüfung steht ihr noch bevor. 1989 – vier Jahre, nachdem sie Schülerin von Irina Tweedie geworden ist – verpasst ihr ihre Lehrerin ganz unerwartet einen Dolchstoß. Irina Tweedie erklärt öffentlich, Annette Kaiser habe Geld veruntreut, stellt sie vor allen bloß, beschimpft sie und beachtet sie ein Jahr lang nicht mehr. In dem Buch *Der Weg hat keinen Namen* beschreibt Annette Kaiser ihre damaligen Gefühle: »Ich war beinahe von Sinnen. Ich wusste nicht mehr was oben und unten, links und rechts war. Ich war 14 Tage lang wie betäubt. Ich brachte fast keinen Ton mehr heraus. Es war die Hölle.«[2] Es war nicht nur die Hölle für sie: »Es war für mich wie ein Seiltanz über dem Abgrund, wirklich wie über eine Brücke aus einem Haar zu gehen. Und es gab Momente, da stand ich tatsächlich auf einer Brücke und wollte springen. Es war für mich ein Desaster. […] Ich meine, wenn man als Mensch alles auf eine Karte setzt, und das habe ich getan, und das war das erste Mal in meinem Leben, wo ich alles auf eine Karte gesetzt habe. Wobei für mich nicht die Lehrerin, der Lehrer im Zentrum stand, sondern ich habe die Karte auf DAS gesetzt. Und Frau Tweedie war in Verbindung mit diesem DAS. Das war es, was einen so zutiefst zu erschüttern vermochte.«[3]

Das ist für Annette Kaiser das Unnennbare – andere Menschen würden es vielleicht Gott nennen, doch sie ist sich sicher: »Das Göttliche ist letztendlich ein leerer Raum, der nicht beschrieben, nur umkreist werden kann – damit komme ich allerdings wieder in die Dualität. Alle Worte treffen das Eigentliche nicht.«

Ein Jahr lang währt der Seiltanz über dem Abgrund. Ein Jahr, aus dem Annette Kaiser als anderer Mensch hervorgeht. Dieses Jahr sei ein Schleifprozess für sie gewesen, den jeder Mensch anders erlebe. Auch wenn sie heute nicht mehr glaubt, dass ein Prozess in solcher Härte für die eigene Entwicklung notwendig ist, für sie sei er damals vermutlich wichtig, vielleicht sogar unabdingbar gewesen. »Denn dieser Prozess hat alle Identifikationen von *Ich bin dies, ich bin nicht das* bei mir aufgelöst.« In diesem Jahr erlebte sie auch etwas, was sie nie zuvor erfahren hatte und was ihr half, trotz allem weiterzugehen: »Als es wirklich existenziell bedrohlich wurde, war plötzlich dieser Duft in der Luft. Nie zuvor und niemals danach habe ich diesen Duft je wieder gerochen. Es war kein weltlicher Duft, sondern eher ein Zeichen aus einer anderen Welt, das mein Herz verstand und bei dem ich plötzlich wusste, dass doch etwas da ist, das trägt.«

Es lässt sich vermuten, dass Irina Tweedie wusste, was sie tat, als sie ihre Schülerin *verstieß*. Ein Lehrer könne extrem hilfreich sein auf diesem spirituellen Weg und einen dabei unterstützen bewusst durch Prozesse zu gehen, die er selbst auch schon durchschritten habe, sagt Annette Kaiser, die dankbar ist für das, was sie von Irina Tweedie lernen durfte. »Ein guter Lehrer hat nur ein Interesse und zwar, dass du erwachst. Er macht alles, um dich dabei zu unterstützen.« In einem Radiointerview hat sie solch einen Lehrer einmal mit einem Bergführer verglichen, den man mitnehme, wenn man einen besonders hohen, unbekannten Berg besteigen wolle, denn dieser kenne schließlich am besten die Route und die gefährlichen Stellen. Ein Lehrer könne eben solch ein Wegweiser sein. Inzwischen ist sie selbst eine spirituelle Lehrerin, die von anderen geachtet und respektiert wird, auch wegen ihrer natürlichen Präsenz. Sie selbst scheint aber über derlei Rollenzuschreibungen hinaus zu sein und sagt von sich *Ich lehre nichts und ich lerne nichts.* Auch ist sie mittlerweile davon überzeugt, dass es »Zugänge zu diesem Erwachen gibt – wie die Arbeit von Eckhart Tolle oder Byron Katie – für die nicht unbedingt ein Lehrer notwendig ist«.

Viele Dinge bleiben unbenennbar bei Annette Kaiser und doch schwingt gerade in diesem Nicht-Gesagten so vieles mit. So sagt sie heute von sich, dass sie sich selbst nicht beschreiben könne – »ich würdige das Persönliche, gleichzeitig steht es nicht mehr im Vordergrund, ist transparent geworden«. Daher gibt es auch keine Worte für die Annette Kaiser als Person – »und dennoch, dennoch ist da ein Duft« – der sich vielleicht darin zeigt, wie sie die *Naqschbandiyya Mudschaddidiyya*-Sufi-Linie weiterführt.

Ein Jahr nach dem Dolchstoß durch ihre spirituelle Lehrerin geschah etwas. Ein Traum offenbarte eine Dimension, die einem Durchbruch gleichkam. Annette Kaiser sprach darüber mit Irina Tweedie, woraufhin diese sie aufforderte, Sufi-Seminare zu leiten.

»Es war ein Durchbruch, ich kann es nicht anders nennen. Es ist etwas durchgebrochen. Ich wusste seit Jahren, dass etwas kommen wird. Ich wusste nie, nie was. Und ich muss auch sagen, ich hatte nie einen Gedanken in die Richtung, diese Arbeit zu übernehmen. Nicht einen. Und so war es für mich zunächst einmal eine tiefe Erschütterung, dieser Durchbruch aus dem blauen Nichts. Nach dem Ja, Ja, Ja von Frau Tweedie erfuhr ich schlicht und einfach große Unterstützung von ihr, Unterstützung ganz praktischer Art. Ich konnte sie alles fragen, was andere Leute betraf, wenn ich unsicher war, und auch was meine eigene Weiterentwicklung betraf. Ich habe ihr immer geschrieben, sie alles gefragt, ich habe nicht eine Bewegung gemacht, ohne sie zu fragen. Habe ich eine Antwort bekommen, dann war es klar, habe ich keine bekommen, dann ging ich nach meinem Innersten. Sie war einfach begleitend.

Es gab in diesem Sinne gar nicht viel zu sagen, weil es solch eine Selbstverständlichkeit hatte. Für mich war es ein Sein wie ein Fisch im Wasser, das erste Mal in meinem Leben.«[4]

Seit 1991 ist Annette Kaiser nun Lehrerin auf dem Sufipfad, seit 1998 autorisiert durch Irina Tweedie die Linie der *Naqshbandiyya Mujaddidiyya* weiterzuführen, in die diese von dem hinduistischen Sufimeister Bhai Sahib eingeführt worden war. Der Tod ihrer spirituellen Lehrerin 1999 warf sie noch einmal stärker zurück auf sich selbst: »Natürlich stehe ich innerlich immer in Verbindung mit ihr. Doch das ist etwas ganz anderes, als zu ihr gehen zu können, ihr gegenüber zu sitzen, ihre Wärme und strahlende Güte wahrzunehmen und sie etwas zu fragen.« Annette Kaiser unterrichtet nun seit 22 Jahren den *Pfad der Liebe* und hat ihn auch weiterentwickelt. Sie bezeichnet sich nicht mehr als Sufilehrerin, sondern es geht schlicht darum, ganz Mensch zu sein, bewusst Mensch zu sein im kosmischen Kontext. Annette Kaiser sagt dazu: »Ich umfasse die Sufitradition und habe diese gleichzeitig transzendiert«.

In den Ausbildungen, die sie anbietet, sind tradierte Elemente aus diesem Sufipfad, wie die Traumdeutung, das Mantrarezitieren oder die Meditation des Versenkens in der Liebe, nach wie vor feste Bestandteile – ebenso, wenn sie Menschen auf ihrem spirituelle Weg begleitet. Je nach Ausbildungsschwerpunkt kommen vor allem integrale und evolutionäre Perspektiven hinzu sowie die wichtigsten Aspekte menschlichen Daseins hier auf der Erde – so wird beispielsweise auf die Kommunikation geachtet, die Ernährung, soziales Engagement oder auch Körpertraining. Dieses bewusste Überschreiten der Grenzen spiritueller Richtungen und Lehren entspringt einer tiefen Überzeugung: »Letztendlich führt jeder Weg, wenn man ihn wahrhaftig geht, in die Essenz.« Die unterschiedlichen Religionen und spirituellen Traditionen sind für sie »wie die verschiedenen Farben des Regenbogenspektrums – jede Richtung ist eine Farbe darin«. Jede Richtung habe ihre ganze eigene Stärke, ihr eigenes Spektrum und ihre eigenen Schatten. »Zusammen« zeigen sie alle auf das Eine ohne Zwei. Für mich war es noch nie logisch zu denken, das Göttliche wäre nur auf eine Religion beschränkt.«

Wie viele spirituelle Meisterinnen und Meister ist sie sich

sicher, dass die Welt heute vor einem tiefgreifenden Wandel steht. Auch deshalb hat sie das *Forum Neue Erde e.V.* gegründet, das neue Ansätze in Netzwerken und Kooperationen erforschen und erproben soll. Es geht dabei vor allem um die Frage, wie ein neues Miteinander vor dem Bewusstsein, dass nichts voneinander getrennt ist, aussehen kann. »Ich halte die Welt in meinem Herzen und sehe sie in ihrer Potenzialität, die da ist. Entweder zerstören wir die Erde oder sie tritt in eine neue Ebene des Bewusstseins ein, in der es wieder mehr Harmonie gibt. Alles, was ich tue, geht in die Richtung eines Bewusstseinswandels, der sich manifestiert.«

Dass die *eine* Welt eine Herzensangelegenheit von ihr ist – wenn nicht gar die Motivation für ihre gesamte Arbeit – zeigt sich immer wieder auch in kleinen Aktionen und Projekten, die sie initiiert. Sei es *Der goldene Faden*, bei dem ein goldener Faden am Handgelenk daran erinnern soll, jeden Tag für drei Minuten innezuhalten und sich mit einer Region der Erde im Herzen zu verbinden; oder *Ein Lächeln für die Welt* – eine Postkartenaktion, die zum Spenden von zehn Cent täglich aufruft; oder auch die Dienstagsmeditation, bei der Menschen weltweit zur gleichen Zeit zehn Minuten für den Frieden in der Welt innehalten. Es sind Aktionen, bei denen jeder mitmachen kann – ganz gleich, wie viel Geld er hat oder welchem Glauben er angehört. Viel wichtiger als Dogmen oder Religionen ist Annette Kaiser heute der Kern, der all diesen Wegen innewohnt. Die Essenz, die stets in die Stille und in ein Bewusstsein davon führt, dass nichts voneinander getrennt ist, non-dual. Transkonfessionelle Spiritualität – gelebt in einer Form des offenen, wachen Daseins als natürlicher Ausdruck einer integralen Lebensweise – ist das, was all ihr Handeln formt.

Ihr Leben ist immer noch von vielen Reisen geprägt. Sie leitet Seminare und hält Vorträge in der Schweiz, in Deutschland und in Österreich, sie reist mit Gruppen auch in fernere Länder, etwa nach Indien oder zu einem Wüstenretreat nach Ägypten. Ein Monat im Jahr jedoch bleibt immer terminfrei. Es ist die Zeit, in der sie sich ganz zurückzieht und alleine auf Reisen geht, um sich ganz auf das Sein mit dem Unnennbaren zu konzentrieren.

Annette Kaiser (Jahrgang 1948) ist spirituelle Lehrerin und spirituelle Leiterin der beiden Seminarzentren *Villa Unspunnen* in der Schweiz und *Windschnur* in Deutschland. Seit 1998 führt sie, mit Erlaubnis von Irina Tweedie, den Sufipfad der *Naqshbandiyya Mujaddidiyya*-Linie weiter und begleitet Menschen auf diesem Weg. Ebenso entwickelte sie verschiedene Ausbildungen, wie den *Integralen Übungsweg DO*, gründete mit Tom Steininger und Sonja Student *Menschen in Spirit* und leitet eine eigene Tai Ji-Schule. Nachdem sie im Alter von 14 Jahren zunächst katholische Nonne werden wollte, führte ihr Weg sie weiter zum tibetischen Buddhismus. Viele Jahre war sie auf der Suche nach einem gangbaren spirituellen Weg, der ihr zugleich das Leben mit Familie ermöglichte. Diesen fand sie schließlich im *Pfad der Liebe*. Heute lebt die Mutter zweier erwachsener Kinder mit ihrem Mann in der Schweiz und in Deutschland.
www.villaunspunnen.ch
www.windschnur.de

Auf dem Herzensweg

Das Thema Herzenswege ist für mich eng verknüpft mit einer spirituellen Lebensweise, wobei ich Spiritualität als das Verbundensein mit dem gegenwärtigen Moment verstehe. Als ein Bewusstsein dafür, was in mir und um mich herum passiert. Bewusst zu gehen, zu sprechen, zu handeln und miteinander zu sein. In diesem Sinne ist Spiritualität nichts Abgehobenes oder Esoterisches, sondern meint ein achtsames Leben, und ein Bewusstsein darüber, dass wir auf einer bestimmten Ebene alle miteinander verbunden sind. Es bedeutet auch, dass Spiritualität nicht (nur) heißt, einmal am Tag zum Beispiel eine Stunde auf dem Meditationsbänkchen zu sitzen, sondern dass die spirituelle Praxis letztendlich eine Lebensweise ist. Was für eine Spiritualität wäre es, bei der wir friedlich-lächelnd die Zeit auf dem Bänkchen verbringen, um gleich darauf die Kassiererin im Supermarkt anzumeckern, weil wir nicht geduldig in der Warteschlange stehen können und uns selbst, die anderen und die Welt um uns herum mal wieder dafür verfluchen, dass alles ist, wie es eben nun mal gerade ist? Gelebte Spiritualität bedeutet, dahin zu kommen dass es keine Trennung mehr zwischen hier *mein spirituelles Leben* und *da mein profaner Alltag* gibt. Das geht natürlich nicht von einem Moment auf den anderen, sondern bedarf der kontinuierlichen Übung.

Alltagstauglich: gelebte Spiritualität

Mit der andauernden Übung verschmelzen auch die Grenzen zwischen Alltag und Spiritualität immer mehr. Sie werden weich, lösen sich letztendlich vielleicht sogar auf. Die schamanische Künstlerin Cambra Skadé überschreitet immer wieder ganz bewusst die Grenze zwischen beiden Welten, sucht die Glückseligkeit zwischen Küchenschrank und Abfalleimer oder verziert Kochlöffel – ebenso wie ihre heiligen Trommelschlägel – mit Federn, Bändern und anderem Schmuck. Indem die alten Grenzen immer wieder bewusst aufgehoben und die Welten miteinander verbunden werden, werden sie schließlich untrennbar.

Das ist es, worum es eigentlich geht. Tiefe innere Stille, Gelassenheit und Ruhe in einem ruhigen Meditationsraum zu erfahren ist einfach. Doch auf einer Verkehrsinsel mitten in Frankfurt oder in einem lauten Büro mit lärmenden Kolleginnen und Kollegen? Das ist die wahre Herausforderung – und das wahre Leben. Ansonsten bleibt Spiritualität immer etwas, was in einer Ecke unserer Wohnung oder unseres Hauses existiert, nie aber zu einem wirklichen, integrierten Bestandteil unseres Lebens wird.

In diesem Sinne sind alle Frauen in diesem Buch Menschen, die ihr Leben bewusst gestalten. Die sich bewusst für den Weg entschieden haben, den sie gehen. Die immer wieder alte Grenzen ausloten, um sie dann bewusst zu erweitern. Die das, was sie gelernt und erfahren haben, das, was sie teilweise selbst lehren, auch tatsächlich leben. Spiritualität ist gelebter Bestandteil ihres Alltags und drückt sich auf vielfältige Weise aus – sei es in der Art und Weise wie sie sprechen, handeln, einen anschauen oder auch ein Essen zubereiten. Es gibt keinen Lebensbereich, der davon ausgegrenzt wird. Bewusst suchen die Frauen immer wieder Möglichkeiten, sich selbst zu reflektieren, das eigene Tun zu hinterfragen und von anderen gespiegelt zu werden. Statt in eingefahrenen Mustern steckenzubleiben, bewegen sie sich höchst dynamisch ohne Angst vor Wandel und Veränderung. Denn sie haben erfahren: Beides gehört unweigerlich zum Leben mit dazu.

Spiritualität kann vieles meinen

Spiritualität ist dabei jedoch für jede etwas anderes. Für Menschen wie Schwester Elke Stein ist es ein Leben mit Gott in einem konkreten geistigen Lebensstil, der sich auch in äußeren Formen zeigt. Für Marie-Luise Stiawa wiederum ist entscheidend, sich bewusst zu machen, dass »alles um uns herum belebt ist«. So individuell wie jeder Mensch und sein Weg ist, so hat auch jeder ein eigenes Verständnis davon, was Spiritualität für ihn bedeutet. Ganz so, als würde sich Licht brechen und obwohl es nur einen Lichtstrahl gibt, so wirft dieser, wird er gebrochen, unzählige Farben in die Welt. So viele Farben, wie es Menschen gibt. Bleiben wir bei diesem Bild, erklärt es sich von selbst, dass es unter all diesen Farben kein Besser oder Schlechter gibt – Rot steht nicht über Blau und Gelb hat nicht weniger recht als Grün. Blicken wir auf diese Weise auf die Welt und das Verständnis von Spiritualität eines jeden einzelnen, wird uns die Einheit hinter allem bewusst. Es gibt einen Kern, der allen spirituellen Wegen gemein ist: Die Essenz, die stets in die Stille und in ein Bewusstsein davon führt, dass letztendlich nichts voneinander getrennt ist.

Gerade in jüngerer Zeit scheint es immer mehr darum zu gehen, das Verbindende zu sehen, statt das Trennende. Es geht nicht mehr primär darum, ob jemand katholisch, evangelisch, buddhistisch oder muslimisch ist, eine Sufi, eine Hinduistin oder ein Atheist. Vielmehr wird eine Ebene spürbar, auf der wir uns neu begegnen können. Da nehmen gläubige Christen ganz selbstverständlich an buddhistischen Sanghas (Gemeinschaften, die zusammen meditieren und praktizieren) teil und Konfessionslose sagen ohne Zögern *Natürlich glaube ich etwas!*. So wie die Grenzen zwischen Alltag und Spiritualität verwischen, beginnen auch die alten, oftmals starren Mauern zwischen den verschiedenen spirituellen Richtungen und Wegen zu bröckeln.

Manch einer mag daraus schließen, die Menschen wollten sich nicht mehr entscheiden, würden hier einen Teil vom Buddhismus nehmen und da noch ein Stückchen Christentum, wie es ihnen eben gerade beliebe. Doch umgekehrt gefragt – muss ich mich eigentlich entscheiden? Es stimmt schon, dass es sinnvoll ist, einem Weg zu folgen, statt Spiritualitäts-Hopping zu betreiben, überall nur an der Oberfläche zu kratzen und letztlich nie in die Tiefen vorzudringen. Und doch ist Blau nicht die einzige Farbe die es gibt. Rot bringt andere Stärken und Schwächen mit sich als Blau und so, wie sich die Farben gegenseitig ergänzen, erweitern und bereichern, so tun dies auch die spirituellen Wege. Während die einen Wege wie der Buddhismus vielleicht eine viel längere und intensivere Tradition im Zugang zur Stille haben, ist bei anderen wie dem Sufitum das Beten oder Rezitieren bestimmter kraftvoller Worte stärker ausgeprägt.

Ich muss an die *Kirche der Stille* in Hamburg denken, eine komplett entkernte, umgebaute evangelische Kirche, in der die Stille das ist, was die verschiedensten spirituellen Wege an diesem Ort zusammenführt. Und obwohl die Kirche noch zu einer evangelischen Gemeinde gehört, finden hier neben christlichen Kontemplationen ebenso Zen- oder Tanz-Meditationen statt. Es wird in Workshops gesungen – von Amen bis Om – und wer einige Zeit am Tag in der Stille der Kirche verbringt, sieht

Menschen liegend auf einer der Bänke in die Stille eintauchen, andere sitzen intensiv betend auf einem Meditationsbänkchen und wieder andere gelangen über den Atem, mit gekreuzten Beinen auf einem Kissen sitzend, in die tiefe Stille.

In dem Moment, in dem sich gar nicht mehr die Frage stellt, welcher Religion oder welchem spirituellen Weg mein Gegenüber angehört, wird die allem innewohnende Essenz wirklich spürbar.

Herzenswege

Ein Herzensweg ist ein Weg, bei dem wir wirklich dem folgen, was uns im Herzen brennt. Vielleicht gibt es schon lange eine Sehnsucht in uns. Eine Sehnsucht nach Veränderung – nach einer Tätigkeit, der wir insgeheim schon seit vielen Jahren nachgehen wollen, einem Neustart, den wir wagen wollen, einem Umzug, dem Absprung aus einer bestehenden Partnerschaft, einer lange Reise oder auch nach einer inneren Veränderung, die uns zum Beispiel auf den Weg von Meditation und Stille führen kann.

Meist befinden wir uns – ehe wir den ersten Schritt auf unseren Herzensweg gehen – auf einem Weg, der diese tiefe Sehnsucht nicht stillen kann. Immer wieder tauchen Fragen auf, wie *Wo zieht es mich hin? Was ist eigentlich mein Platz in dieser Welt? Was sind meine Potenziale? Was kann ich und was will ich? Was möchte ich tun in diesem Leben? Welchen Weg möchte ich gehen? Wie kann der erste Schritt auf diesem Weg aussehen? Was muss ich in meinem Leben verändern, um ganz dem Ruf meines Herzens folgen zu können?* Andere Menschen haben uns bislang vielleicht nur nachsichtig belächelt, wenn wir ihnen von unseren größten Träumen und Sehnsüchten erzählt haben. Über die Jahre haben wir gelernt, dass das, wonach unser Herz sich sehnt, nicht machbar ist – zu wenig Geld, keine Kraft, gesellschaftlich nicht anerkannt, nicht der Norm entsprechend. Und doch spüren wir immer wieder dieses Ziehen in uns hin zu dem neuen Weg. Wir merken *Ja, das ist meins, genau das möchte ich tun, dafür lohnt es sich für mich zu leben.* Wagen wir dann doch die ersten Schritte auf solch einem Herzensweg, werden unweigerlich Ängste auftauchen – seien es unsere eigenen oder die anderer Menschen, die uns gut zureden, wir mögen doch lieber wieder unseren alten sicheren Beruf weiterverfolgen, statt diesen ungewissen Weg zu beschreiten. Doch wenn wir wirklich die Sehnsucht, das Brennen im Herzen spüren, können wir gar nicht anders, als weiterzugehen, egal, wie groß der Berg auch sein mag, der sich da gerade vor uns aufzutürmen scheint.

Ein Herzensweg ist einer,
der kein Aber kennt.
Es ist ein Weg der Freude,
der Leidenschaft,
des Lebens.

Natürlich werden Ängste kommen,
Sorgen,
Zweifel,
Kritik.
Doch wenn du weitergehst,
wirst du sehen,
dass alles gar nicht so schlimm war.
Es war ein schwacher Versuch,
dich davon abzuhalten,
das zu tun,
was du wirklich willst in diesem Leben.

Du nimmst deinen eigenen Platz ein,
erfährst deine ganze Größe.

Du lässt dein eigenes Licht leuchten
und bist nicht mehr zu übersehen. [1]

Letztendlich wird uns der Duft dieses eigenen Weges nicht mehr loslassen, haben wir ihn einmal vernommen. Vielleicht werden wir einige Jahre brauchen, manchmal auch Jahrzehnte, bis wir unsere gut vergrabenen Träume und Wünsche wieder hervorholen und uns zumindest erst einmal gedanklich die Möglichkeit gestatten, uns vorzustellen, sie wirklich zu leben.

Solch ein Herzensweg ist eng verbunden mit dem Sinn, den wir im Leben sehen. Solange wir einer Tätigkeit nachgehen oder auf eine Weise leben, die uns wenig *sinn*voll erscheint, wird die innere Sehnsucht stets unerfüllt bleiben. Folgen wir unserem Herzensweg, wird die Sehnsucht gestillt und unser Leben erfährt einen Sinn. Denn: Wir haben endlich den Platz eingenommen, an dem wir uns Zuhause und in unserer Kraft fühlen. Der Platz, an dem aus Arbeit Freude wird und aus irgendeinem Leben unser ganz eigenes, authentisches Leben.

Sich auf den eigenen Herzensweg zu begeben, heißt auch, bereit zu sein, Gewohntes und Vertrautes hinter sich zu lassen. Das ist nicht immer leicht, weder bequem noch immer angenehm. Vermeintliche Sicherheiten, wie der feste Arbeitsplatz, die gewohnte Umgebung oder die langjährige Beziehung, halten bei näherer Betrachtung der Sehnsucht im Herzen vielleicht nicht mehr stand und es gibt keine Möglichkeit, sowohl alle Altlasten mitzunehmen, als auch voller Mut, Freude und in einem Gefühl der Freiheit und Leichtigkeit den neuen Weg zu beschreiten. Altes will erst verabschiedet, losgelassen werden, damit Raum da ist, in dem Neues entstehen kann.

Vertrautes gehen zu lassen macht zunächst einmal Angst, auch können wir uns in diesem Abschiedsprozess oft nicht einmal vorstellen, welche Wege und Möglichkeiten das Leben noch für uns bereithält. Wer sich für seinen Herzensweg öffnet, gewillt ist, ihn mit allen Freuden und allen Ängsten, die auftauchen werden, zu gehen, wird letztendlich ein Leben leben, von dem er oder sie bislang nicht einmal gewagt hat zu träumen – geschweige denn daran gedacht hat, solch ein Leben wahrhaft zu leben. Ein Herzensweg fordert vieles – Mut, Kraft, Durchhaltevermögen, die Begegnung mit eigenen Ängsten. Doch das, was er dafür zurückgibt – einen Sinn im eigenen Leben, Freude und ein inneres Gefühl des Erfülltseins und Angekommenseins am richtigen Platz – wiegt vieles wieder auf.

Spiritualität und Herzenswege

Nicht jeder Herzensweg ist gleichzeitig auch spirituell – wobei es natürlich darauf ankommt, wie Spiritualität definiert wird. Mir gefällt in diesem Zusammenhang das Beispiel von Anando Würzburger besonders gut: »Wenn ich Bäcker bin und meinen Beruf wirklich liebe, dann wird dies spürbar in dem, was ich tue, in der Qualität und im Geschmack meiner Brötchen und Brote. Jeder braucht einen Funken, etwas, was ihn begeistert im Leben, bei dem er mit ganzem Herzen dabei ist. Diesen Funken kann er in ganz unterschiedlichen Bereichen finden, nicht nur im Kreativen oder Spirituellen.« Es geht darum, über alte Grenzen hinauszudenken. Das alte Schema von *Bäckersein ist nicht-spirituell, Meditationslehrersein ist spirituell*, greift nicht mehr. So wie es Meditationslehrer geben mag, die zwar der Definition nach spirituell erscheinen, aber weder bewusst leben noch wirklich im Augenblick verankert sind, so mag es ebenso Bäcker geben, die genau dies verkörpern. Denken wir dies einmal weiter, zeigt sich, dass Spiritualität eigentlich jeden unserer Lebensbereiche durchziehen kann. Wir können sie nicht nur in Kirchen und auf Meditationsbänkchen, bei Pfarrern und anderen Geistlichen finden, sondern mitten im Alltag. Die Autorin und Leiterin kreativer Schreibwerkstätten, Anna Platsch, erzählte mir die Geschichte der stillen Sufis, die im verborgenen Wirken würden. Während viele Menschen bei Sufis nur das Bild der tanzenden Derwische oder Turbanträger vor Augen hätten, so gebe es auch die, die zum Beispiel früher auf den Basaren als Handwerker tätig gewesen seien: »Die Menschen kamen zu ihnen, vielleicht zu einem Schuster, um sich ihre Schuhe reparieren zu lassen. Manche aber, die sehen konnten und die Sehnsucht hatten, kamen um des Geheimnisses willen. Sie wussten, dass der Duft des Leders, der Leim, die Sohlen, nur das Vehikel waren.« Ein Vehikel für das Göttliche, Nicht-Nennbare, die tiefe Stille, für die allem innewohnende Essenz. Dies ist genau der Punkt: Eine Schreibwerkstatt kann eine Schreibwerkstatt sein – oder ein Weg hin zu tiefer Stille und Spiritualität. Ebenso wie Kochlöffel nur zum Rühren verwendet werden können oder als magisches Werkzeug in unserem Alltag. Wenn Spiritualität in dem Sinne, wie oben beschrieben, verstanden wird – als bewusstes Sein in jedem Augenblick – dann bekommt jede Arbeit, jedes Tun, eine spirituelle Dimension.

Reiseproviant für den Herzensweg

Beginnen wir nun unseren Herzensweg zu gehen, einen Weg, auf dem Spiritualität und profaner Alltag eins werden und auf dem wir der tiefen Sehnsucht in uns folgen, so ist natürlich eines besonders wichtig: guter Reiseproviant. Denn niemand weiß so genau, an welche Orte uns dieser Weg führen und wie lange es dauern wird, ihm zu folgen. Dieser Reiseproviant kann dabei

bei jeder und jedem ganz unterschiedlich aussehen. Auf meinem eigenen Weg haben mich zum Beispiel ermutigende Worte und Unterstützung anderer Menschen, die bereits seit vielen Jahren ihrem eigenen Herzensweg folgen, sehr unterstützt. Sie haben mir gezeigt, dass es ganz natürlich ist, dass Ängste und Zweifel auftauchen, und dass dies kein Grund ist, umzukehren. Wichtig geworden ist mir auch, gut für mich selbst zu sorgen und mich wertzuschätzen – mit einer Tasse Tee, Kerzen, vielen Pflanzen um mich herum, mit schönen Karten, die Mut machen oder frischen Blumen auf dem Tisch. Vor allem, wenn wir gerade an einer schwierigen Wegstrecke festzustecken scheinen oder uns andere Menschen immer wieder ihre Zweifel und Sorgen unseren Weg betreffend vorhalten, ist es gut, uns klar zu machen, wie wertvoll wir sind. Und sich daran zu erinnern, um wen es hier eigentlich geht: um uns und unseren Weg.

Schauen wir einmal in die Rucksäcke der in diesem Buch porträtierten Frauen, so sehen wir, dass sie Ähnliches eingepackt haben: »Motivation, Entschlossenheit, Energie, Geduld, Frustrationstoleranz und einen klaren Blick« hat beispielsweise Sylvia Kolk mit dabei, ebenso wie Weggefährten, Gönner und gute Freundinnen und Freunde, die sie anfeuern, wenn sie selbst ins Zweifeln gerät. »Wahrhaftigkeit, Durchhaltevermögen und Humor«, ergänzt Annette Kaiser und ist sich sicher: »Wer es ernst meint und wahrhaftig ist, wird seinen eigenen Weg finden.«

Dass auf diesem Weg Steine auftauchen werden steht außer Frage. Sie bekommen jedoch eine andere Qualität, wenn wir auf unserem Herzensweg sind. Plötzlich sind Hürden nicht mehr unüberwindbar, wir drehen nicht mehr vorzweifelt um, kaum, dass ein großer Brocken auf dem Weg liegt, sondern lernen klettern, bezwingen den Stein und wissen: Bei der nächsten Hürde wird es schon leichter gehen. Was immer wieder neuen Mut und Kraft gibt, den Weg unbeirrt fortzusetzen, ist das innere Gefühl der Stimmigkeit. Dieses Gefühl von *Ja, ich bin richtig hier*, dass aus jedem Stein eine willkommene Möglichkeit macht, alte Grenzen auszuloten und zu erweitern. Oder wie Andrea Steimer sagte: »An eine Rückkehr auf meinen alten Weg habe ich noch nie gedacht. Ich weiß zwar nicht, wohin mich dieser Herzensweg führen wird, aber er passt. So sehr, dass ich mein jetziges Leben für keinen Preis eintauschen würde, auch wenn es finanziell aktuell eher bescheiden ist. Doch all das Materielle kann den Wert der Dinge, die ich entdeckt habe auf meinem Weg – die Liebe zum Leben, zu mir selbst, das Wunder des Lebens – nicht kompensieren.«

Ein Patentrezept für Proviant und Wegroute gibt es dabei nicht, denn jeder Weg ist individuell. Es ist nicht möglich, sich den Weg eines anderen Menschen auszusuchen und zu sagen *Den nehme ich auch!*. Denn schließlich geht es darum, den ganz eigenen Weg entstehen zu lassen und zu gehen. Und vielleicht stellen wir dann eines Tages wie Cambra Skadé fest: »Am besten bin ich im Leben gefahren, wenn ich in voller Verantwortung mein Eigenes gemacht habe.«

Vor allem die erste Zeit auf dem Herzensweg hat es oftmals in sich. Nachdem Potenziale ausgelotet und Stärken festgestellt wurden, nachdem die Richtung sich herauskristallisiert hat, in der es weitergehen soll, tauchen die ersten Zweifel auf. Zweifel, es nicht schaffen zu können, doch zu viel gewagt, zu viele alte, vermeintliche Sicherheiten losgelassen zu haben. Nun heißt es, das Vertrauen in sich und den eigenen Weg zu stärken. Besonders im Austausch mit anderen, die ihren Weg schon länger gehen, wird oft klar: Einen Herzensweg ohne Zweifel, Sorgen und Ängste gibt es nicht. Es liegt nicht an mir, dass diese auftauchen, es ist einfach vollkommen normal. Denn je authentischer wir uns zeigen, je mehr wir uns sichtbar machen, umso stärker werden all die alten Ängste wach, die schon viele Jahre in uns schlummern, und die wir bislang erfolgreich verstecken konnten. Ängste die wie Gespenster oder kleine (und große) Monster immer wieder hervorspringen und laut *Buhh!* rufen. Ängste mit Namen wie Versagen oder Minderwertigkeit. Diese Ängste wollen gesehen werden. Treten wir ihnen mutig gegenüber, werden sie Stück für Stück kleiner.

Eine Freundin sagte einmal *Heute weiß ich, dass in meinen Ängsten meine größten Potenziale gebunden sind.* Und wirklich, stellen wir uns ihnen, setzen uns mit dem auseinander, was uns am Weitergehen hindern will, wachsen wir zum einen und zum anderen werden gerade die ehemaligen Ängste zu unseren Stärken. So, wie Sylvia Kolk in ihren ersten Jahren als Meditationslehrerin mit Versagensängsten und Leistungsdruck konfrontiert wurde – und diese als Material zur Überprüfung und Vertiefung ihrer buddhistischen Praxis nahm. Dadurch dass sie das, worüber sie sprach, selbst erlebt und erforscht hatte, konnte sie wahrhaftig und authentisch über Blockaden und Ängste sprechen und wurde selbst zu einer Expertin bei der Anwendung buddhistischer Methoden in diesem Bereich. Heute gibt sie Seminare zu Themen wie *Umgang mit schwierigen Gedanken und Gefühlen*.

Begegnen wir Ängsten und Hindernissen auf diese Weise, können sie zu unseren größten Schätzen werden. Vor einigen Tagen habe ich ein Gedicht des brasilianischen Autors Paulo Coelho gelesen. Darin dankt er denen, die ihn und seine Träume belächelt haben, denn sie hätten seine Fantasie beflügelt, ebenso wie jene, die nicht an ihn geglaubt und ihn dadurch ermutigt hätten, Berge zu versetzen. So gesehen wird jeder Kritiker, jeder Widersacher und Zweifler zum größten Ansporn auf unserem Weg.

Manchmal scheint es auch kurz nach Beginn des Weges, als sei es ein Fehler gewesen, diesen überhaupt betreten zu haben – weil wir uns vom Herzensweg noch keine Brötchen kaufen können, Seminare nicht voll werden oder keine Kunden kommen. Doch kein Baum entsteht über Nacht. Wollen wir hoch hinauswachsen, so brauchen wir zuallererst ein Wurzelwerk, das uns trägt. Es braucht ein gutes Fundament, auf dem alles wachsen kann. Ebenso braucht ein organisches Wachstum Zeit. Sieben Jahre, sagte mir einmal eine Freundin, habe es gedauert, bis sie wirklich sorgenfrei von dem habe leben können, was ihr Herzenswunsch und -weg gewesen sei. Zeit, in der sowohl Ausdauer als auch Mut trainiert werden – und die wir auch mit einem zusätzlichen Brotjob überbrücken können.

Schrittweise vorwärts gehen

Am Anfang eines Herzensweges mag der Wunsch da sein, sofort den ganzen Lebensunterhalt mit dem Neuen bestreiten zu können. Das ist jedoch nur selten machbar. Auch dies zeigen die Lebensgeschichten der hier porträtierten Frauen. Ebenso, wie der Herzensweg Zeit braucht, um sich zu entwickeln, können wir diese Zeit nutzen, um uns von unserem bisherigen Beruf mehr und mehr zu lösen. So kann eine 40-Stunden-Woche zunächst auf 30 Stunden reduziert werden, dann vielleicht auf eine Halbtagsstelle und schließlich, wenn der neue Berufsweg ausgereift ist, kann der alte aus unserem Leben entlassen wer-

179

den. Vielleicht sieht der Herzensweg aber auch vor, an einen neuen Ort zu ziehen. Dann wäre es denkbar, zu Anfang alle zwei Wochen ein Wochenende dort zu verbringen, sich nach und nach an diesem neuen Platz zu beheimaten und hier Stück für Stück das neue Lebensumfeld aufzubauen.

Auch wenn der Herzensweg ausschließlich auf ein spirituelles Leben – im Sinne von Meditation, Stille, Gebet oder Einkehr – abzielt, können die Schritte klein gesetzt werden: Zehn Minuten Meditation am Morgen und am Abend fühlen sich vielleicht stimmiger und machbarer an als jeden Tag drei Stunden am Stück. Sowieso: Den Weg mit allen Stationen, die uns vorschweben, in kleinere Schritte und Stücke einzuteilen, ist hilfreich, um nicht vor einem riesigen, nicht überschaubaren Berg zu stehen, sondern zu sehen, was jetzt möglich ist – und es dann zu tun. Wie die Autorin Julia Cameron einmal so schön sagte: *Führen Sie jeden Tag eine kleine Handlung durch, anstatt sich in den großen Fragen zu verlieren.*[2] Wollen wir eine begnadete Künstlerin werden, so brauchen wir nicht über unsere spätere Ausstellung nachdenken, sondern können jetzt in den Zeichenladen in der Stadt gehen und uns Stift und Papier besorgen. Wollen wir Tanztherapeutin werden und merken, dass unser Geld für die Ausbildung gerade nicht reicht, ist es nicht nötig, diesen Traum deshalb gleich an den Nagel zu hängen. Vielmehr können wir immer wieder an Tanzworkshops teilnehmen und somit erste Erfahrungen auf diesem Weg sammeln. Wollen wir uns wieder mehr Zeit für uns nehmen, für Meditation, Stille und in der Natur sein, so können wir ab heute jeden Tag eine halbe Stunde hierfür einplanen, statt gleich zwei Tage jede Woche. Wenn die Schritte, die wir uns vornehmen, machbar sind, wird auch das Gehen des ganzen Weges leichter – denn dieser ist letztendlich nichts anderes als eine Zusammensetzung aus vielen einzelnen Schritten.

Heißt es, es fehle an Geld, um überhaupt einen ersten Schritt Richtung Herzensweg zu machen, so ist sicherlich auch die eigene Motivation zu überprüfen: *Ist dies wirklich der Weg, den ich gehen will? Oder laufe ich den Wünschen und Meinungen anderer hinterher? Muss ich vielleicht noch weiterschauen, um wirklich das finden zu können, worauf meine Sehnsucht abzielt?* Das Geld-Argument wird gerne benutzt, um einen Grund zu haben, sich wieder bequem-leidend zurücklehnen zu können und zu sagen: *Ich würde ja gerne, aber ich kann es mir einfach nicht leisten!* Gibt es hingegen eine wirklich tiefe Sehnsucht, ein Brennen im Herzen, stellt sich die Frage danach, ob der Weg überhaupt gangbar ist, welche Hindernisse auftauchen könnten oder ob das Geld reichen wird gar nicht mehr. Der innere Antrieb ist viel stärker, als dass er einem Zweifel nachgeben würde.

Die Verbindung von Spiritualität und Geld ist dabei auch immer wieder ein Thema, das für reichlich Zündstoff sorgt. Für viele Menschen ist beides unvereinbar miteinander. Gleichzeitig sehnen sie sich danach, ihre innere Fülle auch im Außen sichtbar zu machen. Dadurch entsteht ein innerer Kampf, den es näher zu betrachten gilt. Nicht nur Jwala Gamper trifft in ihrem Umfeld immer wieder auf den Glaubenssatz, der besagt, dass je spiritueller jemand sei, umso ärmer müsse er auch sein. »Wenn wir in eine Balance mit unserem inneren und äußeren Reichtum kommen wollen, müssen wir diese Glaubenssätze auflösen«, so die Künstlerin. Ansonsten kann dieser Glaubenssatz zu einem wahren Hindernis werden, wenn wir irgendwann von unserem Herzensweg leben wollen.

Von Lehrerinnen und Vorbildern

Hilfreich für das Bewusstwerden solcher Glaubenssätze kann ein Lehrer oder eine Lehrerin sein, die einen auf dem spirituellen Weg begleitet. Viele traditionelle spirituelle Wege – wie der Buddhismus oder das Sufitum beispielsweise – sind an einen Lehrer gekoppelt. Ein solcher Lehrer ist Vorbild, denn er lebt das vor, was der Schüler oder die Schülerin auf seinem beziehungsweise ihrem Weg erreichen möchte. Zugleich ist er oder sie Wegbegleiter und Mutmacherin, denn der Lehrer, die Lehrerin kennt die Hürden, die es auf dem Weg zu bewältigen gilt. Er oder sie weiß, spirituelle Erfahrungen einzuordnen, kann Hilfe und Erklärungen geben, wo der Schüler selbst nicht weiterkommt. Eine Lehrerin wie Annette Kaiser oder Sylvia Kolk kann den Schüler oder die Schülerin zurückführen auf den Weg, wenn diese oder dieser sich auf Irrwegen verloren hat. Damit wird sie sowohl zur Wegweiserin als auch zum Spiegel des Schülers selbst.

Ebenso geben Lehrer und Lehrerinnen die Lehre ihrer Traditionen – wie die des Buddhas – weiter und setzen sie in Bezug zu unserer heutigen Lebenswelt. Doch der Lehrer oder die Lehrerin sind nicht zu verwechseln mit der Lehre – der Essenz – selbst. Wie in einer Zen-Geschichte, in der ein Floß für das Überqueren eines Flusses benutzt wird. Wir wären töricht, würden wir das Floß (den Lehrer) weiter mit uns umhertragen, wenn wir das andere Ufer bereits erreicht haben. So kann es sein, dass ein Lehrer seinen Schüler oder seine Schülerin einige Zeitlang begleitet und irgendwann nicht mehr gebraucht wird. Der Schüler, die Schülerin hat gelernt, den spirituellen Weg alleine zu beschreiten.

Ein guter Lehrer, sagt Annette Kaiser, habe nur ein Interesse – »dass du erwachst«. In vielen Traditionen verlangt ein Lehrer kein Geld, ist jedoch auf eine Spende für seinen Lebensunterhalt angewiesen.

Ein Lehrer muss aber nicht unbedingt in Form einer Person erscheinen – auch die Natur, Tiere, Bäume oder das Leben selbst können zu wichtigen Vorbildern werden und uns inspirieren auf unserem Herzensweg. Letzten Endes führt jeder Lehrer, jede Lehrerin einen immer zurück zu sich selbst. Dorthin, wo all das, was wir die ganze Zeit gesucht haben, schon immer vorhanden war – in uns.

Den eigenen Weg finden

Eine Lehrerin oder ein Lehrer kann auch sehr unterstützend sein, wenn es darum geht herauszufinden, wo der Herzensweg eigentlich hingehen soll. Während manch eine vielleicht schon seit vielen Jahren weiß, welche Richtung sie einschlagen möchte, so fragt sich manch anderer, wo überhaupt seine Stärken liegen und woran er eigentlich merkt, dass er auf dem Herzensweg ist.

Viele der porträtierten Frauen haben sich gerade in Krisenzeiten – sei es zu Beginn des Weges oder auf diesem – professionelle Unterstützung geholt. Einen Psychologen, einen Therapeuten, eine Beraterin oder Meditationslehrerin, einen Pfarrer oder einen Coach. Denn jemand Außenstehendes kann die Situation meist ganz anders überblicken als ein Freund oder eine Freundin. Während nahestehende Personen sich oftmals überfordert fühlen mit den Fragen, die in solch einer Umbruchszeit auftauchen, kann eine professionelle Beraterin wichtige Impulse geben und eine meinungsunabhängige Unterstützung bieten. Denn auch die Suche nach dem eigenen Herzensweg kann zu einer Übung in Geduld werden. Der Versuch, sie zu beschleunigen und eine Ad-hoc-Entscheidung für eine Richtung zu fällen, ist meist wenig sinnvoll. Jwala Gamper zum Beispiel hat erst nach über zwei Jahrzehnten der Suche – mit 45 Jahren – den authentischen Ausdruck ihres Lebens gefunden: »Wenn ich heute sage, dass ich angekommen bin auf meinem Weg, dann heißt das nicht *Hier Endstation. Bitte aussteigen!*. Es ist eher so, als würde ich nicht mehr mit dem Zug mitfahren, sondern selbst im Führerhaus eines Schnellzuges sitzen. Ich sehe vor mir die Weite und befinde mich in der richtigen Spur. Wow! Was für ein Gefühl! Dafür hat es sich gelohnt zu suchen!«

Freude und Sehnsucht sind gute Leitsterne bei der Suche nach dem, was dem eigenen Herzensweg entspricht, auch etliche der Porträtierten folgen ihnen: *Wo zieht es mich hin? Was macht mir besonders viel Freude, erfüllt mich? Bei welcher Tätigkeit oder an welchem Ort fühle ich mich ganz in meiner Kraft? Welche Tätigkeit würde ich niemals als Arbeit bezeichnen?* Spüren wir diesen Fragen nach, zeigen sich oft sehr schnell erste Antworten in Form von inneren Bildern, Worten oder Gedanken, die auftauchen. Dabei sind die ersten Impulse meist die, die wirklich von Herzen kommen. Alles Nachfolgende ist oft schon wieder sehr vom Verstand geprägt.

Neben dem Spüren und Schauen nach innen, zum Beispiel in einer Meditation, während einer Auszeit oder an einem allein verbrachten Wochenende, ist auch das Ausprobieren dessen, wohin es uns zieht, besonders wichtig. Nur so können wir prüfen, ob unser Gefühl auch mit der Realität übereinstimmt – und dann dem folgen, mit dem unser Herz am stärksten in Resonanz geht.

Folgen wir auf diese Weise unserem Gefühl, ergeben sich oftmals schon kurze Zeit später im Außen weitere, zu unserer Entscheidung passende Ereignisse. Wir finden einen stimmigen Lehrer, entdecken ein weiterführendes Buch oder ein Seminar zu dem Thema, das uns gerade beschäftigt. Ganz so, als würden sich immer mehr Puzzleteilchen zusammenfügen und letztendlich das Bild unseres Herzensweges immer klarer werden lassen. Auch für den Herzensweg gilt der Satz von Søren Kierkegaard: *Es ist ganz wahr, was die Philosophie sagt, daß das*

Leben rückwärts verstanden werden muß. Aber darüber vergißt man den andern Satz, daß vorwärts gelebt werden muß.[3] Manche vermeintlichen Umwege stellen sich rückblickend als die Wege heraus, die uns erst dorthin geführt haben, wo wir heute stehen, und ohne die wir nicht zu der Person geworden wären, die wir heute sind.

Wird der Herzensweg dann doch einmal zum wahren Irrweg, so zeigt sich dies meist recht bald: Die Freude am Tun ist verschwunden, alles ist mühselig und anstrengend, die innere Flamme der Begeisterung hat aufgehört zu lodern und der Glanz in unseren Augen ist verschwunden, wenn wir von unserem Herzensweg erzählen. Wie Jwala Gamper sagte: »Schaue links und rechts von deinem Weg, ob dort *Freudeblumen* wachsen. Wenn nicht, dreh' unverzüglich um und suche diesen Weg.«

Daraus ergibt sich, dass der Herzensweg selbst von Freude und innerer Begeisterung geprägt ist. Das Gehen dieses Weges fühlt sich – neben all den Hürden, die auftauchen werden – leicht und freudvoll an, innerer Friede, Gelassenheit und Zuversicht begleiten ihn, ebenso wie ein inneres Gefühl der Stimmigkeit, richtig zu sein auf dem Weg. Die innere Sehnsucht ist plötzlich gestillt, das Leben scheint endlich einen Sinn bekommen zu haben und die Augen leuchten, wenn das Gegenüber auf den eigenen Herzensweg zu sprechen kommt.

Eigene Talente leben

Zum Herzensweg gehört es auch, eigene Talente zum Leben zu erwecken. Manche haben wir vielleicht schon früh in uns entdeckt und ausgelebt, andere sind noch wie kleine Samen für bestimmte Fähigkeiten, die in uns angelegt sind. Doch es liegt an uns, sie zu nähren, zu wässern, ihnen Aufmerksamkeit und Liebe zu schenken und somit in unserem Leben wachsen zu lassen. Diese Samen sind in jedem von uns ganz unterschiedlich, so wie jeder Blumensame auch seine ganz einzigartige Form hat und eine bestimmte Blüte hervorbringt. Jede Blume bringt neben ihrer Form und Farbe auch einen charakteristischen Duft mit sich. Einen Duft, den Annette Kaiser gerne auch auf den Menschen überträgt, wenn sie davon spricht, sich mit dem, was einen ausmacht, sichtbar zu machen.

Wenn jemand nun denken sollte *Ja, alle anderen haben Ta-*

lente und eigene Düfte, aber ich? Bei mir ist da nichts!, so ist dies wohl dem Umstand geschuldet, dass die eigenen Talente, der eigene Duft, bislang gut verborgen geblieben sind. Vielleicht haben auch Menschen im Umfeld immer wieder darauf beharrt, dass wir uns einordnen und das tun sollen, was alle anderen auch tun, sodass die Handschrift und der Geruch dieser Menschen das Eigene viele Jahre überlagert hat. Doch die Samen sind da, wenn auch tief in der Erde, in uns vergraben. Wagen wir es, sie zu suchen, auszubuddeln und werden wir zu einer guten Gärtnerin unseres inneren Gartens!

Ein neues Wir

Mit kommt es allerdings immer mehr so vor, als würden wir einen Gemeinschaftsgarten bewirtschaften. So alleine ich mich in manchen Zeiten auch beim Gehen meines Weges fühlen mag, so oft habe ich doch das Gefühl, gemeinsam mit einer ganzen Gruppe von Menschen unterwegs zu sein. Der eine bringt vielleicht Tomaten in seinem Garten zum Blühen, die andere Zucchinis, Ringelblumen oder Brombeerhecken. Zusammen ergeben all die unterschiedlichen Facetten ein wunderbar-stimmiges Mosaik, in dem jedes Teilchen seinen ganz eigenen, für ihn passenden und für die Gemeinschaft unverzichtbaren Platz hat.

Gerade auch in meiner Generation treffe ich immer wieder auf junge Menschen, die den alten Strukturen und vorgegebenen Wegen – mit Ausbildung oder Studium, fester Anstellung, Heirat, Kinder, Hausbau – nicht mehr folgen. Viele sind noch auf der Suche nach dem für sie gänzlich stimmigen Ort und passenden Weg und oft sind sie dabei ohne Sicherheiten – weder finanziell noch durch den Rückhalt ihrer Familie – unterwegs. Gleichwohl gehen sie voller Mut und Neugierde vorwärts, probieren Wege aus, verändern erneut ihre Richtung und vertrauen darauf, schließlich den passenden Platz für sich zu entdecken.

Mir selbst machen insbesondere auch all die Menschen, die vorleben, wie ein Leben auf dem Herzensweg aussehen kann, Mut und Lust, es ihnen gleich zu tun, ohne dass erst Krisen oder Krankheiten zum Innehalten und Umdenken aufrufen müssen. Machen wir uns bewusst, dass unser Leben endlich ist und wir nur dieses eine Leben auf diese ganz besondere Weise – als die Person, die wir sind, in der Zeit, in der wir gerade leben und mit den Talenten und Fähigkeiten, die uns ausmachen – haben, dann bleibt eigentlich gar keine Zeit, um noch länger all die Punkte aufzuzählen, die uns davon abhalten, dem eigenen Weg zu folgen. Wenn wir jetzt nicht losgehen, tut es auch niemand anderes für uns, und wenn wir nicht dem folgen, wonach unser Herz ruft, kann es passieren, dass wir am Ende des Lebens feststellen, dass wir all die Zeit dem Weg eines anderen gefolgt sind. Zu verlieren haben wir nichts – außer alte Ängste, einengende Glaubensmuster und die Unerfülltheit im Herzen.

Atme das Leben

Folge dem Weg deines Herzens.
Vertraue dem Leben, wie deinem besten Freund.
Liebe die Tage und ehre die Nächte.
Sei einfach da, in jedem Augenblick.
Atme das Leben.
Jetzt.[4]

Es bleibt: Verbundenheit

Was bleibt nun, nach diesem Jahr mit zehn intensiven Begegnungen ganz unterschiedlicher Frauen? Zunächst dachte ich, ich würde durch die Gespräche auf einen Weg stoßen, der mir komplett entspricht und dem ich selbst weiter würde folgen können. Doch nach und nach habe ich immer deutlicher gespürt und verstanden, dass dies gar nicht möglich ist. Jwala Gamper spricht immer wieder von »einem Weg, der an keiner Stelle den alten berührt« – so scheint es mir auch mit dem eigenen Weg und dem anderer Menschen zu sein. Mein Weg kann nicht derselbe sein wie der, den eine andere Frau gegangen ist. Zu unterschiedlich sind wir in dem, was wir an Talenten, an Samen in uns mitgebracht haben. Genau wie jede Blume ihren ganz einzigartigen Duft hat. Und darum, diesen zum Ausdruck zu bringen, geht es ja letztendlich.
Gleichzeitig sind die hier beschriebenen Wege auf eine gewisse Weise auch beliebig, denn so unterschiedlich sie auch scheinen mögen, es gibt einige Aspekte, die sich in der Essenz wie ein roter Faden durch jeden der Herzenswege ziehen. Da ist zum einen diese tiefe, brennende Sehnsucht, ein Ruf im Her-

zen, eine innere Stimme, ein inneres Feuer, das durch nichts im Außen erfüllt werden kann. Etwas, das uns den ersten Schritt machen lässt auf unserem eigenen Weg. Diese tiefe Sehnsucht ist meist so stark, dass weder innere noch äußere Widerstände einen am Gehen dieses neuen Weges hindern können. Es ist ein Weg der kein Aber kennt, Umkehren ist nicht vorgesehen, nicht möglich. Das Alte – Job, Lebenssituation, Beziehung, was auch immer – passt einfach nicht mehr. Wir haben uns zu weit entwickelt, als dass wir uns noch in die alte Form pressen lassen könnten. Wir folgen einfach dem Neuen, das uns ohne Wenn und Aber ruft.

Diese Sehnsucht weist dabei auf etwas hin – auf Gott, das Nicht-Nennbare, den Wunsch des Verbundenseins mit allem, auf die Suche nach Wahrheit oder Freiheit und im Kern immer doch auf die Sehnsucht nach uns selbst. Denn auch wenn wir hinaus in die weite Welt gehen, Reiserouten folgen, fremde Länder erkunden, so finden wir am Ende das, was wir gesucht haben, in uns. Letzten Endes ist diese Reise, unser Herzensweg, eine innere Reise. Eine Reise, auf der wir unseren eigenen Platz finden, den Ort, der sich stimmig für uns anfühlt. Eine Reise, bei der wir nach Hause kommen und immer mehr bei uns selbst ankommen. Ein Lehrer oder eine Lehrerin kann hilfreich sein auf dem Weg, doch irgendwann werden wir auch diese hinter uns lassen, weil wir sie nicht mehr brauchen, denn wir haben den ganzen Schatz, nach dem wir überall gesucht haben, in uns selbst entdeckt.

Auf dieser Reise werden wir immer mehr Masken fallen lassen und Rollen aufgeben. Freundschaften, Beziehungen sowie unsere Lebens- und Arbeitsweise werden sich wandeln und wir selbst werden dabei immer authentischer. Irgendwo habe ich einmal gelesen, dass wir immer mehr alleine sein werden auf diesem Weg, je weiter wir gehen. Auf eine Art empfinde ich dies auch so: Altvertrautes bricht weg und es braucht oft viel Mut, weiterzugehen, wenn beständig geglaubte Sicherheiten – in Form von Menschen oder Materiellem – plötzlich nicht mehr existieren. In dem Maß, wie all dies verschwindet, kommt auf der anderen Seite immer stärker eine innere Sicherheit hinzu, ein Vertrauen in mich selbst und in diesen Weg. Ebenso wie das Gefühl des Verbundenseins mit anderen Menschen.

Die zehn Begegnungen schwingen immer noch nach in mir,

denn ich hätte nie gedacht, all den Frauen, die teilweise schon so viel älter sind als ich und ihren Herzensweg schon viele Jahrzehnte gehen, so sehr auf Augenhöhe begegnen zu können. Nie habe ich Überheblichkeit, Arroganz oder Konkurrenz zu spüren bekommen. Stets war es ein bereichernder Austausch, ein Geben und Nehmen und mir scheint, das ist auch etwas, was all die Frauen eint: Die Fähigkeit, authentisch zu sein und dadurch den Raum zu haben, den anderen ganz so sein zu lassen – und vor allem zu sehen –, wie er oder sie ist. Nicht umsonst verwendet zum Beispiel Jwala Gamper immer wieder den Satz *Ich sehe dich* und unterschreibt damit sogar so manche E-Mail, denn genau das ist etwas, was in unserer heutigen Zeit oft fehlt. Zu sehr sind wir in unserem Alltag damit beschäftigt, Rollen zu spielen, um uns selbst und anderen zu gefallen, um Erwartungen und Ansprüche zu erfüllen. Auf dem eigenen Herzensweg werden diese jedoch unweigerlich wegbrechen und dabei das Schönste freilegen, was jeder und jede schon immer in sich hatte: den ganz eigenen Wesenskern, den ursprünglichen Duft.

Und noch etwas: Die Vorstellungen davon, was uns auf unserem Weg begegnen könnte, und dessen, was uns wirklich begegnet, driften sehr oft auseinander. »Da können wir uns dann ärgern oder öffnen für das, was wir uns vorher gar nicht hätten ausdenken können«, meint Anna Platsch und Andrea Steimer ergänzt: »Wer den Mut hat, dem eigenen Herzensweg zu folgen, kann wieder staunen über das Leben, wird überrascht und erfährt Wunder.« Offenheit, Freude und der Mut, sowohl Altbekanntem als auch Unbekanntem dabei immer wieder neu zu begegnen, sind wunderbar unterstützende Wegbegleiter auf dieser Reise, von der niemand weiß, wie lange sie dauern und an welch schöne Orte sie uns noch führen wird.

Anmerkungen

Cambra Skadé
1 bis 6: Cambra Skadé: Die schamanische Kraft im Alltag, Edition Skadé, 2012, ohne Seiten

Sylvia Kolk
1 Sylvia Kolk: Segeln im Sturm, Theseus Verlag, 2012 (2. Auflage), S. 13 f.
2 a.a.O., S. 175
3 a.a.O., S. 76 f.
4 a.a.O., S. 25
5 a.a.O., S. 173 f.

Anna Platsch
1 Anna Platsch: Offene Siegel – Meine Reise zu Sufis und Muslimen, Theseus Verlag, 2006, S. 9 f.
2 a.a.O., S. 10
3 a.a.O., S. 11
4 a.a.O., S. 105
5 a.a.O., S. 107 f.
6 a.a.O., S. 110 f.
7 + 8 a.a.O., S. 203

Annette Kaiser
1 Annette Kaiser: Der Weg hat keinen Namen, Theseus Verlag, 2002, S. 126
2 a.a.O., S. 59
3 a.a.O., S. 61
4 a.a.O., S. 131 f.

Marie-Luise Stiawa
1-6 http://hollesgartenblog.twoday.nct/

Auf dem Herzensweg

1 Sabrina Gundert: Handgeschrieben – Inspirationen zum Innehalten und Ankommen, Books on Demand, 2012, S. 98 f.
2 Julia Camaron: Der Weg des Künstlers, MensSana Verlag, 2009,
S. 244
3 Søren Kierkegaard: Die Tagebücher, Band 1834-1848, Bren-
ner-Verlag, 1923, S. 203
4 Sabrina Gundert: a.a.O., S. 54

*Autorin und Verlag bedanken sich herzlich beim Theseus Verlag
für die freundliche Abdruckgenehmigung der Zitate aus den Büchern von Annette Kaiser, Sylvia Kolk und Anna Platsch.*

Abbildungsverzeichnis

Autorinnenfoto: © Roman Sorgenfrei
Sandra Franz: © Sabrina Gundert
Jwala Gamper: © Jwala Gamper
Annette Kaiser: © Janne Peters
Sylvia Kolk: © Asmus Henkel
Anna Platsch: © Constanze Wild
Cambra Skadé: © Elke Schmidt
Andrea Steimer: © Sabrina Gundert
Schwester Elke Stein: © Sabrina Gundert
Marie-Luise Stiawa: © Sabrina Gundert
Anando Würzburger: © Bernd Kleinheisterkamp
Not Here, Not Now: © Andrea Steimer
Sign: © Jwala Gamper

Literaturhinweise

Jwala und Karl Gamper: Karawane der Freude. Wie aus Enge Weite wird, edition.SIGN.ag (ausgeliefert über Trinity/München), 2012, 18,90 Euro

Jwala Gamper: Fingerzeige, edition.SIGN.ag, 2009, 15,00 Euro

Jwala und Karl Gamper: Es ist alles gesagt. Jetzt braucht es Beispiele, edition.gamper.com, 2007, 24,50 Euro

Jwala und Karl Gamper: So schön kann Wirtschaft sein, J. Kamphausen Verlag, 2005, 17,50 Euro

Annette Kaiser u.a.: Gelebte Spiritualität: Wege der Annäherung, advaitaMedia, 2012, 16,80 Euro

Annette Kaiser: Freiheit ein einziger Aufschrei nur – Über die indische Mystikerin Lallaj, Theseus Verlag, 2011, 17,95 Euro

Annette Kaiser: Erwachende Seele – Die 12 Phasen des Gebets, Kösel Verlag, 2010, 14,95 Euro

Annette Kaiser: Im Kreis der Liebe leben – Mut zum wahren Menschsein, Aquamarin Verlag, 2008, 15,95 Euro.

Annette Kaiser: Manifest der Liebe – Meditationen und Kontemplationen, Theseus Verlag, 2006, 7,95 Euro

Annette Kaiser und Anna Platsch: Jenseits aller Pfade – Visionen einer neuen Spiritualität, Theseus Verlag, 2004, 17,90 Euro

Annette Kaiser und Anna Platsch: Der Weg hat keinen Namen – Leben und Vision einer Sufi-Lehrerin, Theseus-Verlag, 2003, 9,95 Euro

Annette Kaiser und Anna Platsch: The Path Has No Name – Life and Vision of a Sufi Teacher, Verlag iUniverse Inc, 2005, 14,95 Euro

Annette Kaiser: Tai Ji – verbunden mit Himmel und Erde, Ch. Falk-Verlag, 1999, 14,00 Euro

Annette Kaiser: Tai Ji und die Weisheit des Herzens, Ch. Falk-Verlag, 1998, 17,00 Euro

Sylvia Kolk: Geh und sieh selbst [Ehipassiko Dhammo] – Arbeitsblätter zur Unterstützung der Praxis im Alltag, 2010, 10,00 Euro

Sylvia Kolk: Segeln im Sturm – Mit Leidenschaft den spirituellen Alltag meistern, 2009, Theseus Verlag, 14,95 Euro

Sylvia Kolk: Meditationstexte des Pali-Buddhismus, Buddhistischer Studienverlag, 2008, 14,80 Euro

Anna Platsch: Schreiben als Weg – Von der kreativen Kraft des Wortes, Theseus Verlag, 2010, 16,95 Euro

Anna Platsch und Annette Kaiser: Offenes Siegel – Meine Reise zu den Sufis und Muslimen, Theseus Verlag, 2006, 9,95 Euro

Anna Platsch: Adlerinnen – Vier Vorträge für Frauen, die immer noch suchen, Books on Demand, 2001, 10,00 Euro

Cambra Skadé: Die schamanische Kraft im Alltag, Edition Skadé, 2012, 12,50 Euro

Cambra Skadé: Kunst, Magie, Heilen – Eine poetische Forschungsdokumentation, Edition Skadé, 2010, 22,90 Euro (auch als E-Book erhältlich)

Cambra Skadé: Shamal – Eine kirgisische Liebesgeschichte, Hans-Nietsch-Verlag, 2009, 18,90 Euro

Cambra Skadé: Am Feuer der Schamanin – Reisewege im sibirischen Altai, Hans-Nietsch-Verlag, 2007, 24,90 Euro

Cambra Skadé: verwurzelt fliegen, Arun-Verlag, 2004, 29,95 Euro

Cambra Skadé: Töchter der Mondin, Arun-Verlag, 2002, 19,95 Euro

Sirilya D. v. Gagern / Cambra Maria Skadé: Botschaften der Großen Göttin. Die Symbolsprache aus den Kulthöhlen der Ile-de-France mit Symbol-Kraftkarten, Irdana-Verlag 2013 (Neuausgabe), 34,95 Euro

Ulla Janascheck (Buch) und Cambra Skadé (Karten): Göttinnenzyklus, Arun-Verlag, 2003, 34,95 Euro

Anando Würzburger und Amiyo Ruhnke: Body Wisdom – Entspannungsübungen und Selbstmassagetechniken für jeden Tag, Droemer Knaur, 1997, 12,84 Euro